传播法研究丛书

丛书主编 / 展 江 徐 迅

学术顾问 / 魏永征

依法审判与舆论监督

徐 迅◎主编

中 国 出 版 集 团

世界图书出版公司

广州·上海·西安·北京

图书在版编目（CIP）数据

依法审判与舆论监督 / 徐迅主编． -- 广州 ： 世界图书
出版广东有限公司，2025.1重印
ISBN 978-7-5100-9645-7

Ⅰ．①依 … Ⅱ．①徐… Ⅲ．①法院－审判－关系－舆
论－监督－研究－中国　Ⅳ．① D926.2 ② G219.2

中国版本图书馆 CIP 数据核字（2015）第 118457 号

依法审判与舆论监督

策划编辑	赵　泓
责任编辑	梁少玲
封面设计	梁嘉欣
出版发行	世界图书出版广东有限公司
地　　址	广州市新港西路大江冲 25 号
电　　话	020-84459702
印　　刷	悦读天下（山东）印务有限公司
规　　格	787mm×1092mm　　1/16
印　　张	15.5
字　　数	200 千
版　　次	2015 年 5 月第 1 版　2025 年 1 月第 3 次印刷
ＩＳＢＮ	978-7-5100-9645-7/D·0116
定　　价	78.00 元

本书编写组成员

主编

徐　迅　中央人民广播电台法律顾问、高级编辑，中国政法大学传播法研究
　　　　中心执行主任，兼职教授。

其他编写组成员

倪寿明　人民法院报社社长、高级编辑，中国政法大学法学博士。

陈春彦　北京青年报社工会办公室主任、高级编辑，北京大学传播学博士。

王宝卿　中央电视台《今日说法》栏目副制片人、主任编辑，中国政法大学
　　　　新闻传播学院兼职教授。

杨　成　人民网要闻部副主任，中国政法大学法学学士。

赵　刚　人民法院报社周刊部副主任、主任记者，中国人民大学新闻学硕士。

周　冲　中央人民广播电台法律顾问、编辑，中国人民大学传播学博士研究生。

总　序

　　传播法（communication law），又称媒介法、媒体法（media law）、大众传媒法（mass media law），是指调整与信息传播活动这一特定社会活动有关的各类社会关系的法律规范的总和。通常说的新闻法、新闻传播法，是其中重要组成部分。传播法是一个学术概念，除个别国家外，通常并没有传播法这样一部法律，也不是传统意义上的法律部门。它不是根据调整社会关系的性质和方法为标准，而是以其调整信息传播这个特定社会活动为目标、打破现有法律部门的分野而重新排列组合的一种综合性的法律规范的体系。

　　我国法律体系中包括宪法相关法、民商法、行政法、经济法、社会法、刑法、诉讼和非诉讼程序法等多个法律部门，在这些法律部门里，只要是用来调整信息传播活动的，就是传播法的内容。传播法涉及所有现行的公法和私法领域，传播法研究主要涉及宪法、诽谤法、隐私法、侵权责任法、知识产权法、诉讼法、保密法、信息法、电信法、广告法等以及关于各类特定媒体的专门法。

　　我国对传播法的研究始于上世纪 80 年代。30 年来，作为一门跨学科的边缘性研究，新闻传播学界和法学界的众多学人携手合作、相互切磋，作出了重大成绩。许多研究成果，从不同侧面推动了国家社会主义法制建设，从而丰富了现有传播法的内容，同时经过各种阐释和传播，推动广大专业从业人员和以各种方式参与传播活动的人们知法用法，夯实了传播法治的基础。

编选出版这套传播法丛书，希望为有志于传播法研究的广大学人搭建一座平台，推广和交流各项成果，推进整个传播法的研究，这在当前尤其意义重大。

首先，随着传播科技迅猛发展，各类媒体趋向融合，新兴媒体不断出现，整个传播格局发生了颠覆性的变化，单一的专业的大众传播渠道已经变为专业的大众传播和广大自媒体生成内容（UGC）并行互动的局面，媒体的功能也从单一的传播信息而日益进入社会的经济、文化生活的诸多领域（互联网+），这对传播活动的规范不断提出了新的挑战，如何建立一个既能切实保障人们的表达自由、传播自由，又能有效维护他人各种合法权益和社会公共利益的传播新秩序，这是全世界都面临的一个课题，我国的传播法研究理应为国际社会做出应有的贡献。

其次，在国内，随着我国形成社会主义法律体系，中央又做出了全面推进依法治国的决定，在各个社会领域推进社会主义法治建设。在传播领域，如何进一步弘扬宪法的权威，切实在宪法的实施和监督上下功夫，如何按照全面反映客观规律和人民意愿的要求，克服利益博弈的倾向，推进传播法制建设，都有大量工作要做，传播法研究完全应该也可以对一些重大问题作出科学而有价值的回答。

其三，法律的生命力和权威在于实施，而实施的基础在于得到广大人民群众的广泛认同。某一条法律规定再好，人民群众特别是主要的相关权利和义务主体还不知道、不了解，这样的规定无异束诸高阁，是谈不上切实贯彻实施的，这种现象在传播法领域也时有发现。传播法研究可以通过对现行法律法规的解读、阐述，对其实务应用的评说，将这些规范进一步推向广大人民群众特别是专业工作者，这样才谈得上可能真正实现传播法治。

希望这套丛书能够不断推出传播法研究的成果。

魏永征

2015 年 5 月 5 日于上海悉尼阳光

目　录

绪　言

　　自上世纪 90 年代起，依法审判与舆论监督的关系就是法学界与新闻传播学研究的热点。进入网络时代，二者冲突日益激烈，出现了一些较为典型与极端的现象，这为本研究提供了丰富的资源。

　　评价现有的研究成果，法学界的成果较多，认识也较为一致；而新闻传播学界的研究成果偏少，至今也未取得一致的意见。形成这种局面的原因有二：首先是我国相关法律制度发育较快（如刑事诉讼法已大修两次，正在快速与国际人权标准接轨），司法公开正在有序推进，而媒体改革相对滞后，相关规则有待建立；其次也因网络时代突破了以往的传播格局，中国不仅出现了民办的媒体，自媒体与公民表达正急速扩张，使得国情现状空前复杂，凸显出跨学科的交叉研究之必要。这为本研究提出了挑战。

　　我们组成一个以在媒体服务的法律人为基本特色的研究团队，这是相关法学研究中的一个较新视角。我们将从法学与新闻传播学的双重视角，观察有关诉讼案件的舆论形成的特点与规律，探索在当今国情之下可行的解决之道。具体来说，本书研究成果共分为"国情研究""问题研究"和"建议研究"三部分。

第一章是"国情研究"，选择了近年来在"依法审判与舆论监督"相互关系方面的十个重点案例展开研究。选择案例的标准是近期发生的、影响较大、研究成果相对较少的案例。舆论的影响，主要为负面的，如李天一案、邓玉娇案、李昌奎案等，也可以主要为正面的，如时建锋案、许霆案等。其中刑事案件居多，为九例，其中三起是再审案件，民事案件有一起。研究的方法，是从大量的基本事实出发，梳理每一个案件其舆论从产生、发酵，诉讼各阶段不同执法机关的反应，到审判结果的相互作用的脉络，以期寻找舆论监督与依法审判相互关系的规律。

本书编写组认为，虽然法学界对舆论监督与依法审判问题的研究基本上是将议题置于冲突与平衡的框架内展开的，但仍然对舆论特别是媒体持有较多的批评，认为在二者关系方面，公平审判应当居于优先的地位。但事实证明，不论舆论本身存在多少缺陷，在其对司法审判的影响方面，仍然不可简单地一概而论。在相当多的情形下，它体现出言论自由的价值与正能量，典型案例如时建锋案、许霆案、吴英案等。这在中国法制的进步与完善，促使司法审判实现公平正义方面具有积极意义。特别是当侦查机关和法院在诉讼中存在瑕疵时，舆论往往可以急剧地放大其社会影响力，给诉讼制度的改革与完善提供支持，特别是对侦查机关、审判机关积极应对舆论关切，把握与媒体相互关系的主动权提供经验与教训，典型案例如邓玉娇案、李天一案、彭宇案等。

第二章是"问题研究"。编写组以国情研究中的十个案例提供的经验教训为基础，以公安机关、诉讼参与人（包括律师）、审判机关、传统媒体、新媒体五个方面各为一个单位，分别加以研究，以此形成一个经纬交织，纵横连结的网络结构，从而在多个交叉的结点上提炼出了真正的问题。

我们认为，虽然本书名为"依法审判与舆论监督"，但影响二者关系的绝非只有审判机关和媒体。在一些被认为舆论对司法公正产生不当影响的案例中，舆论往往在进入审判阶段之前就已经形成——审判尚未开始，审判机关早已处于各种舆论的旋涡之中。所谓舆论，常常是由侦查机关（如刘涌案、李天一案）或律师及代理人（如李天一案、药家鑫案）在审前向社会发布的"案件事实"所引发的言论风潮。从新闻传播学角度观察，事实是第一位的，观点与意见是第二位的。所谓言论自由，恰恰是人们发表各种意见，特别是不同意见的自由。以往的相关研究对案件舆论（或称言论）不加区别，对事实与意见常常视为一体对待，批评媒体不够专业，却忽略了某些机构（如公安机关）或诉讼参与人（如律师或诉讼代理人）在舆论形成过程中无序发布案件事实的消极作用。

本编写组提出，避免舆论对依法审判的不当影响，确立各方面的相关规则，需要做到两个区别：一是区别事实与意见，事实（消息源）是限制的重点，而非言论。二是区别实体与程序。在诉讼进行过程中，媒体及舆论并非不可以批评或评价司法审判，批评的对象应当是程序违法或执法作风问题，而非任何案件实体问题。在确立相关制度与规则时，要遵循这样的原则：在实体问题上，言论自由不得妨碍公平审判；在程序问题上，司法权力不影响言论自由。

第三章是"建议研究"，共有六篇，其主题分别是：消息来源、审判机关、专业媒体、沟通机制、规则建设、大学教育。所有建议均本着针对性、操作性、建设性的原则，提出了一些不需要重大制度调整，立即可做的具体方案。

比如在信源篇，建议对公安机关的案件信息发布制度予以完善，首先要强化无罪推定意识、尊重司法审判权；其次，建议为公安机关及其办案人员的涉案言论量身定制一套专门的职业规范和流程标准，（见本书附件一）；同时要对律师在法庭外的涉案言论制定专门的职业规范，区别"庭内言论"与"庭外言论""审前言论"与"审后言论""实体性言论"与"程序性言论"。既要让律师在法庭之外不能乱说与不敢乱说，也要保障律师在法庭上充分行使代理权、辩护权。

又如在媒体篇，建议加强媒体自律机制的建设，采用准自律为主的规范模式，着力确立新闻业、网络传播业的行规（见本书附件二），使其具有公开、稳定、书面化、操作性强的特点，通过行业协会颁布规范，推荐给全行业使用，各媒体通过一定内部民主程序，使之成为本单位规章制度，作为与职工签订劳动合同的附件，由此产生合同效力。行规的约束力弱于法律，强于自律（职业道德准则）。

再如在沟通篇，我们提出：在舆论监督与公平审判关系上，我国在制度建设方面基本处于"三无"状态，即没有法律可以直接调整，也没有成熟的行业规范，更没有社会共识。基于此，项目组建议：有关方面提供组织或研究平台，展开联合研究，分别为警方、法院、律师、媒体制作有关案件信息发布与控制的行为指南。作为一个共同承担又分别完成的项目，由各方面参与，共同讨论，相互听取不同意见。最终形成符合法律和法治精神、符合行业规律、吸收多方意见、可以公开并相互监督、不断在实践中磨合、修订与完善的行为指南。编写组同时就文件名称、形态、性质及具体内容提出了建议。

最后在教育篇，编写组分析了目前我国大学教育中传播法、传播伦理教育缺失、科研落后的现状，指出教育是解决问题的治本之道。具体建议：媒介素养应当纳入大学生的通识教育；传播学专业应当将传播法设为必修课程；加大法制新闻专业方向的学生培养与使用；以及在新闻记者在职培训教育中加大法律教育的比重。

1 第一章

国情研究

第一节　李某某强奸案报道研究

——如何公开报道不公开审理案件

依法审判和舆论监督的关系一直以来都是传播法研究的基本问题，其实质是公平审判与新闻自由两项基本人权的博弈。这就要求参与案件的公权力机关和当事人，或者是报道案件的媒体，亦或是围观案件的网民都能秉持着法治精神，专业合理地处理相关问题。但遗憾的是，李某某强奸案却给我们所有人上了一课，本案因为涉及到未成年人涉性犯罪，属于双重不公开审理案件，但它的信息公开和传播却大大超过了那些公开审理的案件。从新闻传播专业角度给予评价，本案是近年来报道水平最低、社会效果最差的刑事案件新闻。

本文旨在总结这一案件信息传播与新闻报道的经验与教训，以期在依法审判与舆论监督二者关系中提炼出具有规律性的问题。

一、司法机关面对舆论身陷被动

本案涉及到未成年人犯罪和性犯罪，属于双重不公开审理的案件，因此，对于本案当事人信息、案情信息都应该出于保密的状态。其中司法机关更应肩负起保护未成年人权益和受害人隐私的重任。但遗憾的是，本案中司法机关没能很好的履行上述责任，导致有关本案的信息不断曝光，也造成自己在面对汹涌的舆情时始终处于被动的局面。

（一）公安机关表现失当

1. 公安机关通报致未成年犯罪嫌疑人身份曝光和有罪推定

在 2 月 22 日 11:04，网友首先发布了有关本案的信息："海淀公安分局昨天晚上以涉嫌轮奸刑事拘留了一名叫做'李冠丰'的年轻男子。名字虽然改了，但还是有人认出来他真正是谁。"文末，附上了李天一在维基百科上的网页，暗示李冠丰即为李双江之子李天一。公安机关惯性地凭以往的经验认为越快回应网络上的关注，越公开本案的信息就越能消除公众的质疑，于是在 18:36 也就是距该案首次曝光不到 6 个小时之后，公安机关就通过央视向全国通报了该案："2013 年 2 月 19 日，海淀分局接到一女事主报警称，2 月 17 日晚，其在海淀区一酒吧内与李某等人喝酒后，被带至一宾馆内轮奸。接警后，分局立即开展工作，于 2 月 20 日，将涉案人员李某等 5 人抓获，现该 5 人因涉嫌强奸罪被刑事拘留。"警方的通报案情表面上看似并没有公开犯罪嫌疑人李某某的信息，但结合之前网络上的爆料和猜测，却使得未成年犯罪嫌疑人李某某的身份曝光并被大规模传播，而且警方在通报中直接将案件定性为"轮奸"，还涉"有罪推定"之嫌。

2. 公安机关面对舆情被动应对引起更多误读

随后，公安机关似乎认识到自己不应该主动披露案情，在未成年犯罪嫌疑人身份已经曝光的情况下，公安在应对社会舆论时又相当被动，面对汹涌的社会舆情和各种揣测，公安机关只能不断出来辟谣灭火，多次就本案中"撤诉""年龄""取保候审""改名"等问题向媒体证实或辟谣，而且从始至终没有一个统一的发布平台。甚至由于公安机关的被动公布案情，使得媒体怀疑公安机关是否有超期羁押情况，造成了不良的社会影响。

3. 公安内部人员法律意识淡薄致案情不断曝光

媒体在报道本案时多次提及部分消息来自警方内部人员，其中最早曝光本案的网友的消息就来源于海淀公安分局内部消息，其次在本案的侦察阶段凤凰网曾引用警方内部人士的消息曝光了本案的同伙为李某某昔日的"狱友"。虽然《公安机关办理未成年人违法犯罪案件的规定》（1995）已经规定，"办理未成年人违法犯罪案件，应当保护未成年人的名誉，不得公开披露涉案未成年人的姓名、住所和影像"，但这并未能避免公安机关内部工作人员通过私下个人交流、谈话等方式，在没有"公开披露"的情况下将相关信息透露给媒体记者，而后者则对此进行公开传播。公安机关内部保密制度的漏洞应当引起重视。

（二）法院对当事人和律师违规应对疲软

在本案中，学者对公安、媒体、律师披露案情的做法都有批评，但对审理本案的两级法院的做法似乎没有什么异议。通过对本案的梳理，笔者发现不论是一审的海淀区法院还是二审的北京市一中院，确实在本案的庭审过程中没有向外界透露涉案的未成年人和受害人的信息，在一定程度上保护了未成年人权益及受害人隐私。但就是在法院审理的过程中，关于本案的各种证据、案情却也不断的通过当事人和律师曝光，法院的应对做法却相当疲软。而这一切（特别是受害人信息被公开）其实有可能避免。

尤其是本案不公开审理的情况下，《最高人民法院关于执行＜中华人民共和国刑事诉讼法＞若干问题的解释》第 122 条已经明文规定，依法不公开审理的案件，任何公民包括与审理该案无关的法院工作人员和被告人的近亲属都不得旁听。而在案件审理过程中律师和有关人员泄露受害人、未成年被告人相关信息，以及将庭前会议内容和辩护词在网上公布等情况，相当于将不公开审理的案件向社会公开，已经严重违反了不公开审理的相关规定。甚至有些律师和当事人在庭外故意制造话题，给法院施加舆论压力，试图干扰法庭正常办案。根据相关公开报道[1]，法院的应对措施是对相关人员进行了批评告诫，同时向司法行政机关进行了通报，建议有关部门约谈相关律师。可以看出，根据现行的法律法规[2]，法院对于律师的违规行为只能采取批评告诫和向律师管理机关提供司法建议，由司法行政机关和律协实施对律师的行政处罚和纪律处分。法院在规制律师庭外言论方面没有强制性权力，而行政处罚和纪律处分的威慑力似乎也不足，甚至在北京市律协已经开始调查涉案律师时还有律师在继续实施违规行为。可以说，法院的无所作为是律师肆无忌惮的重要因素之一。因此如何加强法院对不公开审理的案件的诉讼参与人庭外言论的控制，切实保障不公开审理的落实，需要从制度上进行再思考。

二、当事人和律师责任分析

一起不公开审理的案件最后变成所有人都知晓的案件，甚至知晓整个犯罪过程的案件，可以说当事人和本案的律师在其中发挥了重要的作用。主要表现在以下几个方面：

（一）主动披露案情

7月10日，李某某的辩护律师陈枢和王冉在网络上公布自己的辩护策略，声称要为李某某进行无罪辩护后引起社会舆论极大不满，使得本已经舆论喧嚣的案件再次升级。7月22日，在一审庭前会议后，李家法律顾问兰和律师便在微博爆料庭前会议内容，并声明本案有案中案，要向法院提请有关人员涉嫌组织卖淫和敲诈勒索。兰和律师不是本案的辩护律师，不应该了解一起不公开审理案件的案情，却发布了处于不公开的庭前会议的情况，甚至将本应向法庭提供的其他案件证据直接在微博上公布，使得案件更加扑

---

[1] 参见正义网2013年9月26日报道 http://news.jcrb.com/jxsw/201309/t20130926_1212264.html，最后浏览时间2015年2月13日。

[2] 《关于规范法官和律师相互关系维护司法公正的若干规定的通知》第12条规定，法官对于律师有违反本规定行为的，可以直接或者通过人民法院向有关司法行政部门、律师协会反映情况，或者提出给予行业处分、行政处罚直至追究法律责任的司法建议。

朔迷离。7月28日，兰和在微博上发布梦鸽本人签名的申请书，要求法院公开审理李某某涉嫌强奸案。"即使是不懂法律的人都可以看到其中的悖论：梦鸽的行为直接违反法律。该案件涉嫌未成年人的性犯罪，按照法律规定，不允许公开审理，即使作为李某某监护人的梦鸽也无权让渡这部分权利。为什么嫌犯的监护人、他的母亲冒着儿子被侵权的危险要求公开审理？在被法院拒绝之后兰和律师在微博写到：他们之所以这么做，是想告诉公众，李某某的家人从来也没有操控司法，也不希望司法被情绪和舆论所控制。显然这是一种表演，以悖论式的修辞对其诉求做自我否定，实质是对舆论的操控和对法庭的施压。"[1] 本案被告之一王某的辩护律师周翠丽更是在二审结束后曝光"李某某案现场勘验报告""王某受到刑讯逼供"的手书、"案发当天视频证据"和"两审的判决书"，并在微博上坚称被告被诬陷。虽然该律师对于案件的判决结果不满，但这种不通过正规渠道去申诉，相反在微博上不断曝光案件证据的行为很难说不是为了误导舆论。就这样，律师和当事人以微博为战场，不断地将庭上对抗转移到网络上，让全民围观，试图引导社会舆论。

（二）侵犯当事人的隐私权

李某某案一审开庭的第一天上午，在庭审还没有进行到辩论阶段，一份署名为律师王冉的李某某无罪辩护词被上网公开。该辩护词中不仅有律师为李某某进行无罪辩护的辩护观点，还包括受害人杨女士就读的学校、是否是处女的体检报告等等隐私内容以及涉案酒吧领班张某的一些情况。在本案二审结束后，被告之一王某的辩护律师周翠丽公开向媒体展示受害人的妇科检查材料，之后更是在微博上公开发布鉴定结论、监控视频等，既泄露了当事人隐私，也属于不当披露案情。

律师上述泄露当事人隐私的行为，涉嫌违反了刑诉法不公开审理的诉讼制度。根据《最高人民法院关于审理未成年人刑事案件的若干规定》（2001）第十三条之规定，未成年人刑事案件的诉讼案卷材料，除依法查阅、摘抄、复制以外，未经批准不得查询和摘录，并不得公开和传播。同时，在司法部

---

[1] 陈力丹:《庭审报道不要被律师的庭外言行左右》，载《新闻界》2013年第16期，第22页。

颁布实施的《律师和律师事务所违法行为处罚办法》（2010）中明确，律师未经委托人或者其他当事人的授权或者同意，在承办案件的过程中或者结束后，擅自披露、散布在执业中知悉的委托人或者其他当事人的商业秘密、个人隐私或者其他不愿泄露的情况和信息的，属于《律师法》中规定的"泄露商业秘密或者个人隐私"的违法行为。因此上述律师的行为严重违反了我国现行的法律规定。

（三）在网络上公开判决书

1月23日，李某某案中被告人王某的辩护律师周翠丽将本案的一审和二审的判决书在其微博里公开。这一做法立刻引起了社会舆论的关注，也引发了关于不公开审理案件的判决书能否公开的争论。

周翠丽律师在接受记者采访时为自己辩解称："不公开审理案件是审理过程不公开，但是宣判是公开的，判决书自然也是公开的。我已经对姓名等个人信息，甚至是车库号、酒吧名字和地址等都处理了，尽可能保护隐私。"[1] 周律师虽然考虑到了保护当事人的隐私问题，将本案当事人的名字隐去，在一定程度上保护了当事人的隐私，但由于本案已经人所皆知，即便隐去一些个人信息，大众仍然能知道是哪起案件，是哪个当事人的行为，也起不到保护的作用。而根据《最高人民法院关于人民法院在互联网公布裁判文书的规定》（2013）第四条规定，涉及国家秘密、个人隐私的；涉及未成年人违法犯罪的生效裁判文书不应当在互联网公布。首先本案的性质是涉性犯罪，包含大量的个人隐私；其次本案中包含4名未成年犯罪嫌疑人，也属于法定的判决书不能公开的情形。更为不妥的是，本案的一审判决书是带"犯罪记录封存，不得提供他人"的封章，因为本案中有三名未成年犯罪嫌疑人的刑期是在5年以下的，根据法律规定，要对他们的犯罪记录进行封存的，不得对外公布。周律师的公开判决书的做法不仅已经有违律师职业操守，也漠视了现行的法律规定。

---

[1] 参见新华网 2014 年 1 月 24 日报道 http://news.xinhuanet.com/legal/2014-01/24/c_126052481.htm，最后浏览时间 2015 年 2 月 10 日。

（四）庭外表现有损律师职业形象

根据《律师执业行为规范》的要求，律师是为当事人提供法律服务的专业人员，"应当注重职业修养，珍视和维护律师职业声誉。"而当事人委托律师代理辩护，也正是看重了律师丰富的执业经验和沉着冷静的职业心态，可以最大程度地维护当事人利益。

但在本案的二审过程中王某的辩护律师周翠丽在法庭宣判后的法庭教育阶段情绪激动，拒不接受审判长的规劝，被依法强行带出法庭。在离开法院后，主动向聚集在法院外的人员介绍庭审情况，发表意见感受，出示该案证据材料，表达对法院审理工作的不满。周翠丽律师在庭审过程中违反法庭纪律及在庭外面对公众情绪失控等行为，完全有悖于律师的专业素养，这与律师冷静、坚定、理性、客观的形象不符。

三、媒体的失当表现

（一）专业媒体不专业

在有关李某某案的报道中，媒体充分行使了告知义务，满足了公众的知情权。但是对于媒体而言，这仅仅是它应承担责任的一部分，其更应该坚守道德准则和职业标准，为公众提供一个负责任的新闻报道。遗憾的是在李某某案件报道中部分媒体没能坚守职业标准，甚至已经触犯了法律的底线。

1. 刑事案件报道娱乐化、低俗化

首先，本案作为一起刑事案件，媒体在报道时本应秉持严肃认真的态度，但部分媒体在报道本案时却派出娱乐记者进行采访，将有关本案的消息置于娱乐版块。诚然，李某某的父母甚至他本人的确是明星，其身份也具有一定的娱乐价值，但作为负责任的新闻媒体，在报道一个未成年犯罪嫌疑人刑事案件时，理应受法律、伦理及新闻专业标准的严格规范。众所周知，娱乐新闻在各类新闻报道中专业标准可谓最低，难免大肆渲染情绪，挖掘个人信息，侵害当事人合法权益，甚至报道中有不够专业的法律措词出现。

其次，在本案报道中还存在着报道语言低俗的现象，不论是网上还是网下，都常见有关本案的低俗报道，国家新闻出版广电总局就曾对涉嫌低

俗报道本案的媒体进行通报批评。比如，2013 年 6 月 28 日，山东《聊城晚报》刊载题为《李天一他妈的要求高，律师不干了》的新闻报道；2013 年 9 月，上海《新民周刊》第 35 期刊载题为《李某某他妈的舆论战》的封面报道。这类媒体如此报道本案，无非是追求眼球效应，但是媒体对于此类备受公众关注热点事件的报道不该缺乏应有的严肃性和对自身角色的准确定位，这种对无辜案外人的伤害显然没能守住媒体的新闻伦理底线。在低俗的背后是冷漠的围观，对眼球效应的盲目追求正折损着媒体的公信力。

2. 迎合网络舆论，造谣传谣

纵观本案的新闻报道，笔者发现李某某案至始至终都不断有网络传言的出现。这些传言不仅在网络上爆炒，媒体也争先恐后进行报道，结果是万众瞩目。但仔细阅读这些报道，发现这些传闻的消息源大都是"知情人""警方内部人士""网友"等，没有具体人，具体出处，信息来源的可信度较低。但正是这些消息源却成为媒体的"独家新闻"，频频见诸报端。最终，传闻变成谣言，不仅媒体公信力受损，而且每条耸人听闻的新闻都激发了本已经不太平静的社会情绪。显然，部分媒体在案件报道时并没有认真求证，从而造谣传谣，降低了媒体的公信力。

3. 充当违规律师帮手，背离客观中立的新闻职业标准

在本案中，代理律师选择在微博上而不是在法庭上公布己方掌握的材料，这些材料全部来自律师方面的说辞，未得到任何司法机关证据佐证，明显不合法律程序，扰乱了视听。然而，多数媒体没有持审慎、严谨的态度对待律师的爆料，而是对于律师微博内容有闻必报。然而一些律师的庭外言论明显违背了法律对不公开审理的规定，媒体却毫无警惕地追随报道，披露未经证实的信息，赚足了公众眼球，无形中也帮助案件的一方当事人误导公众。因此在"反映当事各方的声音时，尤其要以审视的眼光看待当事人的律师这一重要但又可疑的新闻源。以多个新闻源来保障报道的话语多元，从不同视角呈现事实，以避免立场偏颇。"[1]

4. 一再突破法律底线，涉嫌违反多项法律

从本案的案发开始，媒体没有对涉案的星二代姓名和肖像的传播进行

---

[1] 陈力丹：《庭审报道不要被律师的庭外言行左右》，载《新闻界》2013 年第 16 期，第 22 页。

限制，大量使用犯罪嫌疑人的姓名。根据我国《未成年人保护法》第58条规定："对未成年人犯罪案件，新闻报道、影视节目、公开出版物、网络等不得披露该未成年人的姓名、住所、照片、图像以及可能推断出该未成年人的资料。"《预防未成年人犯罪法》也有类似的规定。本案涉案的未成年人的姓名和肖像根据法律不应该被媒体公布，甚至连"李双江之子"的说法都因为能推断出未成年人信息而违法。

其次，在本案的持续报道中，除了李某某之外的另外4名犯罪嫌疑人的身份也被媒体挖出，其中有3名是未成年人。新修订的《刑事诉讼法》设立了未成年人轻罪犯罪记录封存和保密制度，其第二百七十五条规定："犯罪的时候不满18周岁，被判处五年有期徒刑以下刑罚的，应当对相关犯罪记录予以封存。犯罪记录被封存的，不得向任何单位和个人提供，但司法机关为办案需要或者有关单位根据国家规定进行查询的除外。依法进行查询的单位，应当对被封存的犯罪记录的情况予以保密。"根据法院最后的判决结果，这3名未成年人最后的刑期都在五年以下，媒体在法院判决前就对未成年人犯罪进行大肆报道，最终极有可能违反了新《刑事诉讼法》的规定。

此外，媒体在本案的报道中还存在对受害人隐私保护的缺失问题。在性侵害案件中的受害人的信息涉及到当事人的隐私，法院不能公开，媒体更不能进行披露。虽然，一些网友通过微博将受害人不辨真假的照片和姓名公布在网络上，但媒体对其职业、学校、身份的描述也大大缩减了对受害人搜索的范围。甚至，在一审开庭的第二天，一家网站就发布了被告辩护人的《无罪辩护意见书》，里面出现了除了受害人姓名外的大量个人信息和涉案性行为的过程，甚至有受害人在医院的妇科检查报告。这种做法不仅有违新闻伦理，更是对当事人隐私权的侵害和对法定不公开审理的无视。

5. 官方消息源令媒介面临两难选择

公安机关在侦查阶段就对本案进行通报，使得网络上的传言被证实并让人锁定了犯罪嫌疑人李某某。作为官方、权威消息来源，公安机关对本案的公开通报也可能令许多明知法律规定的媒体处于两难境地——予以报道，则可能违反《未成年人保护法》与《刑事诉讼法》的规定；不予报道，则可能在新闻大战中陷于被动的局面。

笔者认为，媒体作为独立法人，应当自主判断消息的合法性，并依法决定是否刊播。即使公安机关对案情进行通报，媒体在报道时也应该审视哪些内容适宜传播，哪些信息出于对未成年人权益的保护应当予以模糊处理。当公众舆论、网络言论纷纷猜测涉案人身份时，负责任的、专业的媒体完全可以在报道中告知公众涉案未成年人享有哪些法律保护，隐去其身份信息的原因何在，由此引导舆论、构建言论标准。法治新闻的报道行为本身如果脱离了法治的轨道，违背了法治理念，那就不但会遭受非议，更极大地折损了媒体的专业能力和职业水准。

（二）网络自媒体理性不足

本案在网络上引起网民极大的关注，以微博为代表的新媒体迅速抢占舆论兴奋点。据人民网舆情调查仅在 9 月 26 日李某某一审宣判的当日，腾讯微博话题"李某某获刑 10 年将上诉"讨论量达 449 万条。此外话题"提问李某某法律顾问兰和律师"讨论达 25 万条。新浪微博话题"李某某等五人强奸案"吸引 176460 名网友参与讨论，话题"李某某等五人强奸案一审宣判"讨论总计 122662 条。[1] 然而在全民为李某某案狂欢时也折射出我国现阶段网络自媒体法律意识淡薄，理性的缺乏。

1. 网民责任意识淡薄，缺乏媒介素养

李某某案看似是舆论的狂欢，实则体现了网民对于公众人物负面消息的刻板印象和仇视特权心理。在公众看来，"星二代""官二代""富二代"就是特权的代名词，任何事情都可以用金钱去摆平。[2] 正是由于网民的媒介素养不足加上法律意识淡薄，在不明的状况下就对当事人一吐不快，甚至不乏对当事人人格的贬损，不仅浪费网络资源，也污染了舆论环境。此外本案还有过度娱乐化的倾向，在案件曝光的几天之内，犯罪嫌疑人李某某的成长经历甚至他的父母感情经历都被网友曝光，成为人们茶余饭后的谈资。

2. 网络审判倾向严重

---

[1] 人民网 9 月 27 日舆情 http://yuqing.people.com.cn/n/2013/0927/c212785-23062149.html

[2] 剧静宜：《我国网络舆论监督存在的问题及对策——以李天一案为例》，载《新闻世界》2013 年 04 期，第 21 页。

在本案还在侦查阶段，李某某的身份还是在犯罪嫌疑人的时候，部分网民就直呼李某某为"强奸犯"，甚至还大胆预测其刑期。百度李某某贴吧就有网友发帖称："如果李某某无罪，我将对中国司法彻底失望，法将不法，国将不国。"这种严重的裹挟舆论对一个正在侦查阶段的犯罪嫌疑人的网络审判将严重干扰我国司法正常进行。

第二节　药家鑫杀人案报道研究

——舆论审判的巨大"杀伤力"

发生在 2010 年的药家鑫杀人案引起了广泛的社会关注，各种报道与评论的资料十分丰富。结案后，此案又产生了连环官司。一波又一波案件报道，为研究者留下了丰富的资源。

在媒体的表现方面，新媒体、特别是社交媒体的作用抢眼；在相关信息披露与传播的主体方面，本案被害人张妙的附带民事诉讼代理人张显的作用突出，以至于在药家鑫案执行完毕后，张显因侵害名誉权被药家鑫的父亲告上法庭，并在两审中均败诉。以上两点是该案信息传播的最突出特点，也是本项目研究的重点。

一、各诉讼阶段案件信息传播概况

序号	时间点	诉讼阶段	案件情况	媒体情况	结果影响及备注
1	2010年11月28日	侦查机关对外公布案情之前	已侦查完毕，待向社会公布案情。但警方拒绝了记者的采访。	警方对记者采访的拒绝使媒体报道只能"管中窥豹"，其中最早报道此事的是《华商报》的《大三学生撞人后8刀刺死伤者因发现被记车号》与《扬子晚报》（第一篇报道）的《西安一名大学生撞倒行人后连刺8刀致其死亡》，除介绍基本案情外，两篇报道更多关注了受害一方，对药家鑫报道较少。《扬子晚报》的报道中称："'此事性质太恶劣了。'一位办案警官说。据多名知情警官介绍，案发前，药家鑫是西安一所高校大三的大学生，案发当晚，去会见女友的。其所驾驶的车辆系其私家车，其家庭背景殷实。"当晚陕西电视台《第一新闻》在报道此案时截取了药家鑫的一句话"怕撞到农村的人，特别难缠。"	两篇纸媒的报道对药"官二代""军二代"的描述迅速引发了网友的关注。距事发一月有余才有报道，这种迟缓也给公众留下了想象空间：是不是有人要捂盖子，或者媒体对农村人被杀反映冷淡。
2	2010年11月29日及之后几天	侦查机关对外公布大学生药家鑫开车撞人后杀死伤者的案情	11月29日，西安警方向社会公布了大学生药家鑫开车撞人后杀死伤者的案情。	大部分传统媒体均在司法机关已公布的材料范围之内做出报道，甚少发表倾向性评论。但也有一些媒体的报道有较强的倾向性：《重庆商报》发表了名为《天之骄子咋又变冷血屠夫》的评论。之后网络舆论则出现了一边倒的情况，网民丁炜题为《作为一个农村人，我想和药家鑫谈谈》的评论被各大网站转载，其他声音，如"药家鑫，要么法律把你干掉，要么你把法律干掉！"，"如果网络评论真能唤回公平，我宁愿成为推波助澜言杀药家鑫的刽子手"等。	与之前并没有出现什么大的舆情转向，网络之前已经有所预判，关注点在于之后的审判及其结果。
3	2010年12月6日	一审庭审前		《新京报》记者张寒名为《从撞人到杀人药家鑫的蜕变》的报道，对药案进行了外围采访，包括药家鑫的同学，药家鑫做家教的学生家长，讲药家鑫性格如何柔弱，羞涩，普通，试图通过描述他的成长经历，找出犯罪的心理动因。	网友对该报道有明显的抵触情绪。

序号	时间点	诉讼阶段	案件情况	媒体情况	结果影响及备注
4	2011年2月18日	一审庭审前		《华商报》在其头版报道了对药家鑫本人的采访情况，其中有药在看守所与女警官合奏演出的照片。	被认为是看守所和商业媒体基于利益合谋的一出闹剧，"凶手与警察一起载歌载舞"的情况给公众广阔的想象空间，加剧了本就一边倒的舆论环境。
5	2010年2月25日	一审庭审前	药家父母到张家道歉，并准备商谈赔偿金额事宜。	《华商报》等媒体记者随行采访	记者记录和拍照打乱了两家的谈判，张平选质疑这是特意安排的，最终协商未成。
6	2012年2月26日	一审庭审前		《华商报》名为《药家鑫母亲向死者父亲下跪》的报道，将药家鑫父母的情况第一次展现在公众面前。	
7	2012年2月28日	一审庭审前	法院通知延期开庭，"因为还要进行交通肇事的第二次调查。"	张显在微博中表示：药家鑫的第二次交通肇事只是一次小事故，需要兴师动众地进行这么久的调查？是不是又有人做手脚。	有人马上在网上发起，监督法庭的活动。

序号	时间点	诉讼阶段	案件情况	媒体情况	结果影响及备注
8	2012年3月22日	一审庭审前	法官给了张显25张传票，但提出一个要求，说村民们尽量不要来。	张显坚持说车子都准备好了，横幅口号也准备好，怎么能说不来就不来？并随即发了微博。引起对法院的一片骂声。	法院安抚说：上次你说来旁听的都是音乐学院的学生，人数上不公平。这次我们找了西安4所高校的学生，音乐学院的人数最少，我们已经做出了让步，希望你也能体谅。最终张显答应不带横幅不喊口号，让村民遵守秩序地旁听。
9	2011年3月23日	一审开庭审理	西安市中级人民法院开庭审理。包括中央电视台在内多家媒体旁听了审理。庭审现场有摄像机，摄影记者甚至在被告陈述时走到近前拍照。同时，法院还向500名旁听人员发放调查问卷，征求量刑意见。	近百家媒体旁听了审理过程，当晚，中央电视台新闻《1+1》栏目播出节目《药家鑫：从撞人到杀人》，李玫瑾在分析药杀人动机时称其所为与长期的钢琴训练有关。（该节目被认为存在三个问题：一是缺少受害方的相关画面与观点；二是没有其他专家的评论与解读；三是缺少一些专业常识，比如对药家鑫性格的分析不应在判决前报道）。而与此同时，孔庆东在第一视频网对药案的评论"杀人犯长得都这样"，"这样一个嚣张的人一定是有后台的。" 张显针对发放调查问卷一事在微博和接受采访时都表达了同样的担忧，他感觉，他感到药家势力"可能深不可测，感到案件的前途一片黑暗。"	庭审期间，媒体的表现势必对庭审带来干扰。背负舆论压力，法官能否独立成为一个难以估量的问题。 而从之后媒体报道及其影响来看，网络舆论一边倒地认为报道偏袒药家鑫，对于张显的担忧言论，许多媒体纷纷选择直接引用。

18

序号	时间点	诉讼阶段	案件情况	媒体情况	结果影响及备注
10	2011年3月25日	一审宣判前		张显发表博文《村民签名要求判药家鑫死刑》，并附有村民签名呼吁判药家鑫死刑的照片。	这篇博文被推荐到新浪博客首页，4万多人次阅读。
11	2011年4月1日	一审宣判前		一个自称药家鑫学妹的李颖在人人网上留言："我要是他我也捅……怎么没想着受害人当时不要脸来着，记车牌？" 而在此期间，路钢也开通微博，介绍药家真实等情况。	网友因此愤怒，路钢的声音完全被淹没，其他媒体关注的也多是张显一方的言论。
12	2011年4月2日~4月3日	一审宣判前		张显2日接连在微博上发表言论，"不接受调解，不判死刑，就不接受调解"，3日，其微博上出现了"军二代""药家真牛"等字样，"实际上他们拖到23日开庭就是在等待两会关于死刑及有关轻判的消息"，"搞一个假民调，来压制社会的呼声"。	张显对舆论的影响很大，其对药家背景的质疑与猜测，在一定程度上影响了舆论，并进一步影响了司法。
13	2011年4月5日	一审宣判前		张显在微博上称某报记者"与我谈过近4个多小时，劝说我们不杀药家鑫。""该报的理由是：这样就为中国取缔死刑的文明前进了一步，也做了很大的贡献。"而这名记者随后作出回应："我有在非职业平台上表达个人观点的权利，这与采访这一职业行为无关，也不会影响报道的客观中立。" 《西安晚报》发表评论《药家鑫说情者大有人在，折射中国法律尴尬处境》，指出"药家鑫该不该判死刑，决定他命运的是法律，而不是法律之外的因素。反对死刑也好，敬畏生命甚至爱惜'好人'也罢，都与本案无关。这是维护法律应有的尊严和底线。"	记者对职务行为和私人行为的模糊处理很难让公众尤其是被害方相信他最终的报道会"客观中立"，与此同时，《西安晚报》的评论则湮没于网络的声讨之中。

序号	时间点	诉讼阶段	案件情况	媒体情况	结果影响及备注
14	2011年4月15日	一审宣判前		新浪微博关于"药家鑫案——民众投票审判"的投票活动结束,大多数网民选择了"药家鑫故意杀人证据确凿"。	在宣判前进行此类投票,有悖于司法独立,形成了对公平审判的干扰。
15	2011年4月22日	一审宣判	法院一审宣判:药家鑫被判处死刑,剥夺政治权利终身,赔偿4万余元。	张显在微博中表示:"任何人不管他权有多大,官有多高……在正义和法律面前都会变得苍白无力。"	从评论中对判决一片叫好声。
16	2011年4月28日	上诉	药家鑫提出4点上诉理由。		评论中多是对药家的声讨。
17	2011年5月17日	二审宣判前	因公诉方没有上诉,法院告诉张显二审期间只能旁听,不能发言。	张显接连发出20多条微博,称"若我们在二审中不能成为当事人,对于一审中没有被揭开的谜团之谜,我们将向省政法委、省检察院提出一些需要认真调查和侦查的建议,力争使得该案水落石出,找出阻力与谜团。"	尽管张显的要求没有法律依据,网友仍多支持张显的言论。后张显到政法委信访,结果被人称为"法盲、白痴。"
18	2011年5月20日	二审宣判	陕西省高级人民法院二审宣判,驳回药家鑫上诉,维持原判。	张显发了一条微博:"不管药家鑫犯了多大的罪行,但他的父母是无辜的。"与此同时,他发现药家鑫前两次都没有戴眼镜,这一次却戴上了眼镜,难道是为了呼应路钢的辩护词高度近视而误杀人?张显又把这个发现的"阴谋"和微博的粉丝分享。	药的律师路钢指出:个别人利用媒体歪曲事实、企图将案件复杂化、妖魔化,将严肃的审判活动庸俗化,司法程序收到了严重干扰。
19	2011年6月7日	死刑执行	最高人民法院核准,药家鑫被执行死刑。		

二、对本案中舆论监督与依法审判关系的研究与评价

舆论监督与依法审判，一直以来都关系微妙，其博弈的背后，代表的是"新闻自由与司法公开、新闻监督与司法独立等公民基本人权之间的冲突"[1]。在司法独立的大前提下，舆论监督虽能够促进司法部门公正执法，预防腐败与不公，但有时又会或多或少地干扰正常审判，特别是网络围观力量日趋强大的今天，特别是"在舆论完全可以不经把关人审查而直接在互联网上传播，而很多通过传统媒体不能传播的东西，也都可以通过互联网得以传播的情况下，舆论审判已越来越不具有可控制性。"[2]

这在药家鑫案中就非常突出。一个原本事实清楚、量刑不难的故意杀人案，却经受着舆论和司法的"双重考验"。当事人药家鑫先后经历了"官二代""富二代""军二代"的多重身份转换，直到被一种近似群众狂欢的形式被处死，才最终还原其"普通大学生"的真实身份，这其中，媒体或者说舆论有意或者无意的选择性失明，以及相关司法机关的非理性应对无疑都"功不可没"。药家鑫的辩护律师就当庭直称："本案诉讼程序一直受到法律外相关因素的干扰和影响……已经影响到了案件的公正审判"。[3]

2012 年 7 月 31 日，药家鑫父亲药庆卫诉张显名誉侵权案在西安宣判，法院判决被告张显自收到判决书之日起，30 天时间内在微博上每天不间断对药庆卫发布道歉微博，同时删除之前的造谣诽谤微博，并向原告支付人民币 1 元的精神赔偿金[4]。应当说，法院不仅在结果上给了原告一个"说法"，也在无形中对长期围绕药家鑫案过程中的舆论表现，以象征司法权威的判决书形式，给出了一个"不及格"的分数。现代法律和大众传播都是专业性极强的知识与话语系统，但是可惜的是，在药家鑫一案的审理过程中，司法与媒体的表现都很不专业。

---

[1] 魏永征，张鸿霞：《大众传播法学》，法律出版社 2007 年第 1 版，第 49 页。

[2] 周泽：《舆论评判：正义之秤——兼对"媒体审判""舆论审判"之说的反思》，载《新闻记者》2004 年第 9 期，第 7 页。

[3] 此信息来源于药家鑫案辩护律师路刚的二审辩护词。

[4] 此信息来源于（2011）雁民初字第 04416 号判决书。

（一）法院的不专业表现

媒介即使能够超越本分"干预、影响司法独立和司法公正"[1]，但逻辑上终究是通过法院才能实现。与英美国家所谓的"媒介审判"不同，我们的媒介所面对的不是由普通公民组成的陪审团，而是拥有丰富专业知识和理解法律精神的法官。理想状态下，一个称职的法官，应当深知"以事实为准绳、以法律为依据"的真正要义，拥有冷静的心理素质和排除舆论影响坚持司法原则的能力，能够适当"隔绝"外界舆论与司法审判的非理性联系。从这个层面上讲，舆论对药家鑫一案的不当干扰，司法机关本身要承担很大一部分责任。

1.面对舆论表现偏软，有法不依，该做的不做

仔细分析本案的一审判决书[2]可以发现，关于犯罪事实部分的认定其实非常客观、准确，但是涉及到行为定性的表述却凸显主观色彩，多强调药家鑫的"犯罪动机极其卑劣，主观恶性极深""犯罪手段特别残忍，情节特别恶劣，罪行极其严重""人身危险性极大，依法仍应严惩"等等。"这些'极深''特别''极大'等等的定性有着明显的义愤的成分，让人不能不怀疑法庭的审判受到了舆论的影响。"[3]

回顾药家鑫案的整个审理过程，即使是一个不具备专业法律知识的普通人，也能明显感觉到法院面对舆论或者利益相关人的那种被动、软弱与不自信的表现。比如在一审中，对于较多媒体与公众提出旁听甚至直播的需求，法院都给予了最大可能的满足，结果小法庭换成大法庭，包括央视在内的近百家媒体云集于此，庭审现场有摄像机，摄影记者甚至在被告陈述时走到近前拍照，不时听到村民乃至当事人亲属的"抗议"，同时有多人在使用手机进行"微博"直播，在这种舆论压力下，法官能否独立断案，就成为一个难以估量的问题。

事实上，本案最令人称奇的还是法院对"激情"代理人张显的反应。

---

[1] 慕明春：《"媒介审判"的机理与对策》，载《现代传播》2005年第1期，第64页。

[2] 此信息来源于[2011]西刑一初字第68号判决书。

[3] 宋雯：《媒介审判无可讳言司法原则应该坚守》，转引自慕明春主编：《法治新闻研究》，人民出版社2011年版，第29页。

面对这个"一直慷慨激昂、四处攻击"[1] 的人物，法院却表现出一种近乎反常似的"宽容"。在一审开庭之前，张显多次公开发表谈话质疑司法的公正性，尽管其中许多质疑毫无根据甚至有些荒唐，但法院在与其多次交流间却从未采取任何制止行为。对于张显要组织村民在 3 月 23 日庭审上"拉横幅，喊口号"的行为，法院也只是以 25 张传票为"诱"劝说张显让村民们尽量不要来，结果是张显把这一事情直接发在了微博上。虽然最终法院做了紧急安抚，获得了张显"不带横幅不喊口号，让村民遵守秩序地旁听"[2] 的承诺，但实际上，这种可能严重破坏法庭秩序的举动，本身就是一种违法甚至是犯罪行为。《刑法》中规定有专门的"扰乱法庭秩序罪"[3]，《刑事诉讼法》第 161 条第 2 款亦明确规定："对聚众哄闹、冲击法庭或者侮辱、诽谤、威胁、殴打司法工作人员或者诉讼参与人，严重扰乱秩序，构成犯罪的，依法追究刑事责任"。但是本案法院却并没有明确告知法律的强制性规定，而是采取了"劝说""协调"等偏软性的行为。

表面上看，这种"偏软"或者说"宽容"在某些方面似乎践行了"司法为民"原则，甚至有些制度创新，比如微博庭审直播。但实际上，司法机关面对舆论的甚嚣尘上及利益相关方非理性甚至非法的言行作为，有法可依却有法不依，过分容忍甚至是主动迎合，这实际是对司法公开与独立原则的"间接"破坏。如果再放在当今司法公信力不高、腐败和不公现象频发的大环境下，不引起公众质疑才是一件怪事。

总而言之，舆论越是汹涌，司法就越应独立，否则受舆论影响摇摆只能伤害自身公信力。人民司法要迎合民意，最重要的是通过程序公开、正义来加以体现，树立公众对司法制度的权威敬意。无论是民意的表达还是媒体的监督，都要以"合法"甚至"合理"为限，对越界行为的过分"宽容"，实际上是一种"纵容"，反而背离了最根本的司法独立原则，加深民意对司法公正的质疑。

---

[1] 陈磊：《"激情"代理人张显》，载《南方人物周刊》2011 年第 20 期。

[2] 蔡崇达：《审判》，详见腾讯网 http://hanhan.qq.com/hanhan/one/one22.htm#page1，最后浏览时间 2014 年 9 月 1 日。

[3] 《刑法》第 309 条规定："聚众哄闹、冲击法庭，或者殴打司法工作人员，严重扰乱法庭秩序的，处三年以下有期徒刑、拘役、管制或者罚金。"

2.问卷调查做法欠妥，无法可依，不该做的乱做

2011年3月23日，药家鑫案一审庭审现场，500名旁听群众每人都收到一份"旁听人员旁听案件反馈意见表"，问卷上除了庭审的合议庭成员名单，还有两个问题：您认为对药家鑫应处以何种刑罚？您对旁听案件庭审情况的具体做法和建议？包括西安音乐学院等多家高校的学生，以及与受害人同村的村民参与了填写问卷调查。

可以说，法院的这一行为引起了舆论的轩然大波，更加深了公众对司法公正性的质疑，受害者代理人张显向西安中院提出，坚决反对在此案中将问卷调查作为量刑参考。对此，法院回应称"征询旁听群众意见确有其事，是陕西省高级人民法院2008年作出的规定，并非只针对药案才征询意见。目的是通过听取旁听公民对案件审理程序、量刑的意见，可以使合议庭在听取控辩双方意见的基础上，参考调查问卷结果，确保最终的判决更加公平公正。"

那么法院该不该现场向旁听者征求量刑意见呢？

首先，法院的这种做法"无法可依"。与英美法系国家的那种陪审团制度不同，我国为法律所认可的民意介入司法的形式就是人民陪审制度。"陪审员在司过程中将社会公众的普遍价值观融入法官的司法能力中，起到思维互补的作用，让司法不至于远离民意，以防止法官过于职业化而导致司法结果脱离民情"[1]。而"在审判过程中对群众进行问卷调查获取民意的行为，本身是否合乎中国法律系统的管理或明文规定，法院方面目前没有给出详尽公开的说明。"[2]

其次，问卷调查的方法欠妥。参加庭审旁听的500人中80%都是大学生，还有很多是药家鑫的校友，村民和受害者亲属才25人，这样的"民众"构成方式，很难保证判决的公正。正如富敏荣律师说的那样，"没有法律规定法院可以进行问卷调查，司法的首要前提就是独立。退一步讲，以学生为主体的旁听对象层次性单一，谈何代表民意？"[3]况且即使是在英美法系

---

[1] 赵扬:《民众问卷"有违独立行使审判权原则———对"药家鑫"案的思考》，载《学术园地》2011年第10期，第28页。

[2] 本信息来源于网易 http://news.163.com/special/reviews/reviewofyaojiaxin.html，最后浏览时间2014年8月28日。

[3] 本信息来源于《齐鲁晚报》2011年4月10日文章《媒体调查药家鑫家境：不是富二代手机至今按揭》。

国家，陪审团的作用也仅在于认定案件事实，仅能对是否有罪进行意见的提供，并不能提出量刑要求，量刑仍是法官的职责。

第三，法院的问卷调查做法有悖于"程序正义"原则。"以事实为依据，以法律为准绳"要求的不仅是在实体上按照法律规定定性量刑，更要严格依据法定程序进行，司法正义本身就是"一种程序化的制度正义"[1]。"从某种程度上讲，程序正义更为人民所认同，因为程序是唯一能够收服权力这只猛兽的枷锁。"[2] 当然，有时程序正义也"可能达到错误的结果"[3]，比如著名的美国"辛普森杀妻案"[4]，"看似法院放过了一个罪该万死的杀人犯，但是却教育了所有人：做任何事，哪怕是正确的事，也必须使用正确的方式！哪怕正义之剑，也必须受到程序的约束！"[5] 反观药家鑫案，我国现行法律对于定罪量刑的规定中，并没有可以参考"民意"来定罪的规定，更没有设置这样的司法程序，西安中院的这种"创新"举动，按照陈杰人的说法，"既是超出法律规定的违法行为，也是一种滥用职权的随意司法行为。"[6]

当然，在药家鑫案中，除了法院，侦查机关的表现亦构成了舆论"一边倒"倾向的部分因素。2012 年 10 月 23 日药家鑫已被长安区公安分局以涉嫌故意杀人罪刑事拘留，11 月 29 日警方才向社会公布案情，在本案事实清楚的前提下，这种迟缓也给公众留下了想象空间：是不是有人从中干预。而就在公布前一天，竟有警察私自向记者透露药家鑫"其所驾驶的车辆系其私家车，其家庭背景殷实"[7]。很明显，"私家车""背景殷实"等字眼很容易让人对药家鑫本人产生"富二代"预判，点燃了社会舆论非理性爆发的导火索。

---

[1] 季金华：《司法权威论》，山东人民出版社 2004 年版，第 71 页。

[2] 邵亮《论暴民文化背景下的民主与法治——以辛普森案与药家鑫案对比为切入点》，载《湖北警官学院学报》2012 年第 2 期，第 73 页。

[3] 【美】约翰·罗尔斯著，何怀宏等译：《正义论》，中国社会科学出版社 1998 年版，第 27 页。

[4] 1994 年 6 月 12 日午夜，辛普森前妻妮可和男友古德曼被杀，随后警方宣布辛普森是杀死这两人的唯一凶嫌并发出逮捕令。经过一年多的审理，尽管建房证据充分有力，且媒体报道有七成以上的美国人认为辛普森是杀人犯，但是由于警方在取证时的程序上有所疏漏，辛普森最终被宣判无罪。

[5] 李靖：《从药家鑫案看对"程序"的尊重》，载《中外管理》2011 年第 5 期，第 24 页。

[6] 陈杰人：《警惕药家鑫案量刑调查问卷假借民意》，载经济观察网 http://www.eeo.com.cn/observer/shelun/2011/04/14/198878.shtml》，最后浏览时间 2012 年 9 月 1 日。

[7] 详见《扬子晚报》2011 年 11 月 28 日报道《西安一名大学生撞倒行人后连刺 8 刀致其死亡》。

这些都可以说明，司法机关在与新闻媒体打交道时，至少相关办案人员的敏感性与责任感上，还有待加强。特别是还有一个背景需要说明，就是新修订的《刑事诉讼法》对侦查人员保守侦查秘密的法律责任要求更加严格了。

（二）媒介的不专业表现

在传统媒体与新媒体的复合传播环境下，媒介对司法的干预有两种方式：一是新闻媒体主动介入案件，"超越司法程序抢先对案情作出判断，对涉案人员做出定性、定罪以及胜诉或败诉的结论"[1]；二是案件本身就引起民众的极大关注，并形成一定的舆论氛围，新闻媒体出于某种需要对此进行了报道、反映，甚至刻意迎合，导致最终形成一边倒的舆论合力。在药家鑫案中，这两种干预方式也都存在，其中后者主要表现在网络舆论及其对传统媒体的引导。

1.专业缺失的传统媒体

对于大众传播机构而言，法制报道是专业知识最为密集的领域，"法庭审判"也被一些发达国家的著名媒体列入为数不多的"专业领域报道"[2]之一。在药家鑫一案中，我们不能否认一些媒体及媒体人所一直秉承的职业操守和体现出的专业素养，但是仍不难发现存在的一些专业问题

（1）报道立场偏颇，误导社会舆论

媒体在信息传播活动中的优势主要是通过其议程设置来实现的，它"不仅可以告诉人们想什么，而且同样可以告诉人们怎么想。"[3]就在西安警方向社会公布案情的前一天，《华商报》[4]和《扬子晚报》[5]最早对此案进行了报道。从报道内容来看，除了介绍基本案情外，两篇报道更多关注了受害一方，对药家报道较少，《扬子晚报》当日报道的最后一句话"其所驾驶的车辆系其私家车，其家庭背景殷实"更是引起了公众的极大关

---

[1] 魏永征：《新闻传播法教程》，中国人民大学出版社 2002 年版，第 209 页。

[2] 【美】杰里·施瓦茨：《如何成为顶级记者：美联社新闻报道手册》，曹俊、王蕊译，中央编译出版社 2003 年版，第 81 页～121 页。

[3] 黄旦：《传者图像：新闻专业主义的建构和消解》，复旦大学出版社 2005 年版，第 219 页。

[4] 此报道为《大三学生撞人后 8 刀刺死伤者因发现被记车号》。

[5] 此报道题为《西安一名大学生撞倒行人后连刺 8 刀致其死亡》。

注。很明显，在"七十码""我爸是李刚"接连出现的大背景下，这种描述极容易让人对药家鑫留有"富二代"的印象，并将其推到舆论的风口浪尖。与此同时，当晚当地某电视台在报道时更是特地突出了药家鑫的一句话——"怕撞到农村的人，特别难缠"，而这也立刻点燃了公众对城乡二元体制不满的火苗。

正如有的学者所说，"凡是触及到集体情绪的事件（包括腐败官僚以及所谓的'为富不仁'等社会强势群体，作者注），都会以超快的速度在网络中蔓延，网络舆论往往在政府权力机构之前就预先做出了他们的判决。"[1]事实也确实如此，从我们对本案的整理情况可以清楚的看到，媒体有失偏颇甚至失实的报道，导致了社会舆论对药本人非常不利，甚至连其亲属也不能幸免。

（2）煽情报道较多，结果矫枉过正

伴随着本案审理的逐步展开，关于案情的报道焦点逐渐从受害人一方转向了犯罪嫌疑人一方。《新京报》名为《从撞人到杀人药家鑫的蜕变》的报道，对药家鑫的成长经历进行了详细描述，却引起了网友的明显抵触。而其后该报对药家鑫在看守所表现的报道，则被认为是看守所和商业媒体基于利益合谋的一出闹剧，"凶手与警察载歌载舞"的情况给予了公众广阔的想象空间，反而恶化了本就不利于药的社会舆论环境。这之后，李玫瑾对药家鑫犯罪动机的细节分析，更是将药家鑫推向了"一片杀声"的舆论"死地"。

正如有些学者所言，"以前的案件报道，更多关注被害方，对被告人则多是'一片喊打'，这当然不对。但时下，一些案件，却给人以"矫枉过正"之嫌。比如本案，一些报道更多地展示药家鑫的家庭环境给其造成的不当影响和压力；展示他痛哭流涕、递交悔过书等可宽恕情节。这些展示，本身并无问题，然而，这方面的不厌其详和对被害方寥寥几笔带过的失衡，却让人有别样的滋味。"[2]

---

[1] 韩敏：《商议民主视野下的新媒体事件》，载《新闻与传播》2010 年第 10 期，第 31 页。

[2] 李曙明：《药家鑫案，有的报道不及格》，载《青年记者》2011 年第 9 期，第 17 页。

（3）专业标准偏低，影响案件进程

传统媒体积极地关注、报道新闻价值极高的药家鑫案，本是新闻规律使然，也是履行社会监督责任，反而如果是"轻描淡写或集体失语，那才是极不正常的"[1]。但凡事都要有个"度"，记者也是人，如果为获得一手材料和新闻效果而影响到案件本身，那就只能用"专业素养低"来形容了。

2011年2月25日，药家父母向张妙家属道歉，并准备商谈赔偿金额事宜。实际上，对于事实清楚的药家鑫案来说，能否取得受害者家属的原谅也是重要的量刑参考情节。但遗憾的是，记者不顾后果的随行记录和拍照打乱了两家的谈判事宜，张平选质疑这是特意安排的，最终协商赔偿事宜也没有进行。

（4）职业意识淡薄，导致公私不分

2011年4月5日，张显在微博上称某报记者"与我谈过近4个多小时，劝说我们不杀药家鑫。"理由是"正因为药家鑫十恶不赦，一片喊杀声，所以呼吁不杀他，这样就为中国取缔死刑的文明前进了一步，也做了很大的贡献。"而这名记者随后作出回应："我有在非职业平台上表达个人观点的权利，这与采访这一职业行为无关，也不会影响报道的客观中立。"

很明显，这名记者并没有弄清自己的媒体职业身份，所在媒体对职工的微博管理也存在问题。作为采访被害方的记者，却以公民身份对后者做"不杀药家鑫"的劝说，严重混淆了公众审视这两种身份的不同标准，这很难让公众尤其是被害方相信他最终的报道会保持中立。职业记者的特殊身份，往往意味着其必须在一定程度上放弃在私人空间里实现"个人"的言论自由与价值认同，因为公众很容易把他们的私人言论就理解为"官方解读"或媒体立场。而"预设立场，然后围绕这样的立场采访、报道，这是媒体最大的危险。"[2]

（5）独立见解少，过分迎合舆论

传统媒体作为社会舆论的风向标，本应在信息传播中起到主导作用，设置议程，引导舆论。但是伴随着互联网的崛起，传统媒体的这种作用每

---

[1] 姜淮超：《媒介审判源于舆论——以药家鑫案为例》，转引自慕明春主编：《法制新闻研究》，人民出版社2011年版，第17页。

[2] 李曙明：《药家鑫案，有的报道不及格》，载《青年记者》2011年第9期，第17页。

况愈下，在消息源和影响力都不及一些大的网络媒体的情况下，逐渐从引导转向了被引导的局面。而在药家鑫案中，一些职业记者不是在踏踏实实地追求真相，而只会跟着传播什么富二代、军二代的信息，或匆匆忙忙针对一些未经证实的事实发表言论，跟着网络舆论跑，成了网络舆论的附庸，甚至出现一些媒体为吸引眼球而不惜主动迎合非理性舆论，牺牲媒体公信力的情况。

从一开始，为利用公众心中积存已久的社会情绪制造新闻噱头，一些媒体就在报道中刻意的突出某些事实，忽略一些事实。将"大学生、私家车"与"母亲、农村人"进行比较，强调悬殊，制造差异。案件进行到中期，为迎合舆论，过多地关注张显的言论，甚至直接引用一方当事人的言论作为事实依据，直接报道、评论，反而又加剧了本就不利于药家鑫一边的舆论环境。

2. 活跃"过度"的网络舆论

舆论监督与依法审判之间的关系问题由来已久，但是伴随新媒体技术的发展和互联网的普及，二者之间的关系变得更为复杂，也更为紧张。这其中，崛起于草根民间阶层的网络舆论，逐渐发展成为一股不可忽视的媒介力量，其"效率可能超过一切媒体"[1]。

在药家鑫案中，我们就看到了网络舆论的这种超高效率。"每一位网民都可以成为信息发送、传播、过滤的节点和网络舆论的制造者和参与人，而信息的病毒式传播和舆论的核裂变效应又往往可能造成网络舆论的偏执，甚至呈现出过度放大公众对案件审理的非理性的舆论'一边倒'现象。"[2] 而这种自发性舆论形态，往往看似更契合"民意"，最终对司法审判形成干扰。

（1）裹挟民意，缺乏理性

纵览本案审理中的网络行为，动辄以民意之名的现象四处泛滥。"众曰可杀"就是民意，孔庆东骂人都行；稍有争议就是"忤逆"，五教授呼吁"免死"就会被骂。但网络舆论真的能代表民意吗？

---

[1] 刘建明：《舆论传播》，清华大学出版社 2001 年版，第 336 页。

[2] 慕明春：《舆论狂潮中的药家鑫案：法治与理性舆论的双赢》，转引自慕明春主编：《法制新闻研究》，人民出版社 2011 年版，第 4 页。

所谓民意，它必须"体现的是广大民众的普遍理性，代表的是某一时期广大民众的价值取向"[1]。这其中，广大民众是基础，普遍理性是核心。而反观网络舆论，我们肯定不能指望它们"天然地扮演正义者的角色"或者"反映普通民众的声音"[2]，特别是在网络信息传播体制并不健全的情况下：网民不能代表全民，其年龄、职业和知识结构构成与现实世界其实存在很大差异，这种情况下，网络舆论亦不能与"民意"划等；其次，网络中往往夹杂着大量的私欲，特别在中国普遍存在对公正焦虑的社会背景之下，个案生发出来的价值很容易超出公共事件所应承担的价值属性。"公益永远是公正的，而且永远以公共利益为依归，但并不能由此推论说，人民的考虑也永远有着同样的正确性"[3]。

为此我们就不难理解为什么李玫瑾挨骂而孔庆东受捧。在网络舆论中，决定网民对于某一言论的态度最重要的并不是其是否公正、严谨，而是能否与其预判立场一致。也就是说，价值正不正确不重要，价值观一不一致才关键。在这种情况下，密切关注网民态度的司法机关，能否做到依法审判，就很难说了。

（2）枉顾事实，随心所欲

网络的虚拟性为情绪性舆论提供了一个很好的酝酿空间，很容易让人无所顾忌，使得攻击和谩骂成为普遍现象。网民"受到片面观点的感染和煽动，很容易不加调查判断盲从地宣泄情绪，产生极端的情绪化观点"[4]，有时甚至对事实选择性失明，随心所欲，最终引发网络暴力。

纵观药案，"富二代""军二代"描述不绝于耳。但事实上，相关传统媒体早就对此进行了澄清，药家鑫辩护律师路钢也开通微博，向社会介绍药家的真实情况。很显然，大多数网友对此选择了"失明"，而通过迎合某种"共识"，随意地进行着情绪宣泄，"药家鑫，要么法律把你干掉，

[1] 李群星：《民意与司法：互动与交融——以民意与司法的关系为视角》，引自郭卫华主编：《网络舆论与法院审判》，法律出版社 2010 年版，第 4 页。

[2] 乔新生：《网络舆论是多元化社会的哈哈镜》，引自郭卫华主编：《网络舆论与法院审判》，法律出版社 2010 年版，第 97 页。

[3] [法]卢梭著，何兆武译：《社会契约论》，商务印书馆 2005 年版，第 35 页。

[4] 吕宁：《网络舆论与法院审判的冲突与平衡——构建和谐社会的一大举措》，引自郭卫华主编：《网络舆论与法院审判》，法律出版社 2010 年版，第 179 页。

要么你把法律干掉！""如果网络评论真能唤回公平，我宁愿成为推波助澜言杀药家鑫的刽子手"等皆为此类。

至于药家鑫"学妹"李颖在人人网上的留言"我要是他我也捅……怎么没想着受害人当时不要脸来着，记车牌，"则是"随心所欲"表现的另一个极端。

（3）死刑投票，草菅人命

前面已经说过，除了网友，作为服务商，部分网站亦采取了有失公允的态度，为刽子手的狂欢提供了充分空间。正如有的学者所说，互联网服务商们"对'互联网精神'的宣称采取了非理性的、有失全面的态度，并将之作为网络传播的'魅力'，一定程度地导致了网络舆论的公地悲剧问题"[1]。

2011年3月25日，张显发表博客《村民签名要求判药家鑫死刑》,这种"杀人偿命"的同态复仇逻辑，网站不仅没有创造机会引导公众展开公共讨论，反而将其博文推荐到了新浪博客首页，阅读量超过4万次。而仅仅20天之后，新浪微博关于"药家鑫案——民众投票审判"的投票活动也刚好结束，结果是大多数网民选择了"药家鑫故意杀人证据确凿"。这是典型的"媒介审判"行为，有悖于我国"司法权只能由国家的司法机关统一行使，其他任何组织和个人都无权行使此项权利"[2]的基本司法原则。

3. 不可小觑的"微"力量

药家鑫案的审判过程主要发生在2011年，在这一年里，除了药家鑫，还有一个很热的关键词，就是微博。而这两者，也在该案的审理过程中不期而遇了。

近几年来，以微博为代表的自媒体在新闻报道中的力量逐渐凸显出来，其草根性、即时性、便捷性特点为公众围观提供了最好的平台，原告可以用，被告也可以用，司法机关可以用，媒体也可以用，甚至进行微博庭审直播。在药家鑫一案中，张显用它营造舆论，路钢用它澄清事实，到后来药庆卫自己也开通了微博。现在来看，这些不同的"微"力量，或多或少都对本

---

[1]　陈堂发：《网络舆论与公地悲剧》，载《信息网络安全》2006年第8期，第47页。

[2]　张文显：《法理学》，北京大学出版社2003年版，第283页。

案的审判产生了一些影响。

　　张显就非常善于利用微博营造舆论，向法院施压。比如，法院通知庭审日期延后，张显便在微博上表示担心："药家鑫的第二次交通肇事只是一次小事故，需要兴师动众地进行这么久的调查？是不是又有人做手脚？"于是有网友马上在网上发起监督法庭的活动。法庭要求张显不要组织村民在法庭上拉横幅，喊口号，张显随即就发布了微博，引起骂声一片，法院不得不做紧急安抚。

　　在他的众多微博中，有很大一部分是对药家一方的攻击，有时甚至属于捏造事实，"官僚""富商""军界蛀虫"等对药庆卫的污蔑，却得到了网友甚至媒体的积极关注与回应。"本来是传言的事情被他在微博上一发布，就变成了一些人眼中的现实，后来又有媒体评论，就确实变成了药家阴谋的证据"[1]。尽管在药庆卫诉张显名誉侵权一案中，司法还给了药庆卫一个"公道"，但是从其对药家鑫杀人一案的司法影响来看，却是永远都无法弥补的遗憾。

　　但是我们的反思应不止于此。表面上看，张显作为受害方代理人，刻意制造舆论甚至混淆视听，仅仅是出于"一己私利"，实则不然。其微博上的言论之所以能够蒙蔽公众，很大程度上与民间舆论的主动选择有关，即所谓的"集群行为"[2]。形成这种集群行为的原因主要有两个：一是社会现象给公众带来的刻板印象所致，我们习惯"用我们头脑中已有的先入之见去填补剩下的画面"[3]，一旦有媒体给药家鑫贴上"富二代"的标签，其往往就会给人以蛮横无理、为富不仁的印象；二是与整个微博的舆论环境有关。由于缺少把关人，又没有形成自律机制，很容易导致信息迅速地趋向统一。而一些理性、有价值的声音，因为得不到认可，而被淹没在海量信息的背景下。

　　从药家鑫一案中，我们应当看到，"在公众利用微博进行舆论监督取

[1] 蔡崇达：《审判》，详见腾讯网 http://hanhan.qq.com/hanhan/one/one22.htm#page1，最后浏览时间 2014 年 9 月 1 日。

[2] 戴维·波普诺认为集群行为是指在相对自发的、无组织的和不稳定的情况下，因为某种普遍的影响和鼓舞发生的行为。

[3] 【美】沃尔特·李普曼著，闫克文、江红译：《公共舆论》，上海世纪出版集团 2006 年版，第 67 页。

得显著成绩的背后，也暗藏着一些不容忽视的隐患"[1]。当然它需要社会综合力量的治理，但是从媒介层面上讲，完善自律机制，引导公共舆论，是最切实可行的办法。

第三节　吴英非法集资案报道研究

——审判机关与舆论沟通失衡的反思

一、各诉讼阶段案件信息传播概况

（一）案例回顾

1981 年出生的吴英是原浙江本色控股集团有限公司法人代表，从 2003 年开始，她在短短几年内迅速集聚数亿财富，涉足数十个行业，一度登上著名富豪榜。2007 年 3 月 16 日，吴英因涉嫌非法吸收公众存款罪被逮捕。2009 年 12 月 18 日，金华市中级人民法院一审以集资诈骗罪判处被告人吴英死刑。吴英不服一审判决，提起上诉。2012 年 1 月 18 日浙江省高级人民法院二审裁定维持对吴英的死刑判决。2012 年 4 月 20 日最高法裁定不核准吴英死刑，将案件发回浙江省高级人民法院重新审判。2012 年 5 月 21 日，浙江省高级人民法院作出终审判决，以集资诈骗罪判处吴英死刑，缓期二年执行，剥夺政治权利终身，并处没收其个人全部财产。

因涉及中国民间借贷、死刑等诸多法律问题，吴英案一度引发社会舆论广泛关注，甚至国务院总理的直接关注并公开表态，还被认为推动了中

---

[1] 靖鸣，李姗姗：《微博舆论监督中的集群行为及其成因探析——以"药家鑫事件"为例》，载《新闻与写作》2012 年第 1 期，第 33 页。

国民间资本规范管理等涉及金融政策方面的改革。其中，媒体报道与公众参与程度都相当高，一定程序上反映了社会舆论与司法审判之间相互联系与影响，具有较强的研究价值。

而吴英被判死缓后，其提出的关于个人资产被非法处置的民事案件正式被受理并在一审获得支持，也部分证明了终审判决"不杀"的合理性，某种程度上也反证了舆论监督的必要性。

（二）审判进程与媒体关注

2007 年 2 月，公安机关立案调查。

2007 年 2 月 10 日晚上 10 点半左右，浙江省东阳电台最早发布了《东阳市人民政府公告》，称本色控股集团有限公司及法定代表人吴英因涉嫌非法吸收公众存款罪，已由东阳市公安局立案调查。

第二天《南方都市报》发表题为《浙江神秘女富豪吴英神秘被抓》，"在坊间流传了半年之久的本色神话，昨天正式结束"，报道被广泛转载，此时的媒体和舆论关注点主要在吴英巨额财富的来源的追溯上。也有部分媒体，如《上海证券报》将报道点投向"吸收民间资本""非法吸收公众存款罪"的法律问题上。

2007 年 6 月 1 日，东阳市公安局对吴英等人涉嫌非法吸收公众存款案侦查终结，依法移送检察机关审查起诉。

2009 年 12 月，一审判决。

2009 年 12 月 18 日，吴英一审被判死刑，"神秘女富豪"一案引发舆论热议。对于极刑的审判结果，有网友表示，吴英罪不至死，"有多少贪官污吏比其罪大的多，也未判死，难道就因她是普通百姓？"

12 月 22 日，财经作家吴晓波发表《非法的吴英与"合法"的贪腐》一文，认为吴英案是在现有金融体系结构不合理的背景下发生之制度性悲剧，此番言论被众多媒体在报道中引用。

12 月 24 日，《时代周报》发表名为《吴英案全记录：亿万富姐罪与罚》，回顾了吴英的发家史与一审量刑的争议，指出"在吴英案上，吴英的罪与罚，死与非死，已不再只关乎个人。"报道中，还特别刻画了吴英在听判决时镇定自若但"作为家中长女的她，反而在被带离法庭时嘱托家人'你们都保重'。但刚走出审判庭，吴英即流下泪水"的细节。

2010 年 6 月，《时代周报》在题为《吴英再上万言书 自称鸡蛋碰石头 请求社会帮助》的报道中引用吴英的说法"一审下来之后，我一直认为法律是不公平的，法律是有权有势有钱人玩的游戏，像我这样无背景的人，只能像砧板上的肉任人宰割。"报道中呈现出的吴英是一个记忆力强、狱中坚持读书、没有权势背景的弱女子形象。

一审被判死刑后，吴英提起上诉。民间对吴英是否罪该至死也是议论纷纷，特别是在网络上，同情吴英、认为其罪不当死的观点，占据一边倒的位置。凤凰网财经频道所做的"血祭吴英能否维护法治尊严"民意调查中，87.7% 的网友认为吴英"只是年少轻狂,给她一条生路",87.9% 的网友（109845 票）认为吴英不应该被判死刑。[1]

一审结束后，吴英曾检举中国农业银行丽水市灯塔支行原行长梁骅、荆门市人大常委会原副主任李天贵和荆门市农业银行原副行长周亮等多位官员。

2011 年 4 月，二审开庭。

2011 年 4 月 7 日，吴英案二审开庭，吴英的辩护律师为其做无罪辩护，在最后陈述阶段，吴英否认集资诈骗行为，却首次认同非法吸收公众存款罪。

庭审现场没有对媒体开放，新华社、中新社等 20 余家媒体在法院守候，中央电视台《新闻 1+1》也在当天做了《吴英案：二审之变》的特别节目，评论员白岩松在节目中表示，"法律问题要用法律去解决，究竟要给我们一个什么样的答案，我们还是要尊重法律的结果。"[2]

媒体针对吴英案的讨论开始向审判中的程序问题进行延伸，5 月 14 日，《中国经营报》发表《吴英巨额资产去向不明》的报道，指出"吴家人和公众疑虑颇多的还有吴英案本身存在的众多程序不合规之处。"

8 月份，《法治周末》在《女富豪吴英案二审后至今无果 再举报 7 名官员》引用吴英父亲的话，"一审前，东阳市政府十几名官员曾写联名信，要求一审法官判处吴英死刑。一审判决完后，这些官员又曾到省高院，要

---

[1] 凤凰网专题"争议吴英案"，http://finance.ifeng.com/news/special/zhengyiwuying/
[2] 《新闻 1+1》节目《吴英案：二审之变》http://news.cntv.cn/china/20110407/109624.shtml

求二审维持原判。"对此，记者向东阳市政府宣传部负责人确认，对方表示："绝对排除也不敢讲，但到底是否有此事，应该向省高院求证。按照东阳市政府目前掌握的情况，并没有联名信这回事。以政府干部的素质不大会发生这种干预司法的事情。"行政力量牵涉其中，再度引发舆论关注和热议，将吴英视为在政治力量对决中值得同情的一方。

吴英案审理期间，关于非法集资案的新闻成为报道热点，并往往被冠名"某地版吴英"，诸如，广州日报 2011 年 7 月报道"非法集资诈骗 5 亿珠海版'吴英'佛山过堂"。

2012 年 1 月 25 日，被称为"中国律师界的荣耀和良心"的大律师张思之给最高人民法院一级大法官张军写了一封公开信，信中写道："吴案犯罪构成的主客观要件于法似均有未合，加之诸多债权人牵连案中，且对吴英鲜有指控，又有重要举报线索尚未追查，如从重对吴执行死刑，恐难服众。"这是这位中国律师界泰斗自聂树斌案后，第二次给最高法写公开信。

2012 年 1 月，二审判决。

2012 年 1 月 18 日下午，浙江省高级人民法院做出二审裁定：驳回被告人吴英的上诉，维持对被告人吴英的死刑判决，依法报请最高人民法院复核。

吴英因集资诈骗二审被判死刑后，网民们对社会公平、死刑改革、民间资本出路、金融垄断、价值观标准等一系列问题展开讨论，一个普通案件迅速演变为一起法治事件，舆论关注度不断升级。

1 与 19 日，吴英父亲吴永正开通微博，其作为一名父亲感谢网友对女儿的关注立刻得到上千条评论支持。有网友留言说，"吴英不能死，死于恶法不得人心！"

2012 年 2 月 6 日，新华社中国网事新媒体创意策划中心独家专访了 8 位长期关注此案的法学家、社会学家、经济学家和企业家，纵论"吴英案"背后法治、金融和经济领域的制度纠结，文中认为，"一起案件的法律裁定和社会舆论如此背离，实属罕见"。此篇原题为《一宗普通案件为何成为法治事件——"吴英案"标本意义分析》的报道，在转载过程中被换成《新华社关注吴英死刑案 呼吁为制度改良留条生路》或《官媒关注吴英死刑案 呼吁为制度改良留条生路》的标题在传统媒体和网络上传播，"吴英"与"生路"被联系到一起。

浙江省高级人民法院 2 月 7 日通过中国新闻网做出回应，以答记者问的形式，浙江省高院二审审判长就为何维持对吴英的死刑判决、如何认定是集资诈骗等问题进行说明。

2 月 9 日，《南方周末》刊发长篇报道《祸"水"与暗渠：吴英案的资产处理》，引发舆论关注。同日，浙江警方通过媒体通报了吴英的资产处理情况，被中国新闻网予以报道。而与此同时，吴英的父亲吴永正则对媒体透露，吴英还有 5 亿资产被冻结，吴英资产或被贱卖。这也不可避免地引发了网民要求公开吴英案财产的呼吁。

鲜明的不同立场所爆发的舆论争议与激战，自吴英案曝光后即形成，并在传统媒体、新媒体以及各类专业人士的推动下，不断发酵扩大。

2 月 13 日，《投资者报》发表题为《11 名法律界人士呼吁吴英"无罪"》的报道，文中引用北京理工大学法学院教授、司法高等研究所主任徐昕的话，"很少见过一个案子像吴英案二审判决一样，背离常识和逻辑。""这个案件几乎不需要法律专业知识、金融专业知识，大家都觉得判吴英死刑是有问题的，法院的判决侮辱了国民正义的情感，因为这个案件吴英罪不至死，这是国民凭着良知就可以感觉到不应当判死刑。"报道同时指出，"2 月 6 日，在中国政法大学举办的'吴英案法律研讨会'上，包括知名刑诉法学家陈光中教授在内的 11 名法律界人士呼吁吴英'无罪'[1]。"

2 月 14 日，最高法罕见地就某一案件表态——新闻发言人孙军工就吴英案在新闻发布会上说："最高人民法院在依法复核审理过程中将依照法定程序，认真核实犯罪事实和证据，严格以事实为依据，以法律为准绳，依法审慎处理好本案。"

北京理工大学法学院教授、司法高等研究所主任徐昕在微博发起"你认为吴英是否当判死刑？"的投票，共 19000 多人参与投票，94% 的人选择"罪不至死"。微博知名人士任志强、李开复、潘石屹、薛蛮子、陈劲松、易中天等均表达了类似意见。

2 月 18 日，凤凰卫视《一虎一席谈》播出《吴英案该不该刀下留人》，

---

[1] 该信息源于"吴英案研讨会实录（未删减）"，陈原话为"吴英判死刑我认为是不妥的，罪与非罪我不好表态。"

吴英父亲、律师、法律专家等进行电视辩论，进一步炒热舆论热度。

3月14日，国务院总理温家宝在北京回答记者关于浙江"吴英案"问题时表示，一段时间以来社会十分关注吴英案。他认为这件事情的启示是对于民间借贷的法律关系和处置原则应该做深入的研究，使民间借贷有明确的法律保障。同时，对于案件的处理，一定要坚持实事求是。"我注意到，最高人民法院下发了关于慎重处理民间借贷纠纷案件的通知，并且对吴英案采取了十分审慎的态度。"[1] 总理的话被认为预示和传递了重要的政策信息。

2012年4月，最高法裁定。

2012年4月20日，最高人民法院经复核认为，被告人吴英集资诈骗犯罪事实清楚，证据确实、充分，一审判决、二审裁定定性准确，审判程序合法。被告人吴英集资诈骗数额特别巨大，给受害人造成重大损失，同时严重破坏了国家金融管理秩序，危害特别严重，应依法惩处。吴英归案后，如实供述所犯罪行，并供述了其贿赂多名公务人员的事实，综合全案考虑，对吴英判处死刑，可不立即执行。

21日，吴英的辩护律师杨照东发表博文《吴英免死 亦喜亦忧亦惑》称："公众的监督对司法公正发挥了巨大的作用，党和国家坚持实事求是的原则得以贯彻。"[2]

5月21日浙江高院经重新审理后，以集资诈骗罪判处被告人吴英死刑，缓期二年执行。

二、对本案中存在的问题研究

任何一个司法判决，存在不同的理解和评价都是正常的。因为不同的利益代表者对司法判决本身就有不同的期待，如愿者和失望者必然会有不同的感受，但未必会引起舆论如此高度的关注。

---

[1] "温家宝谈'吴英案'"，新华网 2012 年 3 月 14 日报道。http://news.xinhuanet.com/legal/2012-03/14/c_111653003.htm，最后浏览时间 2013 年 3 月 12 日。

[2] 吴英辩护律师杨照东博客文章 http://blog.sina.com.cn/s/blog_6054722401011gvz.html，最后浏览时间 2015 年 2 月 2 日。

事实上，纵观此案，一二审两级法院始终处于被舆论高度质疑的"包围"状态，并且也没有看到他们做出"突围"的更多努力，直到该案形成的舆论场已经大大超过案件本身，舆情激烈已经形成社会危机，才由二审法院发布一个书面的答记者问，事实上已经无法化解公众的不信任，从而迫使最高人民法院提前表态，国务院总理也罕见地公开表示关注，可谓是法院面对舆论高度不作为或者称之无力作为的一个典型案例，其结果就是自身陷入舆论中心不能自拔，并必然影响其司法独立的公正形象。

我们不对判决本身做任何评价，我们只从本案新闻传播效果与司法宣传实践的关系互动两大方面进行分析，研究审判机关与舆论沟通方面的得失。

（一）政府主动发公告，媒体客观报道，舆论关注传说，但较少质疑司法。

回看舆论对此案的报道，最早源于浙江省东阳电视台一则新闻报道，即 2007 年 2 月 10 日晚，东阳电视台播发《东阳市人民政府公告》，称本色控股集团有限公司及法定代表人吴英因涉嫌非法吸收公众存款罪，已由东阳市公安局立案调查。

政府是新闻源，公告是新闻本体。对其真实性通常是不持异议的。新闻媒体对此一般也不承担审查、核实义务的。即享有相当程度上豁免权。即使有误，新闻媒体也主要是承担更正或后续报道的义务。因此，从新闻源头来看，媒体对此案的原始报道并没有太多的自我选择性。也就是说，它不属于突发新闻，更不属于新媒体记者挖掘出来的新闻。

随后，该消息被广泛传播，各类报道层出不穷，但大都集中在对吴英造就的"本色神话"破灭的"探秘"，鲜见对此案真实性、公平性的关注。对吴英的命运，虽然有同情的声音，但更多人倾向于认为吴英"自作自受"。这和人们根深蒂固的"为富不仁"的传统思维非常吻合。

在此阶段，舆论关注的是本色的神秘面纱，关注的是吴英案的真与假，罪与非罪，而无关乎生与死，更没有人质疑法律是否公平。从舆论角度看，这是相当正常的。

（二）生死判决前缺乏议题设置，未提前降温，公众情绪积累到一审判决后集中爆发。

一般来讲，法院在开庭之前都不会主动对未审案件进行公开，但如果考虑到此时坊间关于吴英的种种神秘传说和对此人命运的好奇与关注，与其让媒体去挖掘所谓的背景材料，不如主动设置一些议题，适度吹风，一定程度满足公众好奇心，通过主动发布部分信息，吸引媒体注意力，比不做任何缓冲直接宣判死刑要好得多。

从后来的情况看，一审之前并非一点案情不能公布，比如对吴英的财产真实情况，财产来源，财产处置方法等在不同阶段已经确定的事实，可以分步骤地予以公布，让人们疑问逐步得到解释，让公众的情绪分阶段的消化，而不是积累到一审判决后爆发，那么，即使一审判决结果令人感到意外，但因为有话在先，有理在先，舆论的情绪或许不会如此的激烈。

遗憾的是，无论是公安机关，当地政府部门，还是一审法院都没有向舆论"吹风"，不采取降温行动，以至于舆论在一审判决后持续升温。

（三）一审法院保持沉默，舆论重点在生死热议中转向人性化思考让法院继续被动，传播效果一边倒。

2009 年 12 月 18 日，舆论在各种猜测和争论中等来了一审法院的判决结果并很快形成新的舆论焦点即生死之争。

应该注意到，此时舆论对于一审判决结果尚处于热议阶段。议论则有左右，有东西，并不完全的一边倒。值得注意的是，一审法院在宣读完一审判决后没有对判决结果进行解读，以至于很多大众媒体因为对于复杂的罪名和法律条文先天性的"不感冒"，转而更多的关注现场的某些"感人"的细节。《时代周报》特别刻画了吴英在听判决时镇定自若，"作为家中长女的她反而在被带离法庭时嘱托家人'你们都保重'。但刚走出审判庭，吴英即流下泪水"的细节。

这种所谓人性化细节的描写如果使用在一些民事案件的报道中或者使用在一些没有争议的刑事案件中，其产生的社会效果大多是正面的，至少不会引起人们对法律的失望，某种程度上可以软化法律新闻，甚至温暖法律新闻，赋予冷冰冰的法律些许人性和温情。这也是近几年来司法宣传领域转变文风的一种努力与探索。但是，如此报道方法在此案中的作用适得其反。它没有给公众带来丝毫法律的温情，也不会引导人们加强对法律的尊重，反而强化了人们对法律的无情感。

如果再联系到该报道此前所述——"在吴英案上，吴英的罪与罚，死与非死，已不再只关乎个人。"——把吴英的命运由个案推及公众，则人们关注的焦点自然由吴英该不该死延伸到"我会不会死"这样的逻辑关系上。当受众以此立场思考问题时，其心态难以平和，其结论难以公正。于是，各种类比的观点便应运而生。在互联网上，出现了相当多的类似留言——"有多少贪官污吏比其罪大的多，也未判死，难道就因她是普通百姓？"此时，同情吴英、认为其罪不当死的观点，占据一边倒的位置。凤凰网财经频道所做的"血祭吴英能否维护法治尊严"民意调查中，87.7%的网友认为吴英"只是年少轻狂，给她一条生路"，87.9%的网友（109845票）认为吴英不应该被判死刑。[1]

这就是媒体的报道效果分析。显然，一审法院并没有充分重视这种报道效果或者没有认真研究媒体报道效果，更没有主动设置传播议程来消抵此类报道的社会效果。从新闻从业者角度讲，选择何种报道方式是由所在媒体的社会角色甚至经济地位决定的，但从引导舆论的角度讲，人民法院是可以有所作为的，比如对公众关注的焦点问题，及时解释法院判决的依据，把大众媒体自身不愿解释或无法准确解释的法律条文，请法官用自己的语言来解释，至少会让大众媒体的报道不至于过多地偏向吴英个人命运。而其沉默结果就是舆论的方向目标一致地指向判决不公的议题。

（四）意见领袖的参与加剧了舆论场的吸引力，却很少有代表审判机关的声音。

12月22日，财经作家吴晓波发表《非法的吴英与"合法"的贪腐》一文，认为吴英案是在现有金融体系结构不合理的背景下发生的制度性悲剧，此番言论被众多媒体在报道中引用。

---

[1] 引自凤凰网专题《争议吴英案》，http://finance.ifeng.com/news/special/zhengyiwuying/，最后浏览时间2015年2月2日。

41

将个案与制度联系起来，这是很多意见领袖最擅长的表达方式，因为如此容易引起共鸣。面对一些似是而非的观点，多数受众并不认真分析，有时也无力分析。对于此类意见，从法院的角度看，似乎超出了他们应该回应的范畴。但如果仔细分析文章的结论——法院这样对待吴英是不公平的——则法院就不应该回避此议题，即使其已经超过法院业务能力，则法院也完全可以借助外力予以回应。在现实中，法院充分具备回应此类意见领袖的能力，因为人民法院从来就不是"一个人在战斗"。

从现有报道看，一审判决后，虽然公众意见领袖们占据了绝对的上风，但受众并没有简单地接受他们的观点，他们在静观，等待法院对于一些所谓"细节"的回应。比如大家对于吴英在押期间举报的一些线索是否算立功的质疑表明有一部分受众已经认可吴英有罪，应该得到法律的惩处，只是关心法律对她是否公正，是否考虑到某些依法应该从轻的情节，是否真如报道所称"法律是不公平的，法律是有权有势有钱人玩的游戏，像我（吴英）这样无背景的人，只能像砧板上的肉任人宰割。"[1]

但一审法院完全将皮球踢给了二审法院。此举虽然从司法程序上讲并无过错，但受众等待的时间越长，各种猜测越多，大众意见领袖们的号召力越强，最后引起社会关注度越高，化解舆论热点的难度越大。以此案为例，如果一审法院及时对民间议论的吴英检举中国农业银行丽水市灯塔支行原行长梁骅、荆门市人大常委会原副主任李天贵和荆门市农业银行原副行长周亮等多位官员的事进行回应，就可以分散公众对吴英案本身的关注度。即使这些举报尚未查证，也应该及时告诉公众，吴英是否存在举报他人的行为，如何处理吴英的举报材料等。其实把公众的注意力转向这些贪腐案件更能满足大家对此类信息的猎奇需求，而不回应，就会强化吴英"任人宰割"的弱女子形象，增加普通受众对吴英的同情。

尽管如此，此时舆论尚未失控，因为始终有一个声音在敦促大家保持冷静，即等待二审判决。

---

[1] 2010年6月，《时代周报》在题为《吴英再上万言书 自称鸡蛋碰石头请求社会帮助》的报道中引用吴英的说法"一审下来之后，我一直认为法律是不公平的，法律是有权有势有钱人玩的游戏，像我这样无背景的人，只能像砧板上的肉任人宰割。"报道中呈现出的吴英是一个记忆力强、狱中坚持读书、没有权势背景的弱女子形象。

（五）二审不开放，加剧法院与主流媒体的不协调，法院反而成为信息的边缘方，此举无疑是在信息大战中自我放逐。

2011 年 4 月 7 日，浙江省高级人民法院开庭审理吴英上诉案。但不知究竟出于何种原因，一审对媒体开放的案件，到二审阶段却没有对媒体开放，甚至连新华社、中新社这样的主流媒体也没有获准进入庭审现场，此举显然加剧了新闻媒体与法院之间的不协调。

从受众角度看，一个不愿意对媒体开放的案件，特别是公众关注度如此高的案件，自然充满了不确定性，充满不可告人性，甚至可能存在不公正。这是一种正常受众心理判断。不知浙江省高院为何逆常理而为，或许迫于某种非自身的压力。

但法院不开放，并不意味着信息已封锁，法院不主动出镜，正好为其他信息渠道打开了大门。当事人、律师甚至一些不具名的信息源就成为媒体报道的主要信息渠道，法院反而会被边缘化，并且可能因此无法得到均衡报道。而当媒体把法院不公开审理的信息当作重要信息内容传播时，法院已经失去了道德制高点，其发布信息的可信度便大打折扣。

（六）二审回应质疑被动、迟到且不充分，新媒体推动舆论交锋。

如果说二审初期人们质疑的还主要是审理不开放这个细节，当 5 个月后（即 2012 年 1 月 18 日下午）"维持原判"的结果公布后，舆论质疑遍地开花，近乎于失控。当事人的家属开始直接发布信息。2012 年 1 月 19 日，吴英父亲吴永正开通微博，通过自媒体与公众进行互动。其作为一名父亲感谢网友对女儿的关注立刻得到上千条评论支持。有网友留言说"吴英不能死，死于恶法不得人心！"

微博作为自媒体的一种典型形式，其与传统主流媒体的最大区别主要在于信息的把关与审核方面。传统媒体有把关人，还有行政手段的控制，法院可以通过向政府部门提出请求，借助宣传机关的行政强制手段，控制传统媒体发布或拒绝发布某些信息，甚至也可以对商业新闻网站提出类似的要求，但自媒体的预审核是有相当大的难度，其发布与监控之间的时间差给予信息传播相当大的空间。从法律上讲，任何人也没有权利剥夺吴英父亲开通微博发布信息，发表观点。而且，吴英父亲显然不是借微博来干违法的勾当，而是依法发表观点。

不仅如此，中国政府网站新华网对此事予以关注。2012年2月6日，新华社中国网事新媒体创意策划中心独家专访了8位长期关注此案的法学家、社会学家、经济学家和企业家，纵论"吴英案"背后法治、金融和经济领域的制度纠结，文中认为，"一起案件的法律裁定和社会舆论如此背离，实属罕见"。

值得肯定的是，浙江省高级人民法院2月7日通过中国新闻网做出回应，以答记者问的形式，浙江省高院二审审判长就为何维持对吴英的死刑判决、如何认定是集资诈骗等问题进行说明。

但这篇回应是被动、迟到且不充分的，公众和媒体的质疑持续不断。《南方周末》2月9日，刊发长篇报道《祸"水"与暗渠：吴英案的资产处理》，引发舆论关注。同日，浙江警方通过媒体通报了吴英的资产处理情况，被中国新闻网予以报道。而与此同时，吴英的父亲吴永正则对媒体透露，吴英还有5亿资产被冻结，吴英资产或被贱卖。这也不可避免地引发了网民要求公开吴英案财产的呼吁。

北京理工大学法学院教授、司法高等研究所主任徐昕的话——"很少见过一个案子像吴英案二审判决一样，背离常识和逻辑"，"这个案件几乎不需要法律专业知识、金融专业知识，大家都觉得判吴英死刑是有问题的，法院的判决侮辱了国民正义的情感，因为这个案件吴英罪不至死，这是国民凭着良知就可以感觉到不应当判死刑"，更是置法院于"无法无天"的尴尬局面。包括刑诉法学家陈光中教授在内的11名法律界人士呼吁判决吴英"无罪"[1]。微博知名人士任志强等人均表达了"罪不至死"的意见。

至此，吴英案当事人、法院、公安、政府、普通公众、大众媒体、新媒体、意见领袖等都站到了前台，形成了立场鲜明的舆论争议与激战。不同观点的正面交锋此时才真正形成。但由于倾向于吴英罪不至死的舆论场已经充分发酵扩大，司法机关的舆论场显然弱不轻风，只是疲于应付，而无还手之力。两种舆论的交锋强弱自现。

---

[1] 该信息源于"吴英案研讨会实录（未删减）"，陈原话为"吴英判死刑我认为是不妥的，罪与非罪我不好表态。"

（七）高层发声，平息舆论，传递一个危险的信号。

安抚公众情绪和暂息舆论的是最高法新闻发言人孙军工"依法审慎处理好本案"表态。国务院总理温家宝 3 月 14 日对此案的关注，则避免了把公众的情绪，特别是对司法公正的期待和对现实的不满扩大化，避免了舆论焦点的转移和更大的潜在危机，是一次成功的舆情处理，构成了政府与舆论良性互动的特定时点。

但对于审判机关来说，特别是一、二审法院来说，由政府最高层来平息舆论是一个危险的开端，不足为赞。

（八）吴英活下来，是舆论监督的成功还是司法公正的结果？

吴英案最终是以最高法院发回重审，浙江省高院改判死缓的方式尘埃落定。因为吴英暂时活下来了，舆论也得以平息，虽然后续仍有一些回顾与反思，但很快舆论就会关注新的焦点，吴英案淡出公众的视线。

从依法审判与舆论监督的关系来看，吴英案的结局究竟是舆论监督发挥了作用，还是司正公正的结果呢？

我国宪法第 126 条明确规定，"人民法院依照法律规定独立行使审判权，不受行政机关、社会团体和个人的干涉。"法院享有独立审判权，在司法审判中不应该受到任何机构和个人的影响，恪守"以事实为依据、以法律为准绳"的审判原则。因此，有一种观点认为，独立审判就无需考虑民情民意，自然包括不受舆论监督的干扰。

媒体评论员笑蜀曾说，"非理性的民意即便正确 1000 次，也不能证明它一定会正确 1001 次。而只要有一次出错，就是整个社会的灾难，这其中没有谁会是赢家。"这句话看似没错，但有时我们并不能准确区分哪一部分民意是理性的，哪一部分是非理性的。换言之，是否理性的民意就可以干涉司法独立呢？显然不能如此表达。法律既是统治阶级意志的表现，就存在着需要完善与修改的可能，民意的表达，无论是理性还是所谓的非理性的，对于法律的完善和制度的改正都会有所促进的。忽视这一点，就可能陷入法律条文中而不能正确理会立法的本意，反而作出有悖于法律的判决来。

而媒体的天职就是看门人，就是社会瞭望者。如果媒体在司法活动中没有观点，没有监督，那就是失职。在这个问题上，不能要求媒体与法院始终保持一致。中国政法大学法学院副院长何兵在个人微博中表示，"面对吴英案铺天盖地的舆论，有些半坛子醋说，这是媒体干扰司法。难道公开审判，是让群众像哑巴一样，看完以后回家洗洗睡？对于正在审理的案件，人民不仅有权批评，而且有权公开、反复地批评，公正的审判从不畏惧严厉的言论……如果媒体在社会、政治、经济、法律、文化等问题上保持沉默，还要媒体干什么？"不少网友对此表示赞同。

但这并不意味着，法院在吴英案的判决中故意犯错，也不意味着舆论纠正了法律的判决。相反，可能正是死刑复核的程序设置改变了吴英的最终命运，而并非像有人所担忧的那样完全出于舆论对司法的干预。这不是本文要讨论的核心。

我们所关注的是，公正审判与舆论监督如何互动，以尽可能地避免形成新的矛盾，促进社会的整体和谐发展。过多地指责媒体的无良或者抱怨新媒体的无序皆于事无补，法院系统应该更多地从本案中反思如何及时发布信息，如何主动设置议题，如何回应社会关注，而不是始终抱定那几个特定的法言法语——事实清楚、证据充分、依法应该如何判之类的。判决书或许可以千篇一律，但对于舆论的回应则应该分别解释，逐一说明，否则就难以发挥"发言"的作用，反而形成新的舆论焦点，如本案一样，不断扩大舆论关注度，最终几乎演变成社会问题，形成公众对法律和制度本身的质疑。

放任舆论自流，缺乏主动引导和推动是一种危险的行为，尤其在今天信息传播如此快捷发达，抱守成规就注定会被动。本案中总理出面表态并不完全是因为此案重要，更多是此事引起的社会舆论几近失控，关系到社会稳定。这个结果是需要反思的。

在吴英案审理过程中及审判结束后，关于法院审判是否遭到媒体和舆论影响的讨论逐渐增多。有网友表示质疑："感觉吴英一方正在用舆论为自己脱罪。难道大家没有感觉出来吗？一起并不算多么复杂的金融案件，唯独吴英案被媒体高高的捧了起来。资本操纵下的舆论啊！"[1]

面对这样的质疑，法院不能因为有"理性"的网民而高兴，应该反思一下，

---

[1] 引自新浪网 http://finance.sina.com.cn/china/20120425/045311914721.shtml，最后浏览时间 2015 年 2 月 16 日。

法院为什么不能通过舆论来证明吴英是有罪，并且让大家认可自己的判决呢？从一审到二审，法院如何面对舆论，如何与媒体互动，其效果如何，这些都值得思考。

这正是在本课题下研究该案的意义所在。此外，吴英案的案中案最近有了进展，以吴英为原告，起诉被告非法处置其个人财产的案件得到了一审法院的支持，似乎也验证了吴英案中，舆论并非是像一些网民所言，完全被吴英利用。试想，如果吴英死后，吴英案中案的处理会给人带来什么样的感觉呢？

第四节　黎庆洪组织、领导黑社会性质组织等罪案报道研究

——要公开审判，也要正面回应公众关注

一、第一部分：各诉讼阶段案件信息传播概况

（一）案例回顾

黎庆洪是原贵州腾龙宏升投资开发有限公司董事长，原贵阳市第十二届人大代表、贵州省第十届政协委员。经贵州省贵阳市小河区人民法院认定，1999 年，黎庆洪纠集杨松等 20 余人在贵州省开阳县城关镇金都宾馆举行"滴血结拜"仪式，共饮血酒，成立"同心会"，被当地百姓称为"花梨帮"，黎庆洪被推举为"大哥"。

2000 年 10 月 29 日，被告人黎庆洪、蒙祖玖到瓮安县雍阳镇钉耙寨村赌博，黎庆洪因欺诈与他人发生纠纷。次日，为了寻仇，由黎庆洪组织唐武军等数十人持铁棒、木棒、钢管、砍刀、斧头等凶器，到钉耙寨村报复滋事，将当地村民罗开贤等人打伤头部住院。类似犯罪事实发生多起。

2003 年，通过经营公司、矿业、聚众赌博、有组织地暴力非法"护矿"，聚敛大量钱财，逐步形成了以黎庆洪为组织领导者的黑社会性质犯罪组织。

此案有大批知名律师组团免费参与辩护，又正值中华人民共和国刑事诉讼法 (2012) 修订期间，被法律界人士称为"中国法制史上标志性的战役"。此类评价只是从法律层面来考虑，如果从公开审判与舆论监督的关系角度看，本案例中最值得关注是司法部门主动引导舆论，因此，尽管存在着律师庭审现场微博播报案情等新的舆论关注点，本案最终并没有导致舆论沸腾，更没有出现舆论一边倒的严重不平衡。在本课题下研究本案中司法机关引导舆论的得失不无裨益。

（二）法院审理与媒体关注

2008 年 9 月，黎庆洪被刑拘。

2008 年，贵州省在全省范围内开展了声势浩大的"打黑除恶"专项行动。2008 年 9 月 10 日，黎庆洪被贵阳市公安局以涉嫌赌博罪刑事拘留。此事在打黑除恶活动中除了因为黎庆洪作为人大代表和政协委员的特别身份引起关注外，并没有太大的舆论反应，且一直沉寂到一审判决。

2010 年 3 月，一审判决。

2010 年 3 月 31 日，贵阳市中级人民法院认定黎庆洪组织、领导黑社会性质组织罪，非法持有、私藏枪支、弹药罪，赌博罪，聚众扰乱社会秩序罪，非法采矿罪等 5 项罪名成立，判处其有期徒刑 19 年，其父亲黎崇刚和弟弟黎猛，也一同被判刑。宣判后，黎庆洪情绪激动，说自己不是黑社会，并表示要上诉。

2010 年 5 月 6 日，《读者报—影响力周刊》发表《贵阳打黑"花梨帮"：黑老大宣判当庭撞墙喊冤》，文中称，瓮安 6·28 事件后，在贵阳市开展的 2008 年"打黑除恶"专项行动中，被公诉机关指控为开阳花梨帮"黑老大"的知名赛车手黎庆洪被判 19 年。黎庆洪为此多次声明自己并不是黑社会，并表示，如果判他涉黑，这将是建国以来最冤的涉黑案件。鉴于该案证据漏洞明显，亦有法律专家指出："要警惕'打黑'变成'黑打'"。

2010 年第 16 期《南方人物周刊》发表《黎庆洪的"黑道"悬疑》一文，文中称"知道黎庆洪的人对其的印象超不出几个词：爽快、江湖气、张扬，这些主要还是在他发家、成了开阳县里名气不小的有钱人之后。""出事之前，黎庆洪每个月都会主动找民政局四五次，敬老院、失学儿童、贫困户、小学中学都捐了一遍。"

而在 5 月 10 日，贵阳两家报纸（以下简称"贵阳两报"）同时发表题为《"光环"下的罪恶——对黎庆洪及开阳"花梨黑帮案"的探访》的长篇报道。对"贵阳两报"报道的"事实"，黎庆洪的辩护律师周泽逐项在自己的博客上进行了反驳，他认为贵阳司法机关同时在媒体发表这两篇内容标题一样的报道，有欲把黎庆洪案办成"铁案"的嫌疑（指令报道的社会效果令人怀疑，通稿不能统一舆论，更不能通人心）。

5 月 25 日，《东方今报》发表《"打黑"还是"黑打"背后的"媒体公诉"》，周泽在接受采访时表示，在黎庆洪刚被抓起来的时候，当地的政法委就通过新闻媒体发布了打掉黑社会团伙的消息，办案机关更是不断通过媒体释放黎庆洪"罪大恶极"的信息，甚至在一审判决后，在多名被告人已提出上诉的二审期间，办案机关还通过媒体对黎庆洪的"罪恶"进行控诉。（主动宣传并公开材料比闷头办案更值得鼓励）

2010 年 7 月，一审判决被撤销。

2010 年 7 月 12 日，贵州省高级人民法院以原审法院认定的部分事实不清为由，裁定撤销贵阳中院的一审判决，将案件发回重审。发回重审后，贵阳市检察院申请撤诉。贵阳中院于 2010 年 8 月 16 日裁定准许检察院撤诉。

2012 年 1 月，一审再次开庭。

贵阳市检察院撤诉之后，将该案退回贵阳市公安局补充侦查。随后此案由贵阳市小河区人民检察院于 2011 年 8 月 26 日起诉至小河区人民法院，该案再次进入一审程序。

小河区检察院的起诉书显示，与此前一审相比，该案被告人增加到 57 人，所涉嫌的罪名也由之前的 6 个增加到了十几个。

2012 年 1 月 9 日，黎庆洪等 57 名被告人涉嫌组织、领导、参加黑社会组织，非法持有枪支，故意伤害等罪的案件在贵阳市小河区法院开庭审理。

1 月 10 日，《云南信息报》的《贵阳获刑"黑老大"黎庆洪重审昨开庭》报道称，旁听人员需持法院特别发放的旁听证方能进入，因黎庆洪案被诉为黑社会性质组织案件，小河区法院在进入礼堂的门口设置了安检门，

49

对进入法庭旁听人员严格安检，且手机等物品要寄存保管，还在审判区域门外各有持枪警务人员把守。（旁听证，暂存手机等是法院应对舆论，特别是新媒体的一种手段，是否包括律师的手机呢）

当日的庭审中，律师就法院管辖权、检察院和法官回避等问题与检察院和法院激烈交锋，甚至有律师当庭警告主审法官。在律师二十余人次被警告、训诫，并有四名律师被逐出法庭后，暂时休庭。

针对这些状况，黎庆洪案的辩护律师联名向最高人民法院和最高人民检察院发出《关于黎庆洪等涉黑案程序严重违法的公开信》，就案件管辖权和被告人的辩护权等问题，要求"两高"予以关切并责令相应司法部门立即改正。

1月12日，《南方都市报》发表社论《重审黎庆洪案，司法公正须经程序考验》。对此，有网友评论说"迟夙生律师几乎用自己的生命捍卫了律师的尊严，但却无法捍卫法律的尊严。因为，法律已没有尊严。""支持律师依法行使辩护权利，谴责贵阳法院的野蛮行径！"同日，《华商报》发表评论《尊重法律应从尊重律师开始》，文中称"案件还在审理之中，律师和法官之间'较量'却成了话题中心"，并对黎庆洪案中的律师行为做了认可，"律师的较真，就是为了保证这种公正审判的实现。律师如果配合庭审，配合法官，那很可能使庭审沦落为过场。"[1]

1月13日，《贵州原政协委员涉黑案律师遭驱逐当庭气昏厥》的报道在新浪网跟帖1838次，占据人民网舆情监测室发布当日热点新闻第三名。[2]

1月16日，《华夏时报》发表《贵州打黑第一案重审疑云》，对案件审理提出质疑。同一天，《中国经营报》发表《法院驱逐律师 权力践踏正义》的评论，称"刑辩律师陷入如此狼狈的窘境，只能让人感觉法庭已经不再是一块神圣干净的地方，而是一权力亵渎戏弄法治的游戏场。"

1月17日，小河区法院由副院长张伦安通过贵州当地媒体"金黔在线"回应舆论，列举了相关法律条文，并且强调，将律师带出法庭的决定符合

---

[1] 杨鹏：《尊重法律应从尊重律师开始》，载《华商报》网络版 http://hsb.hsw.cn/2012-01/12/content_8242677.htm，最后浏览时间2015年2月16日。

[2] 引自舆情监测室每日舆情数据（2012年1月13日）http://yuqing.people.com.cn/GB/16872406.html，最后浏览时间2014年2月11日。

法律规定，完全正当。第二天，《贵阳晚报》也发布了一篇题为《公正的审判需要良好的法庭秩序》的文章，重点描述了黎庆洪案辩护律师在庭审中的表现，称法庭秩序多次受到干扰。黎庆洪辩护律师周泽17日当天即发表博客文章《金黔在线的"罪恶"文章是如何出笼的》，对回应进行了反驳。

2012年7月，一审判决。

2012年7月23日，小河法院公开开庭，对黎庆洪涉黑一案依法进行了一审宣判。被告人黎庆洪因犯组织、领导黑社会性质组织罪等多项罪名，数罪并罚被决定执行有期徒刑15年，并处罚金人民币10万元。被告人家属、社会公众和新闻媒体记者共150余人参加了旁听。

7月24日，该案主审法官、审判长——贵州省贵阳市小河区人民法院刑庭副庭长黄敏接受记者采访，就该案社会关注的诸如律师微博直播、法院管辖权等问题作解答，她认为此次审判是"严格依法办案，不枉不纵"[1]。7月30日，周泽律师在博客发表《周泽：就黎庆洪案审判长答记者问答网民问》，对黄敏的言论做驳斥，该博文评论上千条。案件一审判决之后，黎庆洪提出上诉。

2012年9月，二审宣判。

2012年9月19日，贵阳市中级人民法院对黎庆洪等人涉黑案依法进行二审宣判，认为一审判决认定的事实清楚，证据确实、充分，审判程序合法，鉴于黎庆洪在羁押期间，检举揭发他人犯罪，经查证属实，具有立功表现，故依法作出改判，依法改判为有期徒刑14年，并处罚金人民币10万元。

二、对本案中舆论监督与依法审判关系的研究与评价

黎庆洪案二审结果出炉后，这起"中国法制史上标志性的战役"案件暂时告一段落，舆论回归平静。尽管此后仍不时有相关新闻传出，但没有如吴英案那样形成一边倒的现象。从公开审判与舆论监督的角度分析此案，

---

[1] 金晶：《依法审判不枉不纵——黎庆洪等人涉黑案审判长答记者问》，载《人民法院报》2012年7月24日第3版。

以下几点值得关注。

（一）司法机关的新闻通稿占据主动，值得肯定，报道形式需要改进。

和众多打黑案一样，黎庆洪案注定会引起媒体关注。只不过从立案侦查到一审判决初期，媒体都只是视之为常态的打黑案。当一审判决两个月后媒体上出现了质疑的声音时，当地的司法机关在两家报纸同时推出了题为《"光环"下的罪恶—对黎庆洪及开阳"花梨黑帮案"的探访》的长篇报道，详细报道黎庆洪案的始末。尽管该文遭到了黎案的被告律师之一周泽的反驳，但从传播效果来看，受众不会简单地因为周泽的反驳就改变自己的观点。司法机关的通稿已经占了传播的先机。而相较人们玩味于黎庆洪从"慈善企业家"到"车坛黑马""无恶不作"的黑社会老大惊天一变中，周泽博文的影响力就相形见绌了。

周泽进而展开了对媒体的批评，认为"这不是调查报道，而是媒体公诉，两家媒体在报道中已经失去了媒体应有的立场，而是扮演了公诉人的角色。""公诉机关、公安机关通过媒体放大控诉方声音，片面制造被告有罪的舆论，对刑事被告人非常不公。"[1] 如果顺着周泽的思维逻辑，媒体如果转向被告，是不是就扮演了"律师的角度"呢？

此案表明，在舆论的引导和形成过程，占据主动无疑是有益的。有了前期的舆论氛围，受众对于判决结果接受起来就更加容易。而这一点往往被司法机关忽视。但同样值得注意的是，司法机关的前期宣传过于保守，以致于两家报纸真正地发了通稿，连标题都一样。其实这是完全不必要的。如果能充分发挥两家报纸的各自优势，有区别地有选择地发表可控制的有各自特色的内容，影响其特定的受众，效果应该更好，且不至于落得一个"控制媒体"的骂名。

（二）对旁听人员现场通信的必要限制是一种合理管理，律师微博直播庭审活动的新现象只能通过进一步的审判公开来回应。

本案中，由于涉案人员众多，要求旁听者亦众多，法院在坚持公开审

---

[1] 周泽：《金黔在线的"罪恶"文章是如何出笼的》，载其新浪博客 http://blog.sina.com.cn/s/blog_4bdb1fa00102dvp6.html，最后浏览时间 2015 年 2 月 16 日。

理的同时对旁听人员进行了安检，并限制使用手机，此举是法院对庭审秩序的一种有效维护。但显然律师没有受到此限制，这也证明当地法院是依法办事，因为根据庭审规定，只有旁听人员需要走安检通道，律师通常无需走安检通道。其他案例中曾有报道过有律师因被要求走安检通道而检举法院限制律师行为。

区别对待律师与旁听人员是依法办事的表现，但多名律师在法庭上发微博直播庭审的现象却值得商榷。2012 年 1 月 31 日，北京晚报在《多名律师微博直播庭审 是否违反法律原则惹争议》专门探讨了"律师用微博直播庭审是否违反《法庭规则》""法官是否有权制止""是否只许法院直播庭审，不许律师直播""微博直播是否会影响对案件的公正审理"等一系列问题，法学界对此有不同的声音。有观点认为律师此种行为是对庭审秩序的一种破坏，微博传递的信息可能会对公众、案件证人产生影响，进而影响司法公正。

当然也有支持此举的观点。2012 年 2 月 19 日，中国政法大学法学院副教授何兵在《南方周末》发表《打开司法的天窗》一文，文章称，微博"直播庭审"是个假命题，律师只是将庭审片断"摘播"，不是"直播"，根本无须法院同意。对于微博时代，媒体与舆论可能越俎代庖进行"审判"，他认为禁止媒体发表结论性意见或倾向性意见，实质是禁止人们独立分析和判断。对于法院正在审理的案件，人民不仅有权批评，而且有权公开、反复地批评。公正的审判，决不畏惧严厉的言论。在中国当下，确实存在媒体误导乃至施压法院的可能。对此，应当改造司法，使法官们更坚强，而不是打压传媒，让人民少说话。

微博属于新生媒介，我国法律尚没有对庭审现场发微博做出明确规定。[1]不同的观点有各自的考虑点，但结合中国实际情况来看，虽然法院独立审判，但对于法官而言，媒体和舆论对于司法的影响有时并不是直接发生作用，而可能通过上级领导或其他党政力量间接发生作用。而且，微博直接反应的是律师和当事人的意志和利益，这种对现场的再现是否完全客观真实也值得商榷。

从传播学角度来看，既然法院是公开审理，向大众传播就是无可厚非的，

---

[1] 据 2015 年 3 月 11 日新华社电：最高人民法院正在修订《人民法院人民法庭规则》。另根据此前三天公布的《适用＜民事诉讼法＞的司法解释》，在法庭上使用移动通信方式传播庭审活动的必须经法院准许。编者注。

选择性传播也是非常正常。对此，我们认为，禁止是一种简单也未必有效的办法，最好的办法是把法院的大门开得更大一些，让人们不只是通过律师的手机才能看到现场，让受众轻易获取相关信息，当受众获取的信息完整充分了，就不会偏听偏信了，律师想利用微博的方式来影响案件的审理就很难取得成功了。

相反，如果禁止现场人员，包括律师或旁听人员现场转播，他们也完全可以在庭审后发布相关信息，他们发布的信息也同样可能是有选择的，不完整的，只是几个小时的时间差而已。因此，从公开审判的角度看，越公开，越不必担心类似于微博这样的自媒体的渗入。至于涉及法定不宜公开的案件，当然就要明确律师不能通过任何方式传播相关信息。但事实上，全国各地已经有多家法院使用过微博直播庭审。

（三）两次答记者问是对庭审现场公开的补充，有利于避免事态的升级与失控。

本案例中，庭审现场的新闻点比较多。从微博直播到律师被训诫乃至被逐出法庭，甚至有律师因情绪激动而当庭晕倒，这些因素足以吸引公众的目光，但简单的公开庭审并不能解决受众心中的疑问。为此，当众多媒体对这些焦点进行关注并陆续发声时，法院两次专门发表答记者问，对公众关心的问题一一予以回应。从回应的内容来看，几乎涉及到全部焦点问题，这是非常难能可贵的。虽然有些回应未必能满足人们释疑需要，但这种面向公众的开放心态和态度至少能避免事态的升级，是应该予以肯定的。如果各级人民法院在公众关心的案例上都能主动及时地予以回应，那既能及时引导舆论，也能通过举案说法的方法进行普法，难道不是一箭双雕吗？

第五节　彭宇损害赔偿案报道研究

——信息公开虽重要，媒体自律不能少

南京彭宇案（以下简称"彭宇案"）从 2006 年案发，到 2007 年调解结案，直至 2012 年真相大白。在 5 年多的时间里，此案被大量专家学者评论分析。彭宇案是映照了转型期社会矛盾的典型案例，道德滑坡、司法公正、弱势群体、媒体监督等一系列问题都在其中得到了充分体现。此案过后，只要有老人倒地无人搀扶或见义不勇为事件的发生，公众首先想到的是被标签化的彭宇案，它已经在公众中形成了"好事做不得"的刻板印象，而彭宇则被媒体塑造为做了好事反而遭受损失的英雄。此案虽已了结，但被媒体、公众有意或无意误读的彭宇案给媒体与司法关系的定位带来的思考远未结束。法院固然要依法及时公布案件信息，媒体也不应为了提高关注度而刻意炒作，只有法院与媒体都遵守一定的规则，才能建立两者间的和谐关系。

因此，笔者建议：法院及时回应媒体关切；按信息传播规律转变工作机制；尽量公开司法裁判文书；媒体要坚守专业主义；公众应提高媒介素养。

一、各诉讼阶段案件信息传播概况

序号	时间	事实进展	主要媒体报道
1	2006 年 11 月 20 日	64 岁的退休职工徐寿兰在南京水西门广场公交站等车时，有 2 辆 83 路公交车同时进站。徐寿兰急忙跑向后面一辆乘客较少的公交车，当她经过前一辆公交车后门时，26 岁的小伙子彭宇正从这辆车的后门第一个下车，双方在不经意间发生相撞。急于转车的彭宇先向车尾看了一下，再回头时发现摔倒在地的徐寿兰，随即将她扶起，并与后来赶到的徐寿兰家人一起将她送往医院治疗，其间还代付了 200 元医药费。	

55

序号	时间	事实进展	主要媒体报道
2		经诊断，徐寿兰摔伤致左股骨颈骨折，需住院施行髋关节置换术，费用需数万元。此时，双方因赔偿问题发生纠纷，先后报警，但未能达成一致。	
3	2007年1月12日	徐寿兰将彭宇诉至南京市鼓楼区法院，指认他将自己撞伤，并索赔包括医疗护理费、残疾赔偿金和精神损害抚慰金等共计13.6万元。	
4	2007年4月26日	鼓楼区法院第一次开庭审理此案，彭宇的妻子在代他出庭答辩时，没有说彭宇是做好事，只提出："原告受伤非被告所导致的，不应该承担责任。"	
5	2007年6月13日	第二次开庭进行法庭质证时，彭宇表示："我下车的时候是与人撞了，但不是与原告相撞。"当被问及把原告扶起来出于什么目的时，他回答："为了做点好事。"在得知原告申请调取的事发当日城中派出所接处警的询问笔录已丢失时，他对由当时处置此事警官补做的笔录提出异议，并表示要向有关部门和媒体反映这一情况。	
6	2007年7月4日	彭宇主动打电话给一位网站论坛版主，表示自己因做好事被诬告，将一个老太扶起后反被起诉，希望媒体关注此事。该版主立即用短信将这一情况通报给南京10多家媒体和网站记者。彭宇于当日向鼓楼区法院提出准许新闻记者采访庭审的申请。	
7	2007年7月6日	第三次开庭时，争议的焦点是双方是否相撞。由于事发当日接处警的城中派出所将对彭宇的询问笔录不慎丢失，在法庭上，该所便提交了由原告徐寿兰儿子在其母住院接受警官询问时，用手机自行拍摄的这份原始笔录照片，以及据此誊写的材料，其中主要内容是彭宇陈述2人相撞时的情况。虽然该照片显示的内容已由当时做笔录的警官确认，但由于其来自原告的儿子，因而受到彭宇及旁听庭审的媒体记者质疑。	
8	2007年7月12日	某电视台对本案件做了有偏向性的报道，彭宇在节目中明确表示："我做了好事，身正不怕影子斜，是什么就是什么。"节目播出后，网友对徐老太进行了相当负面的评论。	江苏电视台城市频道《甲方乙方》栏目播出《蹊跷的索赔》。
9	2007年9月3日	鼓楼区法院作出一审判决，判决被告彭宇承担40%的民事责任，给付原告徐寿兰4.5万元。	

序号	时间	事实进展	主要媒体报道
10	2007年9月6日		南方都市报:《男子自称搀扶老太反被告上法庭》。
11	2007年9月6日		一些情绪激愤的网民甚至在网上针对徐老太太和其儿子以及相关人员发布"第一号网络通缉令"。当天,徐老太太、其儿子、审判长的住址和电话号码等私人信息被公布在天涯论坛上。
12	2007年10月	双方当事人均不服一审判决提起上诉,南京市中院于当年10月初进行调查,并在南京市公安局指挥中心查找到事发当日双方分别报警时的两份接处警登记表,其中的"报警内容"一栏,均记录了两人相撞的情况,这些新证据为澄清事实提供了重要佐证。	
13	2007年10月	在南京中院二审即将开庭之际,彭宇与徐寿兰达成庭前和解协议,其主要内容是:彭宇一次性补偿徐寿兰1万元;双方均不得在媒体(电视、电台、报纸、刊物、网络等)上就本案披露相关信息和发表相关言论;双方撤诉后不再执行鼓楼区法院的一审民事判决。	
14	2007年10月	"十七大"后的各省分组讨论中,时任江苏省委书记李源潮就以彭宇案为例,介绍了江苏的"大调解"机制。他还指出,很多不安因素都是从小问题引起,很多案件只是因为利益冲突引起,而通过"大调解"机制把这些矛盾在最初阶段就解决,则有利于促进社会和谐。	
15	2008年3月"两会"期间	江苏高院院长公丕祥同样被记者追问关于彭宇案的进展,公丕祥的答复是已经通过调解,双方和解撤诉,且双方当事人对案件处理结果都表示满意,至于调解内容,他拒绝透露。	

序号	时间	事实进展	主要媒体报道
16	2009年至2011年	对彭宇案的报道及评论仍屡屡见诸报端。	2009年11月20日，《南京应补彭宇案之"过"，表彰被"反咬"的好人》载《新华每日电讯》；2011年9月5日，《"彭宇案"挤压下，良知何以安身？》载《文汇报》。
17	2011年10月13日	因广东佛山2岁女童遭汽车碾压而路人漠视的"小悦悦事件"，舆论再次将矛头指向4年前已和解结案的"彭宇案"，认为是该案错判产生的负面效应，导致人们不愿做好事甚至见死不救。一些地方出现老人摔倒无人搀扶、做好事反被诬告等现象，也屡被归咎为"彭宇案"的影响。	
18	2012年1月	南京市政法委书记刘志伟在受《瞭望》新闻周刊记者独家专访时指出，舆论和公众认知的"彭宇案"，并非事实真相。	瞭望新闻周刊：《南京官方披露：彭宇承认与徐老太碰撞》。
19	2012年初	彭宇最近表示，在2006年11月发生的意外中，徐寿兰确实与其发生了碰撞，事后经法院调解，他对结果表示满意。	

二、对本案中舆论监督与依法审判关系的研究与评价

彭宇案从单纯的民事纠纷案件发展成大量民众参与的公共事件，与媒体在案件审理中、判决后的持续报道有很大关系。而此案之所以被媒体所热炒，也与社会道德状况、网络舆情特点、司法公信缺失有关联。

（一）社会道德状况是酿造彭宇案的诱因

1. 社会转型、道德滑坡

我国目前正处于社会转型期，社会转型是社会向现代化转变总过程中的一个过渡阶段，社会道德水平也正在经历同样类似的变革。目前研究当代中国伦理与道德的主导基调是，"我国道德状况的主流是发展进步的，社会存在的道德问题主要表现于一些时段、一些领域和一些人群……正是这些局部的、少数社会成员的败德现象，无形中给民众带来了极大的道德压力和心理暗示，很多人因此认为社会正在逐渐滑向一个低信任度和缺德的深渊，进一步加剧了人们评价社会道德状况的悲观、消极情绪。"[1]另一个原因是"建国后，人民道德水平的提高，采用的主要是灌输、教化的方式。"[2]而现在公众的独立意识，自主判断水平有了大幅提高，单纯的宣传教化反而有遭到公众解构与嘲弄的可能性，更会加剧其"不可做好事"的刻板印象。

2. 彭宇博同情、法院背骂名

彭宇案是在道德失范的社会状况中横空出世，在媒体与网友挥舞的道德大棒下，彭宇被捧成了英雄，救助"落难英雄"成为占据道德高地之公众的自我救赎行为，将似乎受到不公正对待的彭宇置换成历史与文学语境中的"失意英雄"，留存于草根民间的侠客情节又找到了释放自我能量的场地。身负正义感的媒体人士与网友一起以电视、报纸、网络等为利剑、长刀，誓要还好人清白。在这种道德情景下，彭宇案被演变成了大规模地支持彭宇，讨伐司法不公的舆论狂欢事件，为后续一系列"类彭宇案"的发酵埋下了伏笔。更有甚者提出，可以参照德、法等国家类似"见死不救有罪"的制度设计，将道德问题法律化。

（二）审理瑕疵是发生彭宇案的主因

彭宇案一审判决本身的瑕疵也是导致媒体、网民大量评述转载的原因之一，从媒体披露的判决书内容来看，主要存在两方面的瑕疵，一是关键

---

[1] 秋石：《正确认识我国社会现阶段道德状况》，载《求是》，2012年第1期，第18~21页。

[2] 张凡：《道德堕落不是社会主义》，载《中国经济周刊》，2012年第2期，第21页。

证据证明力不充分；二是说理不够透彻。

1. 证据缺失，疑窦丛生

徐老太与彭宇是否相撞没有直接的第三方证人。案发后，派出所对双方所做的询问笔录成为证明是否相撞的重要证据。据媒体报道，彭宇在第二次庭审后才聘请了律师，要求调取原始询问笔录，而时任派出所所长卢昌斌给他的答复是，派出所装修，笔录遗失，他找了至少6次都找不到。2007年7月6日的第三次庭审，徐寿兰的律师向法庭呈交了一份证据，一张电子照片和据此整理出来的文本，原告方坚持这张照片就是已经遗失了的彭宇原始笔录的电子照片。按照这张照片上文本整理出来的内容，彭宇曾经在笔录时承认他与徐寿兰发生相撞，不过是徐寿兰撞的他。这张由手机拍摄的电子照片生成日期是2006年11月21日，笔录后第二天。面对彭宇和记者的询问，卢昌斌一开始坚持说是自己用手机拍摄的，原因是"那天早上想看看材料知道事情多严重"，可从事通讯技术工作的彭宇很快发现了破绽。他用实证方式，证明了卢昌斌所出示的这张电子照片，不可能是用他的摩托罗拉A780手机拍摄而来。面对摄像机，卢昌斌又转变了说法，承认图片并非他拍摄，而是徐寿兰的儿子所拍。卢昌斌给出的说法是，徐的儿子也是警察，他看到了原始笔录，用手机拍摄，被派出所的警察发现，予以制止，并把照片保留下来。做笔录的沈富根警官则表示，这张照片唤醒了他的记忆，他论证照片上的笔迹是自己的，接着回忆起那天彭宇说过，下车后左手被人撞了一下。[1]

原告对讯问笔录的电子文档和誊写材料不持异议，认为其内容明确了原、被告相撞的事实。被告对此不予认可，认为讯问笔录的电子文档和誊写材料是复制品，没有原件可供核对，无法确定真实性，且很多内容都不是被告所言；本案是民事案件，公安机关没有权利收集证据，该电子文档和誊写材料不能作为本案认定事实的依据。[2] 询问彭宇的原始笔录虽然丢失，但法院在一审中还是认定了笔录电子照片的有效性。加之徐老太儿子的警察身份，让媒体、网友更加相信背后可能有某种见不得人的情形发生。如季卫东教授评论所指，先撇开事实认定不谈，在该案处理过程中，有两项

---

[1] 王鸿谅：《解密彭宇案从诉讼到调解的扑朔细节》，载《三联生活周刊》http://news.sina.com.cn/c/2008-04-03/105815284943.shtml，最后浏览日期2014年9月9日。

[2] 南京市鼓楼区人民法院民事判决书（2007）鼓民一初字第212号

具有中国特色的因素是很值得关注的。一是警察积极介入了毫无暴力或犯罪迹象的日常性民事纠纷，公权力在私人间互动中长驱直入，难免造成力量对比关系发生变化；二是作为对警察介入的反应和抗衡，弱势一方必然要诉诸舆论支持，因而也就导致群众的高调介入。[1]

2. 推理不足，反落把柄

在彭宇案真相大白前，其一审判决书提到的"从常理分析，其与原告相撞的可能性较大。如被告是见义勇为做好事，更符合实际的做法应是抓住撞倒原告的人，而不仅仅是好心相扶；如被告是做好事，根据社会情理，在原告的家人到达后，其完全可以在言明事实经过并让原告的家人将原告送往医院，然后自行离开，但被告未作此等选择，其行为显然与情理相悖"之判决理由饱受公众批评，虽然民事诉讼法相关法律规定可以运用日常生活经验进行推理，以确定证据有无证明力和证明力大小，[2] 然而本案主审法官对经验推理的运用却被同为法官的同行批评不够专业，甚至有学者做了更为细致的分析，认为此种推理经不起推敲。

经验法则	假设	反驳理由
经验法则1	如果彭宇是做好事，更符合实际的做法是抓住撞倒老太的人，不是好心相扶。	人的安危重要还是抓肇事者重要？(救人要紧，这是第一要务)；彭宇如何抓肇事者？(他可能下车时根本没看见肇事者)；没有肇事者怎么办？(如果老太是自己摔倒的)
经验法则2	如果是做好事，根据社会情理，老太家人到场后，其完全可以说明事实经过并让其家人将老太送到医院并自行离开。	彭宇确实想走，与他一起帮助老太的老先生就是这样做的，但老太儿子向彭宇求助说自己去医院挂号、需人照看母亲，彭宇想反正自己没急事，帮人帮到底。

---

[1] 季卫东：《彭宇案的公平悖论》，载财经网 http://magazine.caijing.com.cn/2007-09-15/110062409.html，最后浏览时间 2015 年 2 月 21 日。

[2] 《最高人民法院关于民事诉讼证据的若干规定》第六十四条规定：审判人员应当依照法定程序全面、客观地审核证据，依据法律的规定，遵循法官职业道德，运用逻辑推理和日常生活经验，对证据有无证明力和证明力大小独立进行判断，并公开判断的理由和结果。

经验法则	假设	反驳理由
经验法则 3	根据社会常理，与老太儿子素不相识，一般不会贸然借款，但彭宇借了。	老太儿子说没带钱，彭宇想就几百块钱，不是大数目，老太儿子是警察，职业诚信不会借钱不还。

因此，彭宇案主审法官的中文专业背景也被网民当作抨击的对象。判决书的上述内容更被有关媒体刻意引导为"老人倒地不能搀扶"，[1] 就连卫生部于 2011 年 9 月公布的《老年人跌倒干预技术指南》也被解读为老人跌倒不能随便扶。然而，同时公布的《儿童道路交通伤害干预技术指南》《儿童溺水干预技术指南》《儿童跌倒干预技术指南》等，却未引起媒体的关注。[2]

（三）法院与媒体互动不够

1. 网络发力，电视跟进

彭宇案的前两次庭审并没有引发关注，直到第三次开庭前几天，彭宇根据"西祠胡同·南京零距离版"上留下的电话号码找到版主周桂华，讲述了自己好心没好报的故事。曾在媒体工作过的新闻科班毕业生周桂华，凭直觉认为这是一个好选题，"在很多人身上都发生过类似的事，能引起共鸣"。于是在彭宇案第三次庭审前，周桂华用短信形式给南京 10 多家平面媒体和几家电视台的相关记者、编导群发了简单信息，短信内容大致是：去年一个小伙子把一个老太扶起，送到医院，后被老太起诉，已经经历两次开庭，7 月 6 日在鼓楼法院将第三次开庭。南京本地几家介入此事的媒体证实了这一说法。而对于舆论介入，鼓楼区法院最初并没在意，这家市区法院每年审理的案件中，有 20% 的案件媒体都会介入，记者的采访已经是一种常态。[3]

---

[1] 2007 年 7 月 12 日，江苏电视台城市频道《甲方乙方》节目播出《蹊跷的索赔》时，彭宇、陈二春都在节目中表示以后遇到老人跌倒的情况要考虑是否进行搀扶。此种表态随后被大量媒体恶意解读为"老人倒地扶不得"。

[2] 本信息来源于《搀扶跌倒老人需按章办事？官方救助指南引争议》，载中国新闻网 http://www.chinanews.com/gn/2011/09-07/3313187.shtml，最后浏览时间 2015 年 2 月 21 日。

[3] 王鸿谅：《解密彭宇案从诉讼到调解的扑朔细节》，载《三联生活周刊》，http://news.sina.com.cn/c/2008-04-03/105815284943.shtml，最后浏览时间 2015 年 2 月 21 日。

2.判断失误，进退失据

媒体的最初介入并没有引起法院的重视，法院为此准备的新闻通稿也没发挥作用，各路媒体关注的焦点已是对彭宇案的强烈质疑。尤其是在江苏电视台城市频道于 2007 年 7 月 12 日的《甲方乙方》节目播出《蹊跷的索赔》报道本案后，网络舆论出现了第一个质疑高潮。[1] 然而彭宇案是 2007 年 9 月 3 日才一审宣判，舆论的第一个质疑高潮出现在了案件审理过程中，法院可能出于司法独立的考虑并没有公开地、大规模地对媒体、网民的质疑进行回应，错过了与媒体互动的最佳时机。

一审宣判与调解结案后，舆论又连续出现了两次质疑的高潮，然后南京地方法院只是被动地回应媒体不要进行炒作。尤其是调解结案的结果秘而不宣，给了媒体更大的想象空间。虽然南京市政法委书记刘志伟，接受《瞭望》新闻周刊记者独家专访时指出，舆论和公众认知的"彭宇案"，并非事实真相。[2] 他不顾双方保密的和解协议之规定，进行了公开披露，虽然彭宇也承认了曾与徐老太相撞，但此案已经被标签化，上述举动能否降低其负面影响，结果不言而喻。

正如清华大学张建伟教授所言，由于彭宇已经被舆论塑造成热心助人遭到委屈的落难英雄，最后接受调解并达成协议，让人感觉他是自己打败了自己。彭宇案件承审法院的一审判决提供的另一种"真实"版本，却让

---

[1] 有代表性的观点是：（1）那位彭先生好心帮忙扶徐老太起来，但徐老太反咬一口，这样做法太丧德了。（2）徐老太不承认现场证人也违背了其道德。这样做完全是藐视法律的尊严。（3）公安局派出所的所长玩忽职守，居然连当时的案件笔记都能丢失，可见其对工作的不认真不负责，对这样的公安工作人员我认为应当处分。（4）派出所所长居然撒谎，当着镜头说电子材料是自己拍的，当被拆穿后竟然还漏出更大的内容，原来因为徐老太的儿子也是警察所以通融让对方查看笔记使用笔记并拍摄记录（如果此事是假的可见工作次序之混乱），我认为这是对工作的极不负责尤其是公安民警队伍，简直就是给公安队伍抹黑。这种工作即不负责且本人也不够正直（当场撒谎，若不拆穿估计能瞒全民大众，具体此人以前还犯过什么错误就更难说了），完全是公安队伍里的败类。（5）徐老太是警察的母亲，在整个事件中无论她还是她儿子都是给警察抹黑。我甚至想到了这是不是一个碰瓷事件。警察碰瓷……哎！黑啊！看完此节目后我也对以后是否帮助此类弱势群体表示了怀疑，我以后也会考虑考虑。这是社会的道德之悲啊。引自西祠胡同论坛，www.xici.net/ b103081/，最后浏览日期 2014 年 9 月 7 日。

[2] 徐机玲、王骏勇：《南京市政法委书记刘志伟：不应被误读的"彭宇案"》，载《瞭望》新闻周刊网站 http://www.js.xinhuanet.com/xin_wen_zhong_xin/2012-01/16/content_24550016.htm，最后浏览时间 2012 年 9 月 10 日。

大众嗤之以鼻，固然与一审判决书缺乏说服力有关系，但更主要的，其实是与司法长期没有建立起公信力大有关系。[1] 而南京地方法院在一审过程中对舆论的不重视，调解结案后对舆论关注又不屑于回应（或受到了其他方面的压力），成为影响司法公信力建设，让媒体、网民将彭宇案塑造成道德滑坡的典型案例的关键因素。

（四）媒体缺乏自律致彭宇案持续发酵

1. 枉有激情，专业不足

我国媒体界素有"文人办报"的传统，这可能是古代"书生论政"在媒体领域的一种演进。媒体强势介入某些明显不公的案件，或对某项不合时宜的法律制度（如劳动教养制度）进行强烈质疑与批判有助于问题的解决，对司法公信力建设有非常重要的作用。然而当握有巨大话语权的媒体人士占据道德高地，极力鞭挞所谓的丑恶现象时，一定要牢记自律准则，坚守专业主义素养，否则其满腔激情可能会起到破坏作用。

彭宇案原本只是一起普通的民事纠纷案，案情本身并不复杂，其前两次开庭也没有引起媒体的大规模关注，当彭宇主动邀请媒体介入后，此案才在媒体、网民的推波助澜下发酵为影响深远的公共事件。媒体、网民对彭宇案的关注形成了三次舆论浪潮：第一次，以江苏电视台城市频道于2007年7月12日播出《蹊跷的索赔》为标志；第二次为2007年9月3日后，以对一审判决判决书的质疑为重点；第三次为2007年10月期间，二审以庭前和解结案，但未公布两者是否相撞，媒体、网民将彭宇悲剧英雄的形象推向高潮。此后，从"天津许云鹤案"到广东"小悦悦事件"，只要有与道德相关的新闻事件出现，彭宇案总会被提及，此案的负面影响余波不断。

2. 专业人员不专业，反被牵着鼻子走

由于相关媒体人士在报道此案中专业素养的缺失，媒体在上述三次舆论浪潮的发酵过程中起到了负面引导作用。下面以江苏电视台城市频道播出的节目为例进行分析：

2007年7月12日，江苏电视台城市频道《甲方乙方》节目播出《蹊跷

---

[1] 张建伟：《调解了结的彭宇案留给我们什么》，载《检察日报》2008年4月17日。

的索赔》，对本案件做了有偏向性的报道。首先，此节目的播出时间在案件审结之前。虽然没有法律法规明确规定案件审理过程不允许媒体报道，但媒体理应遵守一定的规则，不可轻易对案件做出或明或暗的定性。然而，本节目对彭宇、陈二春、陈美柯律师的采访都在暗示（如陈二春暗示徐老太撒谎）或明示（彭宇表示："我做了好事，身正不怕影子斜，是什么就是什么"）彭宇本人是在做好事，反而受到起诉是冤枉的。这就在法院未审理完毕之前为本案做出了彭宇是好人受冤的定性。

其次，本节目未做到平衡报道。从采访对象上看《蹊跷的索赔》分别采访了彭宇（由其主动报料）、派出所卢所长、徐老太和一位案外律师，看似各方面都兼顾到了，实则不然。此节目分为上下两集，共长约 20 分钟，绝大部分时间（2/3 以上）都是彭宇单方面讲述其如何做好事反而受到冤枉的经过；如何用从事通讯行业的专业知识揭穿卢所长的谎言；用证人陈二春来暗示彭宇确实做了好事；在节目结尾引用律师的话来证明派出所的做法不合法，而对徐老太的采访时长只有不到一分钟（其中包括其在法庭上指责陈二春未在事故现场的时间）。因此，本节目的倾向性已由报料者的讲述所决定，其他平衡报道的手法根本未起到应有的平衡作用。

再次，节目画外音、配乐的运用不妥当。节目一开始主播即播报了一段开场白，"市民彭先生反映，他去年将一位跌倒在公交站台旁的老太扶了起来，以为做了一件好事，没有想到却惹出了一场官司"（大意），这已经基本上为案件进行了定性；而当彭宇确认派出所所长并不是用其手机拍摄了询问笔录时，配乐运用的十分神秘，让人感觉在看悬疑电影一般，更加将卢所长推向了说谎者的处境，更让公众产生联想的是徐老太同为警察的儿子是否在拍照过程中与卢所长有所关联，自然而然地进行了某种引导。

3. 媒体互转，影响倍增

上述节目播出后，在西祠胡同论坛·南京零距离板块引起网民对徐老太的强烈质疑，对彭宇的无条件支持。而第二次、第三次舆论浪潮的一个显著特点就是在传统媒体引导下都有网络媒体的深度参与，有学者提出了"网络民间陪审团"的概念来进行分析，并认为其存在不理性与偏见、易受"沉

默螺旋效果"影响、暴力与破坏性的问题。^[1]

将彭宇案与此后的类似案件做一总体分析，可以发现媒体专业素养的缺失形成了非常负面的影响，虽然有媒体极力从正面解读彭宇案，^[2]却并未成功。有文章借用英国学者伊冯·朱克斯的"偏离放大螺旋"概念对彭宇案的后续影响进行了剖析，并绘制出其负面影响扩大的效果示意图。^[3]

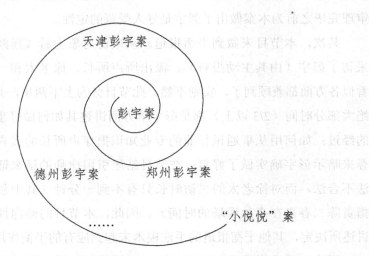

图1 从"彭宇案"到"小悦悦事件"的"偏离放大螺旋"效应示意图

上述媒体公共事件相互作用，不断扩大其影响，不仅没有随着时间的延长而减弱其影响，反而会在后续的事件中产生积聚效应，使公众在前次事件中得不到释放的情绪在下次事件中一并释放。这也促使南京官方不顾彭宇与徐寿兰达成的保密协议，于2012年年初公布了案件真相。

[1] 郑智斌、支雅琼：《从彭宇案看网上民间陪审行为》，载《东南传播》2008年第6期，第48页。

[2] 东方早报：《世上没有那么多"彭宇案"》，2011-09-01；杭州日报：《别急着给天津"彭宇案"下结论》，2011-08-24；长江日报：《彭宇案不是道德撤退的"集结号"》，2011-09-30。

[3] 陈奕、张晴：《论新闻报道中"偏离放大螺旋"效应及其规避》，载《新闻界》2012年第9期，第4页。所谓"偏离放大螺旋"是指在一个夸大、扭曲、预测和象征的框架内对偏离的报道使一系列互有关联的反应发生作用。

三、本案的启示与建议

虽然彭宇案发生在社会道德有所失范的大背景下，真正见义不勇为或好人受冤枉的事件可能会发生，但法院与媒体可以通过特定的操作规范减少类似媒体制造的彭宇案之发生。根据对本案分析特提出以下建议：

1.法院及时回应媒体关切。法院虽然不会也不应事必回应，但对公众、媒体关注的重点案件，尤其是与社会道德、公共官员、民生问题等相关的案件要及时研判，预测舆论关注点，在保证案件公正、公平审理的前提下，及时公布相关信息。

2.法院应按信息传播规律转变工作机制。网络时代的法院再固守严格的汇报请示制度已不适应信息的快速传播，尤其是传统的汇报请示制度费时费力，且受制于法院的作息时间安排，无法与网络信息的快速传播相衔接。当法院错过最佳的问题回应时机，将无法有效引导舆论走向。建议法院建立大新闻发言人制，除了正规的新闻发布会外，还应通过其他途径在新闻关注点形成的12个小时内与媒体、网友进行沟通。（如建立网络发言人制度）

3.引起舆论关注的案件，法院应公开司法裁判文书。彭宇案之所以在其结案后仍长时间被作为道德滑坡的典型案例，很大的原因在于二审调解结案时，原被告双方主动或被动地签订了保密协议，导致相关媒介及公众对案件真相进行臆测，在道德感召下一厢情愿地认为彭宇受到了冤枉。如果双方调解结案的协商内容能及早公布，此案就不会因信息不对称而被长时间误读。

4.媒体要坚守专业素养，尤其是报道法制新闻的传统媒体人士切不可为了提高阅读率而降低专业要求。网络上某些不负责任的言论往往来源于网民对传统媒体报道的解读，传统媒体长期以公权力为后盾，已经形成了较高的公信力，当其降低专业水准，网络媒体自会随波逐流。如果说媒体对于案件的报道只是客观事实（新闻消息），而没有报道者的主观观点（新闻评论），也就是说报道和评论是分开的话，所谓"法院未判、媒体先判"

的媒体审判问题就几乎不存在。[1]

5.公众应提高媒体素养。在网络时代，公众不仅是信息传播的对象（受众），也是信息传播的主体（传者），其运用、判断信息的素养在很大程度上决定着网络时代的信息传播质量。当然，媒质素养的提高并非一日之功，还在于公民意识的逐步增强及公民理性的逐渐养成。提高公民的媒介素养最重要的就是从小养成良好的媒介接触、运用习惯，将媒介素养课作为大学生或中学生的选修课程很有必要。

第六节　时建锋诈骗（天价过路费）案报道研究

——媒体应强势介入明显不公之已结案件

在我国司法体系还没有健全完善的时下，媒体对某些热点案件的监督，不仅有助于司法公正之建立，也有利于法治理念之普及。引起公众广泛关注的"河南天价过路费案"（以下简称"时建锋案"[2]）是媒体发挥监督功能，促使法院对明显不公的个案进行纠正的典型案例。在法院面对媒体监督时，除了快速及时回应舆论关注，还要遵循法律法规及审判规律，不可为了平息舆论质疑而违背法律程序或越权处理。公平、公正司法环境的建立有赖于媒体监督，更有赖于法院的依法行事。

因此，笔者建议：媒体应对明显不公的已结案件多加关注与报道；要

---

[1]　徐迅：《大众传播与司法》，载魏永征、张鸿霞主编：《大众传播法学》，法律出版社2004年版，第79页。

[2]　时建锋案已经不仅仅是指案件本身，它还包含了公众对高速公路收费合理性的质疑、对司法公正的期望，本案已经发展为由媒体广泛报道，公众参与讨论的公共事件。因此，"时建锋案"在本文中指的是此公共事件。

将采访素材及时转变为司法证据；法院对媒体监督要利用各种有效形式快速回应；法院应改变案件信息公布机制；法院在面对舆论压力时更要依法行事。

一、各诉讼阶段案情信息传播概况

序号	时间	事实进展	主要媒体报道
1	2010年10月17日	河南省平顶山市人民检察院指控河南农民时建锋：2008年5月4日至2009年1月1日期间，骗免通行费368万多元。	
2	2010年12月21日	法院做出一审判决，时建锋犯诈骗罪，判处无期徒刑，剥夺政治权利终身，并处罚金200万元，并追缴违法所得的一切财物。法院判决后，时建锋未提起上诉。	
3	2011年1月11日		大河报报道：《偷逃过路费8个月换来无期徒刑——车主靠假军牌累计逃费368万，被以诈骗罪追责，量刑或创纪》。新华社、人民日报、央视及多家门户网站纷纷转发报道及评论，"天价过路费"计算方法及量刑引发大量质疑。
4	2011年1月12日	平顶山市中院召开新闻发布会，就相关问题进行了回应。	
5	2011年1月13日		新华网报道：《河南法院称368万元过路费判决有理有据》。
6	2011年1月13日	河南省高级人民法院院长张立勇批示，要求省法院刑庭、审判监督庭介入了解案情。	
7	2011年1月13日	时建锋向《今日说法》记者说：他是在替亲弟弟时军锋顶罪，并透露高速公路收费站里有人帮助他们偷逃路费。	

序号	时间	事实进展	主要媒体报道
8	2011年1月14日	张立勇要求主管刑事、审判监督的副院长召集省院刑庭、审监庭调阅案件卷宗，认真审查。	
9	2011年1月14日	平顶山市中级人民法院正式对本案启动了再审程序。	
10	2011年1月14日		《今日说法》在官方微博也在第一时间公布了案件再审的决定。
11	2011年1月14日		大河网报道：《河南农民逃368万元过路费案将重审》。
12	2011年1月15日	时建锋之弟时军锋在禹州市无梁镇派出所投案。	
13	2011年1月15日		新华网报道：《河南逃368万过路费案当事人弟弟自首》；央视新闻频道：《河南368万天价逃路费被告的弟弟时军锋今晚自首》。
14	2011年1月15日夜	张立勇主持召开河南省高级人民法院审判委员会，听取平顶山中院对本案的汇报，责成平顶山中院对此案认真审查，妥善处理。	
15	2011年1月16日	河南省高院召开发布会，称时建锋偷逃368万过路费案事实不清证据不足，对相关法官做出处理。	
16	2011年1月16日		人民网报道：《河南368万过路费案主审法官被免职》；央视新闻频道频道：《河南高院对相关审判人员追责》。
17	2011年1月17日	平顶山市人民检察院决定对时建锋368万元天价过路费案撤回起诉，由公安机关补充侦查。	
18	2011年1月18日		广州日报报道：《河南368万过路费案检方承认四项失误》。

序号	时间	事实进展	主要媒体报道
19	2011年1月24日		央视报道:《央视天价罚单背后》
20	2011年7月初	该案由平顶山市鲁山县公安局侦结。	
21	2011年7月15日		广州日报报道:《"天价过路费案"投案嫌犯未被认定自首》。
22	2011年9月	案件被鲁山检察院起诉至鲁山法院。	
23	2011年12月15日	河南省平顶山市鲁山县人民法院对"天价过路费案"公开审理。	
24	2011年12月15日		人民网报道:《河南天价过路费案主犯获刑7年》;央视新闻频道频道:《天价过路费案再审宣判》。
25	2012年6月17日	河南天价过路费案主角之一时建锋出狱。	

二、对本案中舆论监督与依法审判关系的研究与评价

一个已经判决生效的刑事案件之所以引起公众的强烈关注,并最终导致案件的再审、改判,在于时建锋案的两个关键节点引发的两次舆论高潮。法院也及时回应媒体关切,快速启动再审程序,在一定程度上使两名被告人受到较为公平的审判。

(一)公众对高速公路收费合理性的质疑是时建锋案大背景

1.收费畸高,终生奇案

媒体最初之所以会对"时建锋案"感兴趣,是因为本案判决过于异样,很可能是全国首例。其主要体现在偷逃过路费数额过于巨大(368万多元)

与处罚的过于严重（无期徒刑）两方面。[1] 因为高额的高速公路通行费早已广受诟病，此案的发生又与此直接相关，时建锋个人的遭遇恰好反映了深受高额公路通行费困扰的广大公众的利益关切，而且其偷逃通行费的行为不仅是个体困境，更受制于制度性因素。当个案反映的现实与公众感知的现实相重叠时，媒体的强势介入，公众的持续关注是理所当然的。

本案首先引起关注的就是多达 368 万的过路费是如果计算出来的，虽然此数额是以平顶山市检察院提交，并经庭审举证、质证，公诉机关和被告人双方均无异议的相关证据来认定的，得到了法院确认。[2] 然而这种高额的公路收费却没有在社会道德上让公众信服，也导致公众对收费方法一边倒的质疑，这也导致再审时从一审判决的 368 万余元到 49 万余元的戏剧性转变。而据时军锋的辩护律师王永杰表示，鲁山公安局为了慎重起见，曾经重新委托审计机构，审计兄弟俩偷逃的过路费总额，最后的数字是 361.9 万，与原审指控的数额相差近 6 万。[3]

2. 制度不变，病根仍在

由于媒体的强力介入，时建锋、时军锋兄弟的命运获得了转机，然而以国家法律为后盾的高额公路通行费依然压在普通公民身上。国家在为强权提供超成本的保护时，成本却由每个人并主要是弱势的一方来承受。因此，也就不难想象，在时建锋等普通消费者承担"天价"过路费的同时，社会上却还有许多特权车和关系车可以免费通行。而这些免费通行的成本却成功地转移到了普通百姓身上，并且"当法律为暴利充当起了保护伞时，也就向社会传达出了这样的信息，那就是强权者利益就是合法的利益，从而进一步鼓励强权者极其所能地搜刮暴利。"[4] 如果政府不对上述畸形的高速公路收费制度进行彻底地变革，还会产生第二个"时建锋案"。

[1] 最先关注此案的《大河报》即用了《偷逃过路费 8 个月换来无期徒刑——车主靠假军牌累计逃费 368 万，被以诈骗罪追责，量刑或创记录》的新闻标题，也正是此标题引起了其他媒体与广大公对本案的强烈关注。

[2] 本信息来源于《河南法院称 368 万元过路费判决有理有据》http://news.163.com/11/0113/08/6Q8VAGF00001124J.html，最后访问时间 2015 年 2 月 21 日。

[3] 本信息来源于《河南天价过路费案本周开庭指控数额缩水八成多》http://legal.people.com.cn/GB/16570374.html，最后浏览时间 2015 年 2 月 21 日。

[4] 周安平：《"天价过路费案"对法律常识的偏离》，载《法学》2011 年第 3 期，第 16 页。

（二）媒体报道是时建锋案发生转折的关键

时建锋案的转机缘于两个关键点，一是《大河报》于 2011 年 1 月 11 日对此案的报道；二是央视记者采访时，时建锋透露的他实为替人顶罪。两个关键点发生后，在传统媒体引领下，网络媒体积极跟进，引发了两次大的舆论关注高潮。

1."大河"出手，波澜顿生

《大河报》的报道突出了"路费逃了 368 万，拉沙挣了 20 多万；一审被判无期徒刑，车主未提出上诉"的信息，显示了本报道记者强烈的新闻敏感性，更难能可贵的是本报道紧守专业素养，不是一味地质疑判决，而是全面、平衡地对事件进行报道，并引用律师的专业观点认为法院的判决在法律依据上不存在疑问。此种报道方式不但突出了新闻主题，引起公众广泛关注，也维护了法院已生效判决的尊严。

此报道刊出后新华社、人民日报、中央电视台及多家门户网站纷纷转发报道及评论，"天价过路费"计算方法及量刑引发大量质疑。

2.央视介入，转机重现

2011 年 1 月 13 日，央视《今日说法》的记者在鲁山县看守所采访时建锋时，其表示：他是在替弟弟时军锋顶罪，并透露高速公路收费站里有人帮助他们偷逃路费。央视记者将此情况向法院进行了反映。1 月 14 日凌晨两点多钟，平顶山市中级人民法院正式对本案启动了再审程序。[1]

与此同时，《今日说法》第一时间在其新浪的官方微博向社会公布了这一决定，并且将时建锋翻供和中院院长解释此事的独家视频上传到互联网上，这两段视频及时地为公众展示了事件的真相和进展，引起舆论轩然大波。

3.法治不彰，媒体来帮

从以上材料可以看出媒体在促使本案发生转折，并最终再审、改判过程中起到了非常大的作用，正是《大河报》记者、中央电视台记者及其他媒体人士的不懈努力才使时家两兄弟的命运发生变化。中国媒体之所以会热心于司法监督，首先是司法本身缺乏足够的自治能力和自洁能力，需要

---

[1] 引自《河南天价过路费案内幕：疑犯称给收费站长付工资》http://news.sina.com.cn/c/sd/2011-01-24/103121865540.shtml，最后浏览时间 2015 年 2 月 21 日。

外部力量来保证司法公正，遏制司法腐败；其次是中国传媒虽然在政治上被定为"党和政府的喉舌"，但许多新闻工作者愿意用自己的笔为百姓伸张正义；再者，中国传媒虽然都为政府所有，但大多数传媒的经营机制已经市场化，报道和评论司法案件是媒体最重要的卖点之一；最后，政府推动普法，需要将传媒作为宣传工具。[1]

鉴于我国司法体系建设的不完善，公众产生对诸如司法独立、司法公正、司法人员专业素养的质疑，现实生活也确实出现了某些有损司法威信、影响公民权利，并受到公众高度关注的案件（如佘祥林案、赵作海案）。作为社会公器的媒体在遭遇明显不公、异样的案件时，确应依法强势介入，在合法合理质疑判决的同时，既可让错误案件得到纠偏，也可让公正判决的案件广泛传播。

（三）法院及时回应舆论热点值得肯定

法院与媒体之间不是二元对立，而应是和谐相处共同保障公民宪法权利实现的关系。法院对司法独立原则的坚持不意味着排除媒体的监督，媒体对法院的监督也不意味着无规则地乱监督。经过对一系列案件经验教训的总结，法院在面对媒体监督时的回应更加符合新闻传播规律之要求。审理时建锋案的平顶山市中院，及其上级法院河南省高院及时回应舆论热点，快速平息了此次公共事件。河南相关法院在时建锋案的每一个环节都做到了快速应对，此种面对媒体监督时的应对方法值得肯定。

下面以表格方式分析河南相关法院的对舆论的回应情况：

舆论关注		法院回应		回应时差
时间	关注点	时间	回应内容	
2011年1月11日	偷逃数额、量刑	2011年1月12日	平顶山市中院召开新闻发布会逐一回应	1天
2011年1月13日	时建锋代人受过	2011年1月14日	启动再审程序	1天

---

[1] 夏勇：《当前中国的传媒与司法》，转引自徐迅：《大众传播与法学》，载魏永征、张鸿霞主编《大众传播法学》，法律出版社2004年版，第92页。

舆论关注		法院回应		回应时差
时间	关注点	时间	回应内容	
1月14.15日	司法公正	2011－1－16	河南高院公布对责任人处理情况	1天

可见平顶山市中院及河南省高院在媒体报道后舆论热点初步形成时即通过新闻发布会的方式对公众质疑进行了快速回应，可见经历了2010年赵作海案洗礼的河南法院系统已经对媒体监督的强大影响力有了更深的认识，在时建锋案中没有回避错误，及时公开了相关信息。从表格中可以看出，法院对舆论关注的回应时差仅为1天，可以推测河南省相关法院已经建立了比较完善的舆论应对机制，对新闻发布会的应用已较为熟练，及时满足了媒体的信息需求。

（四）法院面对舆论质疑要依法行事

1.速度虽快，越权不行

虽然河南省相关法院在面对舆论质疑时回应快速，但其对案件的处理本身有违法之处，也受到学者们的批评。具体违法情形包括：河南省高院过早介入该案并做出实体宣示系程序违法；对办案法院及法官处分权限及内容违法；河南省高院副院长向媒体发表对该案的适用法律意见有损司法尊严；不应当追究该案承办法官及法院领导的责任。同时学者认为，河南省高院积极面对媒体的关注，迅速就该案做出反应，表明其关注审判活动的社会效果，具有一定的积极意义。但就本案而言，河南省高院的做法更多的是负面意义。法院应当保持一定的谨慎，不能为回应媒体关注甚至迎合媒体而草率地做出处理决定。"审判活动除了要注意社会效果外，还要关注法律效果，而且还应当遵循审判活动自身的规律，不能用违背法律的错误方式去纠正审判错误。"[1]

2.审判独立，警惕外力

此案还需要分析的是媒体对法院的监督是直接作用于平顶山市中院，

---

[1] 赵能文：《错误的纠错——评河南省高院对"天价过路费案"的处理》，载《法学》2011年第3期，第25页。

还是中院受到了来自河南省高院的影响。《大河报》刊发出相关报道的次日，平顶山市中院召开新闻发布会，就相关问题进行了回应，对案件判决的依据进行了解释。1月13日，河南省高级人民法院院长张立勇批示，要求省法院刑庭、审判监督庭介入了解案情；就在同一天，中央电视台采访时建锋时了解到其为替人顶罪（根据现有资料无法判断两事件的先后顺序）。1月14日，河南省平顶山市中级人民法院对本案启动再审程序。综合现有资料，平顶山市中院是否受到了来自河南高院的压力不得而知。

最新修订前的《刑事诉讼法（2013）》第243条第2款规定："最高人民法院对各级人民法院已经发生法律效力的判决和裁定，上级人民法院对下级人民法院已经发生法律效力的判决和裁定，如果发现确有错误，有权提审或者指令下级人民法院再审。"据此，如果河南省高院认为平顶山市中院对于该案件的判决确有错误，希望尽早介入该案，完全可以通过审判监督程序对该案直接提审，当然其也可以指令平顶山市中院或者其他法院再审。这是其最合法也最有效回应媒体和广大老百姓期待的做法，但是，河南省高院却没有依法这样做。一方面同意平顶山市中院对该案再审，另一方面又对该案做出诸多的处理决定，甚至在案件事实还未查清之前就快速地对相关法院和法官做出了处分决定。针对此种情形，早就有司法界人士撰文指出，"从我国目前的情况来看，媒体对司法机关的监督主要的不是通过舆论的压力来完成的，而是通过触动对司法机关有影响力的上级党政领导，引起上级领导的关注并进而批示、指示有关司法机关严肃查处、及时处理等等来完成的。"[1]

因此，河南省相关法院在面对舆论监督时过于关注回应的快速性，对自身行为的合法性关注不够。虽然就本案而言，时氏兄弟的命运有了转机，但法院在媒体中呈现出来的形象在专业人士看来有违法之处。

三、本案的启示与建议

总体来讲，时建锋案是法院与媒体良好互动、案件处理结果良好的典

[1] 李修源:《关于舆论监督与司法独立的两个话题》，载《人民司法》2008年第8期，第31页。

型案例，总结其经验教训可得出以下启示：

1. 媒体应对明显不公的已结案件多加关注与报道。我国的电台、电视台实行政府管制，报纸、期刊实行主管主办制，在承担党、国家宣传任务的同时，亦应承担社会责任。承担社会责任的重要体现之一就是加强司法案件的报道工作，此工作不仅是宣传普及法律知识的需要，在公正的司法制度建设还没有完成的时下，也是督促司法机关依法行事的重要途径。因此，媒体对有证据证明的可能明显不公的已结案件应强势介入，持续报道，努力使案件事实更加清晰。

2. 媒体要将采访素材及时转变为司法证据。媒体记者努力收集素材，力争头条新闻的敬业精神值得鼓励。但是对于法制新闻报道而言，将掌握的可能影响案件公正审判的新闻素材有技巧地转变为司法证据，是对记者专业素养提出的更高要求。新闻实务中，有很多记者将采访的新闻素材直接诉诸于媒体，常令司法机关陷于被动，使其对媒体监督产生抗拒。如果记者能有技巧地平衡新闻报道与证据提交之间的关系，可能会产生更加良好的效果。记者既可圆满完成报道任务，又不致司法机关过于被动，也有助于案件得到更加公正的判决。在本案中，中央电视台的记者既将获得的可能影响案件定性的关键事实及时提交给了法院，为法院启动再审程序提供了宝贵的证据，也为其回应舆论质疑提供了时间，而央视记者在之后的节目中也有效地利用了采访素材，产生了良好的舆论监督效果。

3. 法院对媒体监督要利用各种有效形式快速回应。河南法院方面之所以在本案中比较主动，最终使案件得到较好处理，在于其多次快速及时地召开新闻发布会，主动提供信息，解决了法院与媒体间的信息不对称情形。在网络信息传播日益快速多元的时下，只通过新闻发布会的方式提供信息并不能有效阻止网络失实信息的广泛传播。笔者建议，法院建立大新闻发言人制，除了正规的新闻发布会外，还应通过其他途径在新闻关注点形成的 12 个小时内与媒体、网友进行沟通（如建立网络发言人制度）。

4. 法院应改变案件信息公布机制。我国政府机关及司法系统的传统信息披露机制是层层请示的线性模式，事情越重大，请示的部门及领导就越多，此种请示制度在网络环境下显得愈加被动。虽然，法律规定了法院的依法独立审判权，法院系统内部还是存在各种请求汇报机制，严重制约了信息的公布速度。在信息不对称的情况下，传统媒体会更多选择谨慎行事，而不实信息将不可避免的在网络上传播。这就要求法院应改变案件信息的披露程序，在保证信息权威准确的同时，又要提高信息披露的速度；在举行常规化的新闻发布会的同时，又要通过各种其他方式进行碎片化的回应。

5.法院在面对舆论压力时更要依法行事。司法公信力的建立需要长时间的过程，在面对舆论监督的压力时更应严格按照法律的要求行事，尤其要按各诉讼法规定的法律程序行事，切不可为了平息舆论质疑而置程序正义于不顾。已经有学者撰文批评河南法院在时建锋案中的处理过程中存在违反法律规定的情形。要改变此种情形的前提是法院要习惯于在媒体监督下工作，将日常的案件处理状态原本呈现出来，而不要有作秀的考虑。只有法院在审判工作中依法行事，舆论的质疑才会更加理性，公众也不会仅通过个案就否定整个司法制度。

第七节　李昌奎杀人案再审程序报道研究

——重视社会影响应以独立审判为前提

依法审判与舆论监督是法律和新闻界永远不能回避的一个问题。法官职业道德要求法官坚持和维护审判独立的原则，以事实为依据、以法律为准绳，避免受到新闻媒体和公众舆论的不当影响。法官在审判活动中，应当独立思考、自主判断，敢于坚持正确的意见。但是我国司法又相当重视判决的社会影响，因而不可避免地会与媒体带来的舆论监督有所交叉，在交叉中又难免冲突。

一、本案再审阶段案件信息传播概况

2009 年 5 月 16 日，李昌奎因为邻里积怨将同村 19 岁的少女王家红强奸并用锄头敲打致死，之后又将王家红 3 岁的小弟王家飞倒提摔死，案发后李昌奎逃亡，5 日后向公安机关自首。一审被判处死刑立即执行，之后的二审中云南省高级人民法院认为李昌奎在犯案后到公安机关投案自首，并如实供述犯罪事实，其具有自首情节，认罪、悔罪态度好、积极赔偿受害人家属经济损失，故而改判死刑缓期两年执行，此时是 2011 年 3 月 4 日。

2011 年 6 月 8 日，《春城晚报》和《生活新报》的两篇报道把此案件直接推到了公众面前。2011 年 7 月 6 日，云南省高院副院长田成有对李昌奎案件做出回应，提出了不要以“公众狂欢”的方式去剥夺一个人的生命。但是其认为李案数年后会成为“标杆”的说法遭到了网民的一致声讨，网民的注意力从对案件本身的关注开始转移到了对云南高院的质疑与抨击，此时甚至流传出了各种李昌奎与云南高院有关系而不被判处死刑的“阴谋论”。一时间事件又被推向了一个高潮。《南方都市报》等媒体也纷纷发表社论质疑法院审判标准不统一的问题。

2011 年 7 月 16 日，云南省高院的再审决定被媒体披露。8 月 22 日，李昌奎被云南省高级人民法院判处死刑立即执行。判决后第二天，在新浪微博上有关李昌奎内容的微博飙升到 9 万多条，到达了该案件单天被关注人次的巅峰。8 月 29 日，在网民的一片欢呼声中，李昌奎被执行死刑。

二、对本案中舆论监督与依法审判关系的研究与评价

（一）人民法院的表现

1. 法官业务水平有待加强，判决书的理由部分需要以理服人。

李昌奎事件被媒体放大，引起众多网民的参与和声讨与公开的该案件的二审判决书不无关系。在李昌奎案件二审判决书中，云南省高院用大量的篇幅罗列案件事实，但在分析部分仅有区区如下二百多字。

“本院认为，上诉人李昌奎目无国法，将王家飞掐致昏迷后对其实施奸淫，而后又将王家飞、王家红姐弟杀害的行为，分别构成强奸罪、故意

杀人罪，应依法严惩。被告人李昌奎在犯罪后到公安机关投案，并如实供述其犯罪事实，属自首；在归案后认罪、悔罪态度好；并赔偿了被害人家属部分经济损失，故上诉人李昌奎及其辩护人所提被告人具有自首情节、认罪、悔罪态度好，积极赔偿被害人家属的上诉理由和辩护意见属实，本院予以采纳。鉴于此，对李昌奎应当判处死刑，但可以不立即执行。"[1]

2011 年 6 月李昌奎案件刚刚进入大家的视野时，舆论监督的主要注意力都在李昌奎为什么杀了两个人却被判了死缓，获取信息的第一渠道就是公开的判决书。而公众从法院的判决书中难以看到一个分析透彻、逻辑严密的法律推理过程，所以自然地与刚刚执行完毕的药家鑫案件进行对比后得出了"误判"的结论。

在此问题上，华东政法大学的杨兴培教授认为"此次云南省高级法院的终审判决书虽言简意赅，但其改判的理由并不充分甚至语焉不详。高院审判委员会有 27 名成员，而且要成员过半（14 人以上）同意判决结果的，才能作出判决。李昌奎案也不例外。但多少人同意改判，多少人反对改判一概尽在不言中。当前司法活动还有许多不尽人意之处，如此一份判决如何使社会公众信服自然成为社会关注的焦点。"[2] 海南大学王琳副教授更是认为"李昌奎案二审偏离了法院的中立和独立立场，认定量刑事实不严谨导致事实偏差，片面强调从轻而忽略从重导致罪罚失当，这才有了民意汹涌。"[3]

在笔者看来，法官应当不断提高自己的基本业务水平。在做出刑事判决时，应当本着刑事诉讼法尊重和保障人权的理念，做到法律分析和判决结果有足够的证据和法律支持，真正做到"以事实为根据，以法律为准绳"。而且，刑事案件经常涉及人的生命与自由权，判决书更应当慎之又慎，避免滥用自由裁量权，更要避免"草菅人命"的事件发生。

判决书不是法院一家的财产，而是整个社会的参考准则。司法公开首先就是判决书的公开，而像李昌奎案二审法院作出的这种瑕疵明显的判决

[1] 云南省高级人民法院（2010）云高法终字第 1314 号。
[2] 杨兴培：《若在国外，李昌奎判决书该如何写》，载《法制日报》2011.7.12 七日谈版面。
[3] 王琳：《李昌奎案二审究竟错在哪？》，载《解放日报》网站 http://view.news.qq.com/a/20110720/000041.htm，最后浏览时间 2015 年 2 月 22 日。

书，云南省高院的判决被公众质疑自然也就在所难免。

2.法院的公关能力与法官的媒介素养仍需要提高

我国各级法院基本都设立了新闻科、新闻处等部门来专门处理媒体与宣传事务。但是法律人本身的媒介素养仍然有待提高。

李昌奎案件中，云南省高院的田成有副院长在回应公众对二审判决的质疑时，向公众传达了"少杀、慎杀"以及冷静对待死刑的观点，也表达了法院在舆论监督下审判的压力确实非常大的情况，基本反映出了法院的态度。但是，田副院长却抛出了"这个案子10年后肯定是一个标杆、一个典型"[1]的评价，再加上媒体几次传播之后淡化了该言论的语境，导致了在论坛和微博上网民掀起了对云南省高院的集体抨击，甚至有网民对田成有本人发起了人身攻击，削弱了法院和法官乃至整个司法系统的公信力。如何在不同的媒介中比较得体的传达出司法部门的意思，同时又不至于"犯众怒"，法院的新闻部门需要把握舆情动向，及时准确地做出判断。

另外，司法部门对于媒体的态度不应只是被动接受监督，还应当把握风向主动近用媒体发布关键信息（信息的解决只能靠信息）。暨南大学新闻与传播学院教授林爱珺认为："法院与新闻界要保持经常、密切的联系，建立法院与传媒对话的常规渠道，主动让传媒了解审判工作，在了解中提高传媒的法律意识和依法报道的水平。"[2]

笔者认为，媒体的近用权（access to media）既然属于公民，自然也属于与公民利益息息相关的司法机关。司法机关也享有主动利用媒体公开审判信息以及解释案件的权利。在本案发展过程中，从案件二审结果进入大家视野到田副院长出来解释问题，将近过了一个月的时间，而这段时间内由于官方没有向公众进行合理的解释，公众仅能够靠一纸过于简洁的二审判决书去猜测改判死缓的原因，因而网络上流言盛行，"李昌奎家是某高官的穷亲戚""法院判死刑有指标"等等猜测无端而起，最后导致流言难以控制，后跟进的媒体或者网民依据这些没有根据的事实作出自己的价值判断和评论，进一步导致基于不实信息的"舆论"形成，最后把法院放在

[1] 刘子瑜：《云南高院副院长："赛家鑫"案10年后将成标杆》，载《重庆晨报》2011年7月13日期。
[2] 林爱珺：《舆论监督与法律保障》，暨南大学出版社2008年版，第77页。

了极其被动的地位，凭空又增加了法官判案的压力，也削弱了法院的公信力。在此意义上，公权力机关权威话语的失位导致了传播学中"沉默的螺旋"带来的负效应，等到各种流言已经大肆泛滥之时，即使是最真实的事实也会变得苍白无力。

基于以上两个方面的考虑，培训法院新闻发言人，提高法官的媒介素养，使其掌握基础的传播规律来应对媒体舆论监督，在讲求司法社会效益、坚持群众路线的中国是十分必要的。

（二）传统媒体的表现

李昌奎案件最早由云南的两家报纸《春城晚报》和《生活新报》于6月8日报道，借着药家鑫案件的"余热"，李昌奎案迅速成为了舆论热点，被设置成了当时公众的主要"议程"之一。而之后的传播过程中，传统媒体基本上是跟进网络舆论的内容进行报道。在这里主要谈传统媒体在舆论监督中的作用与特点。

公众发表对案件的看法，通过表达来对公权力机关实现监督是《宪法》第41条赋予我国公民的权利。而这些表达的声音在事件和态度两个维度有些会比较集中，并依信息传播本身的客观规律（沉默螺旋）形成了强势意见，这样就形成了"舆论"，实现了"舆论监督"。

舆论在形成的过程中，传统媒体因其"意见领袖"的地位，能够获得更多的信息，具备更高的可信度（相比于一般个人），更容易形成主流意见，因而其在监督审判方面的作用是不容任何司法机关忽视的。

由于传统媒体在这些方面的优势，其对于案件审判的舆论监督应当起到平衡民众意见与法院官方意见的作用，而不是一味地迎合民意使得法院骑虎难下或者站在法院一方，不给公众发表言论的空间而使得舆论监督缺位。

在我国，传统媒体与网络自媒体"两个舆论场"的现象已经出现，且两个舆论场达不成共识的情况时有发生。在案件审判这种严肃性与专业性都非常强的议题上，传统媒体应当发挥其合理引导作用，疏通自媒体与审判机关的关系，达成一种良好的合作监督机制。由于自媒体自发性强，很多言论缺少真实的事实依据、或者表达不符合规范，对监督司法审判的意义不大。传统媒体在当中以其公信力与专业性为后盾加以引导，最终使得法院接到的是符合理性、甚至具备可操作性的舆论建议与意见。

（三）微博舆论的表现

通过对李昌奎案件新浪微博舆论四个月的跟踪观察，发现了一些微博舆论对于司法案件的走势规律。这些规律有的基于微博本身的特点，具有微博表达的共性，有的则是微博上议论案件的特性，与司法案件有着密不可分的关系。

1. "来也汹汹，去也匆匆"的"快闪"式关注

在四个月的跟踪中，发现了新浪微博网友对于李昌奎案件的舆论主要形成了四次"峰点"，一次"浪潮"。第一次峰点是在 2011 年 7 月 6 日，单日有 5 万多人次关注了李昌奎事件。原因是云南省高院的田成友副院长出面回应之前媒体对李昌奎案件的质疑与关注，其"标杆论"在微博言论中遭到激烈质疑。微博网友对于这句话的关注甚至超过了对案件本身的关注。

第二次峰点出现在李昌奎案件再审判决之后的一天，即 2011 年 8 月 23 日。这次峰点达到了九万多的关注度。而一周之前，对此案件的关注仅仅只有百位数。在这次的浪潮中，舆论几乎一边倒的叫好李昌奎改判死刑立即执行，虽有部分法学家和知识分子对这种舆论心态提出质疑，但是仍旧被淹没在一派叫好的声音之中。

在这次案件的发展过程中，最后的两个小峰点在李昌奎被执行死刑前后，前一次是因为王勇律师提出了对最高院复核死刑时间过长的质疑而引起微博网友的扩散，担心案件仍有"变数"的舆论广泛传播；后一次则是李昌奎被执行死刑后一天，关于李昌奎案件的大量全程报道出现。

在 4 个月的跟踪中我们发现，案件的关注度峰谷明显，冷热转变非常快。但是在田成友院长回应媒体之后大约半个月的时间里，微博网友对于李昌奎案的扩散与讨论始终没有明显减少过，形成了一次"浪潮"。在这一段时间内，关于李昌奎案的单天转发微博数始终在一万左右。从内容上看，既有对于案件本身的讨论，又有对云南省高院的批评，还大量存在着与"赛锐"案等云南省高院审理的其他案件的对比与质疑。在这一时段，从微博舆论内容上看，网民对于云南省高院的信任度降至冰点。司法机关的公信力正在经受着一次又一次的冲击。

美国传播学者麦库姆斯和肖认为，大众传播具有一种为公众设置"议事日程"的功能，传媒的新闻报道和信息传达活动以赋予各种"议题"不同程度的显著性的方式，影响着人们对周围世界的"大事"及其重要性的判断。在微博这种新媒体中，由于消息发布的自发性强、个体之间的互动性强，因此媒体的议程设置功能被无限放大。微博上最典型的表现即为"闪来闪去"，而这种传播格局导致了受众接受的大量信息都是不完整的，由此做出的结论很有可能是错误的，李昌奎案中因为法院信息披露不及时导致的案件流言横行也与微博的这种传播方式不无关系。

2.人次优势

说微博具有人次优势，主要是与网络媒介当中的博客与论坛等形式进行对比。在李昌奎案件中，笔者在凯迪、天涯、强国等社区进行了一次统计，发现关于此案件最热的帖子大概有一万条评论，但是该案件在微博上的转发量和评论量动辄就会万数以上。最高的时候一天仅关于李昌奎案件的转发就有九万多条。另外微博上发起的投票决定李昌奎是死是活的活动也有数万微博网友参与。

诚然，人次本身不能够代表案件关注度，但是人次优势会在形成主流意见的过程中与从众心理等心理学因素相互影响，起到催化剂的作用。

在笔者看来，微博上对死刑案件发起投票和"大联名"等活动方式极不妥当。司法是独立的，有着自己的侦查和判决程序，而微博借其人次优势通过投票、联名等方式形成的舆论（这些舆论有些也是来自于不完整的信息而做出的错误判断，有些甚至仅仅是情绪的宣泄），极易形成"多数人的暴政"，违反司法程序而宣判了一个人有罪，甚至是剥夺了一个人的生命权。

3."阴谋论"盛行

每一个缺乏信息的事件中，总有着或这样或那样的阴谋论出现。每个人会按照自己所掌握的材料和自己内心希望案件的"应然结果"去揣测事件的前因后果，形成自己的一套逻辑。美国心理学家弗洛姆认为，任何一种学说和思想的影响取决于它所吸引的那些人"性格解构中的心理需求结构大小"。

信息的不对称则进一步助长了"阴谋论"的发展，各种流言、谣言横行于微博之上。在李昌奎案件中，诸如"李昌奎是云南高院某高院的穷亲戚""法院二审改判死缓是因为死刑指标问题"等流言占据了案件信息的一部分，而且每一种说法和猜测都得到了一定微博网民的信赖与支持。

笔者认为，"阴谋论"是一种不可避免的社会心理现象，法院难以控制人们的思想。在新修订的刑事诉讼法在 2013 年正式施行之后，案件侦查阶段的保密事项又进一步增加，媒体能够在侦查阶段获知案件信息的可能性和范围进一步减少。在此大环境下，法院承受了比以往更多的信息披露压力。

然而，这也是完善我国司法公开制度的一个契机。出于很多方面的原因，我国的司法公开制度发展一直不尽如人意。直到如今，判决书公开等规定仍然没有得到彻底的执行。正因如此，民众向法院的判决结果和权威性一次次提出了质疑与挑战。在侦查阶段进一步强调保密的前提下，法院必须满足人们对于案件的信息需求，减少信息不对称而产生的误解。因此，法院公开信息将会迎来一个改革契机，"让权力在阳光下运行"的时刻也许越来越近了。

此外，在如此的大背景下，法院新闻发言人制度的建立和完善显得尤其迫切。提高新闻发言人应对媒体的水平，平衡司法与媒体的关系，将是法院接下来工作中不得不考虑的一个问题。

4. 近因效应，不当对比

李昌奎案件进入公众视野是在药家鑫被执行死刑之后一天，因此，两个案件相同的一些特征免不了会被大家所比较。诸如"一命 + 自首 = 死刑，两命 + 自首 = 死缓？"的对比言论在 2011 年 7 月 6 日之前占据了舆论的主要位置。网民通过对比药家鑫和李昌奎两个案件的共性以及判决结果的不同，来声讨云南省高院的"错误"判决。在 2011 年 8 月 10 日左右，小贩夏俊峰刺死城管的案件也进入了微博网民的视野。对于这两个案件的对比又有了一个小高潮，夏俊峰死刑和李昌奎的死缓又成为微博舆论的一个热点。

事实上，网民对于刑事案件情节和判决结果的对比有其自发性。一些对比缺少完整的案情分析，而仅仅拿出两个案件的一个特定的相同情节而得出同案不同判的结论未免有失偏颇。然而，这种看似"有理有据"的对比在微博上却能得到很多人不加思索的认同与转发，使得"无理"的意见形成优势意见，从而对法院的"专业"判决形成压力。

笔者认为，法院在进行审判的过程中要注重判决的系统性，做到宽严适度，慎用自由裁量权。真正做到司法法律效果与社会效果的统一。

第八节　邓玉娇故意伤害案报道研究

——舆论关注应适度而行

现代法律和大众传播都是专业性极强的知识与话语系统，其二者在案件报道中的关系博弈，实际上反映的是"新闻自由与司法公开、新闻监督与司法独立等公民基本人权之间的冲突。"[1] 这就要求司法与媒体双方的从业人员们必须秉承着至高的宪法精神，合理合法的对待与处理相关专业问题。

但是在"邓玉娇案"中，我们却看到了舆论的一些"非理性"监督和司法机关的"不专业"表现，甚至包括代表当事人利益的律师也在一定程度上表现的不尽如人意。从2009年5月10日事发，到6月16日法院当庭宣判，短短的一个多月时间内，发生于湖北省恩施州巴东县野三关镇的一起普通刑事案件，却因为舆论的特殊关注而受到了"太多"不必要的影响。而邓玉娇本人也经受着舆论和司法的"非专业性"考验。

---

[1]　魏永征，张鸿霞：《大众传播法学》，法律出版社2007年第1版，第49页。

一、各诉讼阶段案件信息传播概况

序号	时间点	诉讼阶段	案情	媒体的反映与表现
1	2009年5月10日	案发		
2	5月11日	侦查阶段	巴东公安局以涉嫌"故意杀人"对邓玉娇进行刑事拘留，侦查人员发现邓玉娇随身携带的包内有治疗失眠症的药物，决定将邓送往医院检查鉴定。此后，警方向"长江巴东网"提供了案件发生的基本情况。 公安部新闻发言人武和平奉命赶往湖北，当日晚到达武汉。	长江巴东网于5月12日凌晨发布了巴东公安局提供的基本案件情况消息，报道相对客观平和。网络上传开后，因死者邓贵大原系政府官员，故被称作"邓玉娇刺官案"。"民女抗官"的基调初步形成。
3	5月12日	侦查阶段	巴东公安局首次向社会公布案情细节并接受了媒体采访，称"5月10日晚，野三关镇招商项目协调办3名干部陪同客人在镇上一娱乐场所消费时，与一名服务员发生争端，争执中该服务员用水果刀刺破一名干部的颈部动脉血管及胸部，致其不治身亡，另一干部臂部受伤。" 当天，医院对邓采取了"约束性保护"措施。但由于警方没有下达鉴定委托书，医院也没有进行精神病鉴定。	《长江商报》就邓玉娇事件发出了首篇报道，称"可能是事发前邓贵大向邓玉娇提出"特殊服务要求。"该报道被新浪网转载，居留言排行榜第一位，《恩施晚报》《楚天都市报》也对案情进行报道，并用了"特殊服务"字眼。 当日起各网站均有较多转载，评论渐多，有网友称在院期间，邓玉娇在病床上呼喊"爸爸，爸爸，他们打我"。东北新闻网发表《邓玉娇的精神病鉴定：是否先要将她折腾出精神病》的评论，称"警方说邓玉娇可能有精神病，是为了将棘手的案情简单化，好把案件办得圆满，因为只要能肯定邓玉娇有精神病，那邓贵大的死就好有说法了。"至于迟迟不下鉴定委托书，是因为"警方担心一旦鉴定结果出来了，邓玉娇无精神病，事情就没有退路了。"

序号	时间点	诉讼阶段	案情	媒体的反映与表现
4	5月13日	侦查阶段	巴东公安局再次向社会公布案情细节："5月10日晚7时30分左右，邓贵大和同事邓某与黄德智一起吃晚饭并饮酒后，前往该镇雄风宾馆梦幻城休闲。黄德智进门后，发现梦幻城员工邓玉娇正在休息室洗衣服，便询问她是否可为其提供特殊服务。邓玉娇说，不提供特殊服务。黄德智听后很气愤，质问邓玉娇这是服务场所，你不是"服务"的，在这里做什么？双方遂发生争执。争执中，邓玉娇欲起身离开，此时，跟在身后的邓贵大说："怕我们没有钱吗？"便随手从衣袋里抽出一沓钱在邓玉娇面前显摆。邓玉娇拒不理睬，欲再次起身离开时，被邓贵大按在休息室沙发上。邓玉娇欲起身，却被再次按倒在沙发上，她拿出一把水果刀向邓贵大连刺三刀，黄德智见状欲上前阻拦，右手臂被刺中一刀。随后，邓贵大不治身亡。	网络评论开始活跃，且呈一边倒地对邓玉娇支持之势，邓玉娇本人也被冠以"烈女""女性豪杰""中国女性骄傲"等称谓，而死者邓贵大却遭到众多指责，基本形成了"民女恶官"的基调，甚至出现有网友专门为邓玉娇案设立了网站，要求释放邓玉娇。 《现代快报》发表文章《法律应宽待受辱杀官的女服务员》，认为应将受辱杀人同故意杀人区别开来，且符合刑法宽严相济的原则。

序号	时间点	诉讼阶段	案情	媒体的反映与表现
5	5月14日	侦查阶段	巴东公安局相关人员应恩施电视台《今晚九点半》栏目的要求，通过与电话简要介绍了案情，内容与上次通报基本无异。	《京华时报》报道称"伤者黄德智曾询问邓玉娇是否可为其提供特殊服务，当邓玉娇再次起身欲离开时，又被"按"倒。警方安排医生对邓玉娇进行体检，但并未指出检查的具体时间。"《广州日报》刊发《渲染邓玉娇患抑郁症有转移视线之嫌》《从生活细节发现腐败苗头》文章。恩施电视台播出雄风宾馆杀人现场室内格局，及邓玉娇在恩施优抚医院治疗，躺在病床歇斯底里痛哭状，配上抨击邓贵大等官员的激烈言词。《楚天都市报》发出报道《巴东县通报招商办主任被刺身亡调查结果：缘起向女服务员强要"特殊服务"》，主要讲述的是"领导干部思想政治建设及作风整顿大会，会上通报了邓玉娇案，并要求对全县娱乐场所开展专项整治。"网友吴淦在凯迪论坛上发帖，认为此案"是邓玉娇在面对几个男人对她的强奸威胁时，做出的正当防卫，建议大家一起用行动来帮助这个用修脚刀捍卫尊严的姐妹。"

序号	时间点	诉讼阶段	案情	媒体的反映与表现
6	5月15日	侦查阶段		各地媒体记者开始陆续进入巴东,《试揭一揭巴东娇女判官案的神秘面纱》的主帖作者建议组成律师团赴巴东支援邓玉娇。传言称将有2000网友来到野三关助阵。 网友吴淦出发来到巴东,次日会见邓玉娇的爷爷及父母,说服他们让律师介入,并不断通过博客等发布现场报道,被各大媒体转载、引用。 《南方都市报》发表社论《女工受辱自卫,关抑郁症何事》,在没有一线记者实地采访调查的情况下,矛头直指当地案件受理部门。
7	5月16日	侦查阶段		全国数十名专家、学者上书公安部,呼吁责成湖北地方公安部门立即以正当防卫为由,释放邓玉娇,并要求对3名涉案官员中还活着的两人以强奸罪绳之以法,引起网络上支持与好评。 5月17日《人民网组建网友调查团急赴巴东》一帖作者再次呼吁组建律师团对邓玉娇进行法律援助。

序号	时间点	诉讼阶段	案情	媒体的反映与表现
8	5月18日	侦查阶段	巴东县公安局杨立勇局长第三次通报案情细节，与上次比较有了较大变化，"特殊服务"变成了"异性浴池服务"，"按倒"变成了"推倒"，邓玉娇拒绝提供特殊服务改为"双方发生口角"，邓贵大等人到梦幻城娱乐休闲改为"陪他人消费"，将邓玉娇打电话向警方自首改为"自首是否成立，尚待法院依法认定"，并认定邓玉娇涉嫌故意杀人，这也否认了之前《长江商报》等媒体对案情的基本介绍。但警方同时表示"通报的内容尚不能作为公安机关的最终认定结论。"	警方通报引爆舆论，各媒体全面报道，各论坛民意汹涌，纷纷对警方的说法改变进行质疑。《中国青年报》称"案发之初，公安机关在邓玉娇案的侦查中，故意将案情复杂化，先是对案情的描述出现前后矛盾，比如，将按倒改成推坐"。《重庆时报》报道称"又以从邓玉娇衣袋中搜出安眠药、怀疑其患有精神病为由，强行将其送入医院精神科。" 网络论坛中表达质疑的主帖数量也有猛涨，占主帖总量的50%。 此外，网络还传言"曾有相当高级的领导指示地方（指州、县，下同），称人和证据都在地方手里，怕什么呢？不要理会外面的流言蜚语，照自己的想法办就是了。" 网友吴淦在获得邓玉娇家人委托后，联系北京华一律师事务所律师夏霖、夏楠，免费帮助邓玉娇。

序号	时间点	诉讼阶段	案情	媒体的反映与表现
9	5月19日	侦查阶段		《南方周末》报道,针对媒体与网络的指责,巴东县司法系统官员内部人士介绍,"他(指杨立勇)本来是要把这个案子办得透明一些,否则不会主动在媒体上发布信息,还力图将案情表述得更严谨,没想到给自己招来了祸。"如果杨不公布案情,谁也不会怪他,反正不公布信息是政府工作的常态;但他说出来,上级怪他没请示,网民怪他突出了邓玉娇的杀人故意。" 《京华时报》发表文章《女服务员刺死官员续:刑拘后被捆无行动自由》
10	5月20日	侦查阶段	邓玉娇办理出院手续,被送回巴东县看守所。 巴东县政法委书记、公安局局长杨立勇接受采访表示"从整个情节看,确实是一件很普通的命案,公众、媒体要把它定位为一个悲剧,对死者、生者家人来说,也是悲剧。"并就之前网络传言回应称"她为什么喊爸爸,只有她自己知道,但我向你们保证,公安机关没有打她。针对邓玉娇是否属于正当防卫,他称"这里有个假想防卫问题,假想防卫是不会发生这种侵害,而是想象的。"	对于警方改认"防卫过当",网络依然不依不饶,认为邓是正当防卫并要求对其无罪释放,极少网友从法律角度分析其确属"防卫过当",但回应寥寥。 《南方都市报》的报道《女服务员与招商办官员的致命邂逅》试图从人性化的客观表达中还原真实的人物形象,可是正是这种对网络上流传的邓玉娇形象的消解,招致了网民们的一致反对与批评。 星岛环球网针对邓玉娇案进行民意调查,其中关于邓玉娇行为定性的问题上,77%网民认为"邓玉娇无罪",69%网民认为"属于正当防卫",26%认为"属于防卫过当",只有1%认为"属于故意杀人。"
11	5月21日	侦查阶段	恩施州分管政法的副书记谭先振、纪委书记王建民赴巴东调研。夏霖、夏楠两位律师会见邓玉娇。	

序号	时间点	诉讼阶段	案情	媒体的反映与表现
12	5月22日	侦查阶段	中国国务院新闻办公室网络局给中国各大新闻网站发紧急通知，对该案报导网络转载进行限制，通知要求对邓玉娇案的报导，"网站要尽快降温"。湖北省委宣传部则对湖北省属媒体下发通知，要求限制报导邓玉娇案。 　　巴东政府成立了"邓玉娇案"新闻信息发布中心，新闻发言人欧阳开平通报了"邓玉娇案"侦办的最新情况。通告中称："公安机关以雄风宾馆休闲中心梦幻城涉嫌色情服务，于22日对雄风宾馆经理贺德红进行了依法传唤。经警方找邓玉娇、有关证人进一步调查和现场勘察，证实不存在邓玉娇被强奸的事实。邓玉娇及其母亲和其他亲属对受委托律师不顾事实向外散布"邓玉娇被强奸"一事感到非常愤慨。随后，邓玉娇母亲张树梅已声明与受委托律师解除委托关系。 　　中午，警方提取了邓玉娇案的有关物证：胸罩和四件洗过的衣物。	《广州日报》发表深度报道，称在会见邓玉娇之后，两位律师走出看守所，大呼"丧尽天良、灭绝人性"，该案很可能出现重大取证失误。邓玉娇案发当天的内衣内裤至今没被警方提取，而是被邓玉娇母亲张树梅带回家中。夏霖律师一度痛哭失声，多次失态，要求媒体通过网络发送一份"求救"信息："我向我的母校西南政法大学，西南政法大学司法鉴定中心的老师，什么老师都可以。或向贵阳市公安局物证鉴定中心物证鉴定专家刘开来求助。请大家通过网络赶快找到他们，请他们赶快答复。这里有重要的技术问题，事发11天以后，残留在乳罩、内裤上的指纹或其他物证还能否找到、监测提取。这边地处南方长江边上，潮湿山区，内衣内裤均为纱质面料。" 　　荆楚网（楚天都市报）发表评论《警惕借邓玉娇事件进行炒作》，指出律师在5月21日的表现与司法程序不符，有炒作嫌疑。 　　《南方都市报》采访巴东县公安局长分析案情，再次引起舆论批评。此后《南方都市报》开始逐渐倾向于"主流"民意保持一致，在报道中大量引用了"民众的声音。" 　　全国妇联权益部有关负责人在官方网站上表示"全国妇联高度重视湖北省巴东县发生的邓玉娇事件，并密切关注事件的进展。"

序号	时间点	诉讼阶段	案情	媒体的反映与表现
13	5月23日	侦查阶段	巴东县官方通告称"确认不存在强奸事实",且据巴东县公安局证实,邓玉娇的母亲张树梅已解除与原聘夏霖等律师的委托代理关系。	巴东新闻网在未得到张树梅完全同意之前,即发布声明,"解雇"夏霖、夏楠两位律师。此后,在多家媒体的电话采访中,张树梅均否认与律师解除委托合约。张声明"这个消息是假的,我还在考虑当中。" 同日下午5时30分,《广州日报》记者致电张树梅时,她表示"解除委托确有此事,原因有三个:"一、律师擅自发布邓玉娇的隐私;二、不是依法办案;三、不是站在委托人方办案。" 律师解聘事件再次引爆了网络舆论,网上广泛流传着一张巴东县发生群众力挺邓玉娇的示威游行照片,以及全国网友将于端午节假期集中前往巴东的消息,舆论关注点也引向了对两位被解聘律师的身上。《南方都市报》在此后4天内接连刊发4篇报道,突出了"当场哭泣"的被解雇的律师的正义形象,倾向性比较明显。

序号	时间点	诉讼阶段	案情	媒体的反映与表现
14	5月25日	侦查阶段	当地政府便以"防雷击"为由，截断巴东市野三关镇全镇的电视广播，宽带上网亦被中断。并且中断连接宜昌至巴东的长江航运，所有长江船只不能停靠巴东港。巴东市广布便衣公安，严查车站、码头等有外地人进出点，并以"打击违法犯罪，整顿治安环境"为由，把市内的外地人全部送到特定宾馆监视。 被解聘的两位律师表示要放出一枚"炸弹"，关于案件细节，代邓玉娇向警方递交控告书，告黄德智强奸。	女记者孔璞和《南方人物周刊》记者卫毅正在巴东县野三关镇采访邓玉娇的外婆，被当地不明身份的人围攻殴打，并被强制写下"未经当地批准不得擅自到此采访"的书面材料，采访获得的录音及照片也被强行删除。 律师夏霖把控告书全文放到自己的博客上，《广州日报》等也报道了部分控告书内容。 一直处于被禁状态的湖北本地媒体突然被当地官方钦点进行独家报道，其他传统媒体逐渐退场，主要新闻网站如搜狐、网易相继收紧报道并关闭新闻跟帖，但不少网民仍继续在一些网络论坛发言跟帖，"营救邓玉娇"的呼声有增无减，一边倒形势依然。在强国论坛涉及邓案的721个主帖中，仅有3个帖呼吁应相信警方办案，并受到反驳。
15	5月27日	侦查阶段		荆楚网（《楚天都市报》）发表了对邓玉娇爷爷的采访报道，称"邓玉娇精神状态良好""重新委托律师人选是家人自己联系的""原聘律师没有恪守律师的职业道德""家人要求送邓玉娇到优抚医院观察鉴定""邓玉娇并未反映被强奸情况"等，各大网站得到转载

序号	时间点	诉讼阶段	案情	媒体的反映与表现
16	5月31日	审查起诉阶段	湖北省恩施州公安机关依法向检察机关移送审查起诉，认为邓玉娇属于"防卫过当"，并有"自首情节"。	媒体的焦点转向"精神病"问题，荆楚网发表评论《邓玉娇"防卫过当"，某些官员精神有"病"》，认为"不管是将"按倒"改作"推坐"，还是要给邓玉娇鉴定是否有精神病，都是事发地巴东县某些官员精心安排的。"
17	6月3日	审查起诉阶段	最高人民法院新闻发言人孙军工在阐述最高院对于邓玉娇案的立场时，认为"越是媒体关注，办案法院越要保持理性"，要坚决公正处理，绝对不能以个人意志和感情来代替法律，最后判决将"充分考虑法律效果和社会效果的统一"。	
18	6月5日	审判阶段	巴东地区检察院以涉嫌故意伤害罪将邓玉娇起诉至法院。检方认为邓具有防卫过当、自首、死伤者有过错在先等减轻或免除处罚的情节	
19	6月14日	审判阶段	邓玉娇的精神病鉴定结果确定，邓玉娇患有"双相心境障碍"，具有部分刑事责任能力。	《广州日报》报道称邓玉娇"好朋友为其打抱不平"，"她只是有一点失眠，怎么能说是精神病呢"，邓"是洁身自爱，平时生活很检点"等。

序号	时间点	诉讼阶段	案情	媒体的反映与表现
20	6月16日	审判阶段	巴东县法院一审公开开庭审理"邓玉娇案",并当庭宣判。法院认为,邓玉娇在遭受邓贵大、黄德智无理纠缠、拉扯推搡、言词侮辱等不法侵害的情况下,实施的反击行为具有防卫性质,但超过了必要限度,属于防卫过当。其行为构成故意伤害罪。案发后,邓玉娇主动投案,如实供述罪行,构成自首。经法医鉴定,邓玉娇为心境障碍(双相),属部分(限定)刑事责任能力。据此,判决对邓玉娇免予刑事处罚。邓玉娇未上诉。	多家媒体和网站均在第一时间对此消息进行了报道,网络上也洋溢着久违的欢庆气氛。"中国在不断进步""法制进程史上的一个里程碑""网络的力量是伟大的"。新华网发起网络调查,9成网友支持法院判决。 与此同时,荆楚网发出评论《邓玉娇免除处罚是民意战胜理性》,认为在此案中非理性的舆论对司法公正造成了干预甚至破坏。新华网发表了《法学家马克昌认为邓玉娇案定罪量刑适当》。
21	6月16日之后	审判后		网络舆论渐渐平息,有两种态度:一是对仍然认定"防卫过当"有微词;二是就舆论对司法的干扰有反思。 以强国论坛中主帖中对巴东法院一审结果的意见来看,表达较为均衡,宣判后3日内,论坛中有关话题集中在审判结果上,期间论坛主帖共计16篇,持肯定、否定和中立态度的主帖数量分别为6篇、7篇、3篇,网民对一审判决结果的意见表达比较均衡。

二、对本案中舆论监督与依法审判关系的研究与评价

（一）司法机关的失当表现

作为一起刑事案件，侦查、检察审判机关都参与到了相关司法程序中去。但是与一般案件在审判阶段才受到媒介影响不同，该案从案发第二天起就始终伴随着舆论的不断"质疑"与密切"围观"。应当说，公安机关要承担很大一部分"责任"。

1. 缺乏行为规范，引起舆论质疑

在整个邓玉娇案侦查该过程中，当地警方（包括后期的政府）一直都在通过官方网络或者新闻发言人公布案件的一些侦查进展情况，并承诺"依法接受法律监督，主动接受舆论监督"。也正是这种一反以往"恐媒、防媒"常态，有意"迎合"舆论监督的行为，却集中凸显了警方在与媒体打交道过程中的一些"心有余而力不足"，无论怎么说都会遭遇"质疑"，导致"被动"。究其原因，还是自己本身存在一定的专业失范问题，表现的不够谨慎与智慧。具体来说，主要有以下几点：

（1）提前公布细节，留给公众想象空间

2012年5月11日，正当公众还不知案件基本情节时，巴东公安局便主动向社会公布了案情细节，其称："5月10日晚，野三关镇招商项目协调办3名干部陪同客人在镇上一娱乐场所消费时，与一名服务员发生争端，争执中该服务员用水果刀刺破一名干部的颈部动脉血管及胸部，致其不治身亡，另一干部臂部受伤。"

表面上看，警方公布案情细节，是满足了公共知情权的需要，但事实上还原犯罪过程，只应是公开机关的内部办事程序。在案件侦查初始阶段就对外公布，不仅没有法律上的依据，而且认定是服务员"用水果刀刺破一名干部的颈部动脉血管及胸部，致其不治身亡"，还涉"有罪推定"之嫌。

事实上，这也反映了我国一些公安机关长期"自居老大"的惯性思维。对于一起如此备受舆论关注的案件，既没有对侦查秘密之缜密安排与考量，又仓促定性违反无罪推定之原则。即使是公布案情，也不注意平衡，只突出细节，未说明动机。只强调邓玉娇刺人致死之果，未解释双方发生争执之因。无怪乎一经公布便引起媒体广泛质疑，认为"警方包庇权势，将正

当防卫的邓玉娇入罪。"[1]

（2）前后矛盾，引起质疑

关于"邓玉娇案"的案情，当地警方分别于 2009 年 5 月 11 日、13 日与 18 日对外进行了发布，但是每一次公布的内容都不尽相同。特别是在一些关乎案件定罪量刑的关键细节上，有很大差异。

比如，5 月 18 日巴东县公安局第三次对外公布了案情细节，与一周前比较有了较大变化，主要有："特殊服务"变成了"异性浴池服务"，"按倒"变成了"推倒"，邓玉娇拒绝提供特殊服务改为"双方发生口角"，邓贵大等人到梦幻城娱乐休闲改为"陪他人消费"。结果这一纸通报再次掀起了舆论波澜，无论是传统媒体还是网络论坛，纷纷对对警方的说法改变进行质疑，认为这是在"故意将案情复杂化"，是在为邓玉娇最终被定罪提前准备。

其实，随着侦查的深入，警方掌握的证据确会有增加，对案情真相的认识与判断也会出现调整与变化，这是符合逻辑的。因此法律规定只有法院经过依法审判，才可以对公民与法人定罪量刑。但舆论并不会按照法律的逻辑发展，官方立场的每一点变化都会触动公众的敏感神经。既然要公布，就要负责任。细节的前后不一致，给公众留下的质疑与批评空间过大，而这种空间是警方选择的——侦查伊始就急于通报案情，然后又再三更正，最终导致自己的无比"被动"，教训不可谓不深刻。

事实上，无论是提前公布细节，还是前后说法不一，都暴露除了警方在案情对外发布方面的不谨慎、不专业，其中一个重要原因就是缺乏规范。因为没有规范，公安人员长期得不到系统、专业的培训与锻炼，一件案子，什么时候说，怎样说，说哪些，都没有具体的应对方案，突然面对社会舆论的"狂轰乱炸"，招架起来吃力是自然的，最终导致该说的不说，不该说的乱说。

2. 未能依法办事，侦查程序有瑕疵

案件事实真相如何，也许只有经过专业的刑事侦查才能得到还原，公

---

[1] 武和平：《打开天窗说亮话——新闻发言人眼中的突发事件》，人民出版社 2012 年版，第 101 页。

众的猜测并不能代替真相。但是否按照司法程序要求依法办事，却是法律的明文规定，即便稍有瑕疵，也会"授人以柄"。很遗憾，在"邓玉娇案"中，当地公安机关在侦查部分环节中确实存在违法法定程序的现象，这也是导致自己处于被动舆论环境的重要因素之一。

首先，警方在羁押邓玉娇的同时却没有对本案的另一当事人黄德智采取任何措施。因为按照之后案情的披露情况来看，黄德智涉嫌"猥亵"。警方的这一疏忽，也是之后邓玉娇代理律师夏楠控告"黄德智涉嫌强奸"的原因。

其次，警方在将邓玉娇送医院进行精神鉴定时，却忘记依法"下鉴定委托书"，导致医院没有及时继续鉴定。结果这一程序上的瑕疵也引起了舆论的质疑。东北新闻网就发表了相关评论，认为"警方说邓玉娇可能有精神病，是为了将棘手的案情简单化，好把案件办得圆满，因为只要能肯定邓玉娇有精神病，那邓贵大的死就好有说法了。"至于至今迟迟不下鉴定委托书，是因为"警方担心一旦鉴定结果出来了，邓玉娇无精神病，事情就没有退路了。"

最后，警方一直未对案发当天邓玉娇的内衣内裤进行提取，而是被邓玉娇母亲张树梅带回家中。直至邓玉娇的代理律师接受媒体采访时称"此案可能存在重大取证失误之后，"警方才对上述衣物进行提取，并对外声称"证实不存在邓玉娇被强奸的事实"，这时，关于邓玉娇可能受到性侵的舆论早已铺天盖地，警方被动公布成为公众更多质疑的理由。

（二）新闻监督的失当表现

在传统媒体与新媒体的复合传播环境下，媒介对司法的干预有两种方式：一是新闻媒体主动介入案件，"超越司法程序抢先对案情作出判断，对涉案人员做出定性、定罪、定量性以及胜诉或败诉的结论"[1]；二是案件本身就引起民众的极大关注，并形成一定的舆论氛围，新闻媒体出于某种需要对此进行了报道、反映，甚至刻意迎合，导致最终形成一边倒的舆论合力。在药家鑫案中，这两种干预方式也都存在，其中后者主要表现在网络舆论上。

[1]　魏永征：《新闻传播法教程》，中国人民大学出版社 2002 年版，第 209 页。

1.专业失范的传统媒体

与活跃过度的网络舆论相比，传统媒体在邓玉娇案中的表现相对来说更为专业和规范，其中不乏有一些诸如《警惕借邓玉娇事件进行炒作》等不同的、稍显理性的声音出现。但是在众多的报道和评论中，我们仍不难发现部分媒体存在的专业失范问题。

（1）任意猜测，选择使用材料

邓玉娇案刚刚发生以后，就有媒体对案情任意猜测。比如当地警方首次通报案情后，《长江商报》就邓玉娇事件发出了首篇公开报道，称"可能是事发前邓贵大向邓玉娇提出'特殊服务'要求。"该报道随即被新浪网转载，一时间高居留言排行榜第一位，《恩施晚报》《楚天都市报》随后也对案情进行了报道，也都用了"特殊服务"字眼。而《京华时报》发表文章《女服务员刺死官员续：刑拘后被捆无行动自由》，则毫无事实根据。

更有甚者，一些媒体对警方提供的材料有选择性地使用，通过议程设置，又以突出死者邓贵大的官员身份，在公众面前勾勒出一幅"烈女抗官"的图画。比如，恩施电视台播出了雄风宾馆杀人现场室内格局，及邓玉娇在恩施优抚医院治疗，躺在病床歇斯底里痛哭状，最后配上抨击邓贵大等官员们不正之风的激烈言词。

（2）煽情报道，误导社会舆论

在邓玉娇案中，部分媒体借用吸引眼球的话语，通过"情绪化的表达，制造轰动效应，以左右案件走向"[1]，在很大程度上误导了未必了解实情的社会公众。

比如，《中国青年报》的"邓玉娇涉嫌故意杀人，邓贵大岂不死得光荣？"《南方都市报》的"后邓玉娇时代：我们的妻女该如何应对权贵邪行"；《扬子晚报》的"没被强奸不等于没被性侵犯"，以及《燕赵都市报》的"邓玉娇故意杀人的蹊跷"。

而在邓玉娇最初的两位代理律师被解聘后，一些媒体则继续运用煽情报道"鼓动"舆论，比如《南方都市报》就在4天内接连刊发了《邓玉娇律师：

---

[1]　武和平：《打开天窗说亮话---新闻发言人眼中的突发事件》，人民出版社2012年版，第105页。

她内裤上留有证据》《邓玉娇衣物被母亲清洗》《邓玉娇案：风云诡秘的三天》《律师夏霖控告邓贵大同伴涉嫌强奸》4篇文章，通过煽情的标题与内容突出了"当场哭泣"的被解雇的律师的正义形象，倾向性比较明显。

2. 有失理性的网络舆论

在邓玉娇案中，千万网友的关注甚至直接"参与"和"示威"给人以深刻印象。在自媒体条件下，"每一位网民都可以成为信息发送、传播、过滤的节点和网络舆论的制造者和参与人，而信息的病毒式传播和舆论的核裂变效应又往往可能造成网络舆论的偏执，甚至呈现出过度放大公众对案件审理的非理性的舆论'一边倒'现象。"[1] 而这种自发性舆论形态，往往看似更契合"民意"，最终对邓玉娇案的侦查过程与司法结果形成了干扰。

（1）随心所欲，缺乏理性

网络的虚拟性为情绪性舆论的酝酿提供了充足空间。在邓玉娇案中，自5月11日案情公布伊始，一幅"烈女抗官"的图画便在千万网友的心目中形成，再加上警方的一些瑕疵表现，网络舆论开始呈现出"一边倒"支持邓玉娇之势。

邓玉娇本人也被冠以"烈女""女性豪杰""中国女性骄傲"等称谓，有网友专门为邓玉娇案设立了网站，要求释放邓玉娇；有网友发帖号召"大家一起用行动来帮助这个用修脚刀捍卫尊严的姐妹"；有网友甚至直接来到案发当地，并说服邓玉娇的亲属让律师介入。

与之形成强烈对比的是，死者邓贵大遭到了众多指责甚至谩骂，少有的理性声音也被很快湮没，任何有违于所谓"民意"的话语都会被批判为是替官员"辩护"。特别是关于本案是否存在强奸事实的认定上，大多数网友对证据选择性"失明"，不顾法律的明文规定，一味强调邓玉娇的行为"正当防卫"。即使邓玉娇自己也承认"不存在强奸事实"，也被网友认为是受胁迫所致。可以说，网络舆论中这种随心所欲的情绪宣泄和枉顾事实的随意表现，对本案的司法进程产生了不适当的干扰。

---

[1] 慕明春：《舆论狂潮中的药家鑫案：法治与理性舆论的双赢》，载慕明春主编：《法制新闻研究》，人民出版社2011年版，第4页。

（2）网络投票，干预司法

伴随着互联网的普及和公众参与公共事件热情的增高，通过网络投票等功能应用汇聚并体现所谓的"民意"开始逐渐普遍起来。而在邓玉娇案中，诸多网站也纷纷赶在判决之前，展开了轰轰烈烈的民意调查。

比如星岛环球网针对邓玉娇案进行的民意调查结束，其中关于邓玉娇行为定性的问题上，77%网民认为"邓玉娇无罪"，69%网民认为"属于正当防卫"，26%认为"属于防卫过当"，只有1%认为"属于故意杀人。"而在央视网上，也有关于"女服务员刺死官员，算正当防卫吗"的调查。

上述的所谓民意调查，实际上是互联网语境下一种新型的舆论审判形式，有悖于我国"司法权只能由国家的司法机关统一行使，其他任何组织和个人都无权行使此项权利"[1]的基本司法原则，对案件的司法审判会产生很大干扰，应当通过网络的行业自律方式加以引导。比如，可以制定一些自律规范或者社区公约，明确禁止互联网服务商或者网友就未审结的案件实体部分设置投票程序，但可以引导公众对已经审结的案件或者案件程序部分是否合理、违法进行讨论。

（三）代理律师的不专业表现

除了司法机关和新闻媒体以外，邓玉娇最初聘请的两位代理律师在本案中的表现，也存在许多疑问，甚至损害当事人的利益。这两位律师最终被委托人解聘虽有疑点，也当与此不无关系。具体来说，主要有以下三点：

1. "哭泣表现"有损律师职业形象

根据《律师执业行为规范（试行）》的要求，律师作为"为委托人提供法律服务的专业人员"，"应当注重职业修养，珍视和维护律师职业声誉，以法律法规以及社会公认的道德规范约束自己的业内外言行，以影响、加强公众对于法律权威的信服与遵守。"而当事人委托律师代理辩护，追求的也正是律师丰富的执业经验和沉着冷静的职业心态，可以最大程度地维护当事人利益。

但是在邓玉娇案中，两位律师的表现却难以让当事人有所期待，也有

---

[1]　张文显：《法理学》，北京大学出版社2003年版，第283页。

違律师的职业修养和专业声誉。多次"抱头痛哭","痛哭失声","向媒体哭诉求救","这与律师冷静、坚定、理性、客观的形象不符,难以给当事人以信任感。"[1]

2.违反程序,缺乏法律专业常识

两位律师在会见完邓玉娇接受采访时,大呼"丧尽天良、灭绝人性",声称该案"很可能出现重大取证失误",并当即要求媒体通过网络发送一份"求救"信息。内容为:"我向我的母校西南政法大学,西南政法大学司法鉴定中心的老师,什么老师都可以。或向贵阳市公安局物证鉴定中心物证鉴定专家刘开来求助。请大家通过网络赶快找到他们,请他们赶快答复……"

众所周知,诉讼程序中的鉴定人应当保持客观、中立的立场,非经司法机关指派或者当事人申请,不得主动进行鉴定。而现在律师竟然希望他们主动来进行鉴定,明显与法律程序相悖,也违反了基本的法律常识。而真正的职业表现应当是律师作为当事人的委托人主动向有资格的鉴定机构申请鉴定。

3.涉嫌炒作,损害当事人权益

两位律师在5月21日会见完邓玉娇后,声称"邓玉娇状态良好,思维敏捷",非常肯定地告诉记者,"与她交谈过程中,她逻辑清楚,一点也看不出她有精神异常。"

而根据《律师法》的规定,律师执业必须"以事实为根据,以法律为准绳",并"维护当事人的合法权益。"而犯罪嫌疑人是否精神正常,需要专业鉴定,律师不宜在这个时候凭自己的判断轻率地下结论;更不能断言邓玉娇没有精神病,因为如果她有精神病,就不需要承担刑事责任,律师这么做实际上并不符合犯罪嫌疑人的利益,有炒作嫌疑,也不符合律师的执业道德。荆楚网就曾发表评论《警惕借邓玉娇事件进行炒作》,指出律师在5月21日的表现有炒作嫌疑。

[1] 高一飞:《邓玉娇律师违反职业道德,邓母解除合同明智》,载《法律界》http://news.mylegist.com/1605/2009-05-26/10305.html,最后浏览时间2015年1月20日。

总而言之，无论是不够谨慎的公安机关、还是专业失范的新闻监督，抑或是有失理性的网络舆论，在邓玉娇案中所暴露出的一些失当表现，实际上都是在各自领域长期缺乏培训和规范所致。这其中，虽有一些是有法不依（包括自律规范），但主要还是无法可依。特别是在互联网迅速发展的语境下，如何制定和遵守在接触、使用甚至利用新媒体方面的一些规范，使其更好地服务于自己的工作，是摆在媒体、律师、当事人包括公权力机关面前的共同课题。

第九节　许霆盗窃案报道研究

——公开审理与舆论监督的良性互动

2006 年 4 月 21 日晚 21 时许，广州市粤华物业有限公司的保安员许霆带着自己不具备透支功能、余额为 176.97 元的银行卡，来到位于广州市天河区黄埔大道西平云路的广州市商业银行自动柜员机前准备取款 100 元，同行的郭安山在附近等候。

当许霆在自动柜员机上无意中输入取款 1000 元的指令后，柜员机出钞1000 元，而自己的银行卡中仍有 170 余元，许霆意识到银行自动柜员机发生故障，能够超出帐户余款取款而不如实扣帐。于是他先后于 21 时 57 分至 22 时 19 分、23 时 13 分至 19 分、次日零时 26 分至 1 时 06 分的 3 个时间段内，从该自动柜员机取款 174000 元。郭安山从许霆处得知该自动柜员机出现异常后，采用同样的手段先后取款 19000 元。同月 24 日下午，许霆辞职后携款逃匿。2007 年 5 月 22 日，公安人员在陕西省宝鸡市将许霆抓获归案。一审被判无期徒刑后引起舆论高度关注，后被二审发回重审，改判有期徒刑 5 年，并处罚金 2 万元。

此案是因为一审量刑引起争议受到舆论关注，随后法院公开重审，并对媒体关注给予回应，舆论监督与公开审理之间形成良性互动，取得了较好的社会效果，没有伴生出其他舆论焦点。而许霆假释后也投身公益，表示要回报社会，正面回应了法院审判和舆论关注。而该案无论是一审还是再审都是公开审理，没有为舆论监督设置障碍，相反，对舆论关注给予了回应。因此，从处理两者关系角度来说，该案是法院公开审理与舆论监督之间良性互动的一个标本，并且相互发生了作用。

一、本案再审阶段案件信息传播概况 [1]

2007 年 11 月，一审判决。

2007 年 11 月 7 日，《信息时报》报道了《ATM 提款 1000 元卡里扣 1 元 两青年狂取十几万》6 日案件开庭的新闻，报道刊发时许霆尚未被宣判，并未引起过多舆论反映。

11 月 20 日，广州市中级人民法院一审认定被告人许霆犯盗窃罪，判处无期徒刑。

12 月 17 日，《新快报》首次报道《男子 171 次恶意取款被判无期》，文章先后被中新网、东方网、中国新闻网等 95 个网站转载，其中新快网、金羊网的网友阅读报道后，90％都认为"量刑过重"。2007 年 12 月 21 日前后，"许霆吧"出现。截至 2008 年 2 月 21 日上午 9 时，"许霆吧"共有主题数 1484 个，帖子数 10325 篇。

一审被判无期徒刑，许霆案开始受到舆论关注，案件的定性和判决引发了社会各界包括众多法学界人士的激烈争论，争论的焦点多集中在"许霆的行为是否是秘密窃取（犯错还是犯罪）""17.5 万元是属于不当得利、侵占还是盗窃所得""ATM 是否属于金融机构""量刑是否过重""银行有无过错"等问题上。很多关注此案的人认为，对许霆的司法处罚太过严厉。

有网友表示，"在这个案件中，值得我们反思的是，作为一种民事法律关系，银行为什么可以动用警力，动用公共权力，来快速追回损失甚至还要追究当事人的刑事责任？并通过这种公权，来保护他们的过错。似乎

[1] 据中华人民共和国最高人民法院刑事裁定书 (2008) 刑核字第 18 号。

他们在这个事件中没有一点责任？"[1]

许霆的辩护律师也通过博客在网上发布案情进展和自己的观点。12月20日，《南方都市报》记者致电广州市商业银行办公室江副经理，就"许霆为何能在逃亡途中办理银行卡""广州市商业银行在此事中是否应承担责任"等问题进行采访，但被告知银行"不再就此事回答任何问题"。而在前一天下午，商业银行和广电运通接受采访时表示，他们"均为此次事件中的受害者"。有网友评论说"一个好的银行面对这样的情况应该有一套处理机制或是制度、或处理突发事件或事故的宗旨，否则像这次商业银行这样滥用公众权力、无视企业社会职责、粗暴不平等的处理客户的一些过错、过失，自己的过错却无半点责任，就已严重败坏自己的社会形象、甚至要遭到社会的淘汰。"

2007年在华南理工大学举办的全国第四届法律方法与法律思维论坛中，来自全国的一些法律专家专门就许霆取款案召开了一个研讨会，绝大多数参与讨论的法学专家倾向认为该案"一审量刑过重"，并对案件定性为"盗窃"提出质疑。许霆的父亲许彩亮旁听了研讨会。

2007年12月28日，《中国法律信息网》将许霆"恶意提款171次被判无期"案列为2007年中国十大法治事件之一。

2008年1月，发回重审。

2008年1月9日，广东省高级人民法院以"事实不清，证据不足"为由撤销原判，发回重审。

2008年1月，《南方周末》刊登北京大学法学院教授陈瑞华的评论文章《许霆案的法治标本意义》，评论称一审判决书简单地套用"盗窃金融机构"的刑法条文，并根据"盗窃金融机构超过十万元的，处无期徒刑以上刑罚"的司法解释，就做出了引起广泛争议的判决。这一判决既没有解释ATM机究竟为何属于"金融机构"，许霆"合法"地操纵ATM机的行为为何属于"盗窃"，也没有将ATM机出现故障、银行存在严重过错、许霆逃亡途中曾有归还钱款的举动等作为量刑的情节。判决书对裁判理由的不予置评，很容

---

[1] 引自网易网 http://comment.news.163.com/news_gundong_bbs/4088EN63000120GU.html，最后浏览时间2015年1月10日。

易令人产生"武断""非理性"甚至"不公正"的印象。

2月22日，许霆案公开重审。在原有材料的基础上，检察机关又出示了部分新的公诉材料，继续指控许霆犯有盗窃罪，许霆及其辩护律师仍作无罪辩护。"许霆的父亲许彩亮、将近50家新闻媒体以及众多法律界人士及市民挤满了能容纳100多人的法庭，以至于有关部门不得不组织大批警力来维持秩序。"[1]

法庭上，许霆将自己的行为解释为，"我想把钱取出来，保护好"。此话一经媒体报道，舆论再次发生骚动，之前几乎是一面倒的支持局面悄然发生改变。不少网友在网上留言"倒许"，直斥"人不能无耻到这个地步"。

3月7日上午，最高法院审委会副部级专职委员、刑事审判第一庭庭长黄尔梅做客新华网、最高人民法院新闻办等联合举办的两会访谈时认为，"对于许霆的案子，一百个人有五十个观点，五十个观点说明大家看法非常不一致，这个案子最后总要有一个最终的意见，这个案子最终的意见还得要由法院的判决来决定。"

3月10日两会期间，全国人大代表、最高人民法院副院长姜兴长在接受记者采访时表示，"广州许霆案"属于恶性取款，定罪判刑是应该的，但这是一个特殊的盗窃案件，判处盗窃金融机构罪显然不合适，应该综合考虑法律效果和社会效果，"从我目前了解的情况来看，一审判处无期徒刑明显过重"。[2]此话被媒体作为来自最高法的权威声音被广泛转载传播。

在国内许霆案舆论热炒时，英国版"许霆案"成为舆论非议中国许霆异样命运的对照。3月26日，《检察日报》发表评论《别用英国版"许霆案"误导民众》，指出"媒体不应简单地拿英国版'许霆案'为参照，质疑广州'许霆案'的判决，因为仔细分析起来，两者没有多少可比性。简单类比只会误导民众，影响社会的价值取向。"[3]

---

[1] 引自《许霆案昨公开重审 检方仍指控其犯盗窃金融机构罪》，载南方网 http://news.southcn.com/gdnews/nanyuedadi/content/2008-02/23/content_4332935.htm，最后浏览时间2015年2月21日。

[2] 引自《最高法：许霆案一审量刑明显过重 最早月底判决》，载新华网 http://news.xinhuanet.com/legal/2008-03/11/content_7762083.htm，最后浏览时间2015年2月20日。

[3] 引自《别用英国版"许霆案"误导民众》，载《检察日报》网站 http://www.jcrb.com/n1/jcrb1606/ca694297.htm，最后浏览时间2015年2月21日。

2008 年 3 月，重审改判。

2008 年 3 月 31 日，许霆案在广州公开宣判，广州市中级人民法院仍认定被告人许霆犯盗窃罪，但将一审的无期徒刑改为判处有期徒刑 5 年，并处罚金 2 万元。

宣判后，广州中院刑二庭庭长、法学博士甘正培针对社会公众热议的一些许霆案中的争议以及许霆为何获法定刑以下的量刑，在案件宣判后进行了公开的释法答疑。[1]

对于同一家法院，同一个犯罪嫌疑人，同样的罪名，为什么两次判决结果却相去甚远的舆论质疑，甘正培在接受央视《新闻调查》记者采访时表示[2]，重审判决并非迫于舆论压力，改判的作出是根据许霆案的特殊情况用了刑法的第 63 条，即犯罪分子具有刑法规定的减轻处罚情节的，应当在法定刑下量刑。"这是刑法上对特殊减刑一种规定，我们认为它是一种司法的补救手段，补救过于僵硬的法定刑。"

许霆的辩护律师杨振平认为，媒体的舆论监督起到了很大作用，重审判决本身说明了问题，这个也是媒体的力量，舆论监督的力量。

中国社科院法学所研究员刘仁文同样认为，许霆案产生现在的判决，舆论的力量功不可没。因为正是媒体的报道和法律人士的多种质疑，加上网上舆论的汹汹之势，大众对一审后的"畸重判决"所普遍表达出的吃惊才能被包括二审法院、人大代表、政协委员等感受到。最后上达天听，发回重审。

从无期徒刑到 5 年有期徒刑，落差之大也再次引发讨论。此前几乎和媒体意见一致的民意发生了些颇具反讽意味的转向，在网络意见的表达中，有很多人开始认为许霆被判得太轻。中国法学会刑法研究会会长、北京师范大学法学院院长赵秉志教授甚至直言："5 年的量刑似乎过轻，10 年以上的尺度更为合适。"有些人开始探究媒体的责任，认为媒体过度干预了司法行为，影响案件判决的公正性与独立性。

---

[1] 引自《广州中院解释许霆被改判 5 年原因》，载新华网 http://news.xinhuanet.com/legal/2008-04/01/content_7895731.htm，最后浏览时间 2015 年 2 月 21 日。

[2] 引自《庭长谈许霆案重审经过：改判并非迫于舆论压力》，载新华网 http://news.xinhuanet.com/politics/2008-09/15/content_10014190.htm，最后浏览时间 2015 年 2 月 22 日。

21CN 网站针对许霆案的评论发表文章称"该说的不说，不该说的乱说，不会说的人跑到了台上使劲说，会说的人滚到了台下咽着气说，中国法制如何去完善？""官方、媒体、法学界应该议什么？许霆案所折射出的中国法律制度所存在的缺陷，而不是具体的许霆案件，有人在这么做吗？有，但不是主流，只有'草根'们发出了微弱的声音。"[1]

就重审判决许霆再次提出上诉，2008 年 5 月广东省高级人民法院经公开开庭审理，驳回上诉，维护原判，并得到最高人民法院核准。

二、对本案中舆论监督与依法审判关系的研究与评价

对于本课题来说，许霆案的研究价值不在于其量刑的多少，也不在于媒体报道是否客观公正，而在于舆论监督与依法审判之间的互动，总体上讲是一种良性互动。

（一）新闻来源于法院，新闻原始价值仅在于其奇异性。

许霆案最初见诸报道是属于一个普通的开庭预报。这一案例的新闻属性主要体现在其奇异性。通常银行借记卡不能透支，有多少取多少，从来没听说过能随便取钱且没有记录。"幸运的"许霆碰上了这样的"好事"，一下取走十几万元。当然，最后还是被发现并抓住。在一般受众看来，其被抓甚至被判刑都是很正常的。毕竟你拿走了银行的钱，拿走了不属于你自己的钱。他们感兴趣的是，为什么银行取款机会出现这种情况，这钱要不要还。也说不定还有受众茶余饭后遐想，什么时候这种天上掉馅饼的事会落到自己的头上。这些才是受众对于该新闻的最初关注点，也是其最初的新闻价值所在。

因此，无论是法院的宣传部门还是媒体记者，最初都很难说意识到该新闻可能产生的巨大影响。它只不过是媒体与法院常规合作中的一个"豆腐块"新闻报道。直到一审判决公布后才让人们在吃惊中重新关注这条新闻。

---

[1] 引自《质疑许霆案：中国法律值多少钱一斤？》，载 21CN 网站 http://news.21cn.com/today/topic/2008/04/02/4554835.shtml，最后浏览时间 2013 年 1 月 17 日。

（二）取款机被认定为金融机构，突破公众的认知，新闻价值倍数增长。

11 月 20 日，一审法院判决许霆因盗窃金融机构处无期徒刑后，并没有立即引起社会反响。因为没有媒体及时跟进关注此案。足见此前媒体对此案并不重视。直到快一个有月后，即 12 月 17 日《新快报》首次报道《男子 171 次恶意取款被判无期》后，该案才真正引起关注。该报道先后被中新网、东方网、中国新闻网等 95 个网站转载，其中新快网、金羊网的网友阅读报道后，90％都认为"量刑过重"。2007 年 12 月 21 日前后，"许霆吧"出现。截至 2008 年 2 月 21 日上午 9 时，"许霆吧"共有主题数 1484 个，帖子数 10325 篇。互联网的介入加速了此案的传播速度和空间。

于是，人们开始发觉，如果不小心从银行多取了钱可能会受到如此严厉的处罚。细心的受众便开始研究法院的判决书，专家们也开始粉墨登场，追问取款机到底能不能算是金融机构，追问许霆究竟错在什么地方，毕竟他没有去抢，也没有故意破坏取款机，是因为银行的过错才导致他可以随意取款。这种看起来过于严厉的制裁让人们感到担心，一个本身没有太多故意的过失会导致自己长期失去自由，而同时人们又联想到银行机构长期以来店大欺客，制定了相当多的霸王条款，早已让人感到厌恶等等不公平的现象，对法院的判决就更加的不满意。

受众心理很快由过去好奇及与已无关而变得同情并担忧。这种微妙的变化不完全是由于法院的判决而产生，但判决书无疑是直接的导火索。因此，人们的不满自然也首先指向法院。

因此，一条普通新闻的新闻价值被成倍放大。媒体甚至找来了国外同类案例比对。在这些案例中，似乎那些外国银行都是自认倒霉的，而取走的钱是根本别想要回来的。

舆论焦点由许霆是否获得不当得利变成了法院是否公正判决了。这大概是法院始料未及的。

（三）不回避焦点，公开开庭重审，成功赢得尊重。

所幸的是，一、二审法院并没有回避舆论焦点。广东省高院很快以"事实不清，证据不足"为由发回重审。原审法院接受新闻监督，分析舆论关注，承认这是一种新型犯罪案例，正视不同观点，并公开开庭重审。

公开重审的举动首先赢得舆论的肯定，避免各种猜测和流言的产生。受众也得以更全面更充分的了解该案，了解法官判案依据。一个值得关注的细节是，法庭上，许霆将自己的行为解释为，"我想把钱取出来，保护好"。此话一经媒体报道，舆论再次发生骚动，之前几乎是一面倒的支持局面悄然发生改变。

重审宣判后，广州中院刑二庭庭长、法学博士甘正培针对社会公众热议的一些许霆案中的争议以及许霆为何获法定刑以下的量刑，进行了公开的释法答疑。这种及时回应值得提倡，也更容易被公众接受。

（四）改判并不会降低法院的形象，既回应了公众质问，又体现了法律严肃性。

尽管许霆的辩护律师及其他不少人都认为，同一家法院，同一个犯罪嫌疑人，同样的罪名，两次判决结果却相距甚远主要是受舆论监督的影响，但这并不奇怪。因为，人们必须承认许霆案是一个新型个案，在适用法律方面可能会存在不同的理解。而法院关注公众感受和意见，并及时做出调整并不非坏事，反而值得肯定。

对于改判一事，甘正培在接受央视《新闻调查》记者采访时表示[1]，重审判决并非迫于舆论压力，改判的作出是根据许霆案的特殊情况用了刑法的第63条，即犯罪分子具有刑法规定的减轻处罚情节的，应当在法定刑下量刑。"这是刑法上对特殊减刑一种规定，我们认为它是一种司法的补救手段，补救过于僵硬的法定刑。"

因此，在舆论监督与公平审判的关系上，并不存在某一方始终绝对的正确。正因此，才需要相互协调。舆论监督会帮助审判者不断获取公众的反应，甚至可以帮助他们获得本专业以外的其他信息和知识，开阔审判者的视野，给予一定的启发与帮助。同样，法院公开审理，为舆论监督提供了可能，法官每一次判决也会丰富媒体报道的内容，并且通过媒体的报道，

---

[1] 引自《庭长谈许霆案重审经过：改判并非迫于舆论压力》，载新华网 http://news.xinhuanet.com/politics/2008-09/15/content_10014190.htm，最后浏览时间 2015 年 2 月 22 日。

向受众传递专业的知识和思维，并有所启迪。

总之，从处理舆论危机的角度看，广东两级法院对此事的处理是成功的，促进了舆论监督与公平审判的协调发展，值得肯定。

如今，许霆已经重返社会，并表示要积极从事公益活动，回报社会。这充分体现了我们的法律治病救人的社会意义，也说明人民法院与舆论良性互动，共同做出的努力，实现了各自的价值。

（五）舆论监督并没有干扰法院独立审判

尽管宪法已经明确了法院的独立审判权，然而在现实生活中，关于舆论或行政力量干扰司法独立的质疑仍旧不断出现。

当然，也有不少持相反意见的观点，认为舆论和专家们的意见可以更好地补缺。针对许霆案中是否存在舆论审判，《西安晚报》刊登评论文章《对许霆案慎言"舆论审判"》，其中指出，虽然舆论对许霆案最初的一审判决，普遍表示不赞同和难以接受，并提出了许多不同的看法和分析，但事实上，舆论并未就此越俎代庖、代替法院进行"审判"，相反，对该案最终能够通过司法程序获得一个公正合理、更合乎法律精神的判决。在许霆案上，舆论其实一直都并不存在一个完全统一、一律的看法，如"许霆究竟有罪还是无罪"以及"应以什么罪量刑"，舆论本身就有许多不同乃至完全相反的意见。这种背景下，舆论之于司法，不过是提供一种"仅供参考"意义的建议、建言。

更重要的是，从司法监督、言论自由的角度看，所谓"媒体炒作""舆论压力"，其内核原本就是一种公众依法享有的神圣、正当的权利——自由表达、言论监督的权利。为此，我国《宪法》明确："中华人民共和国公民对于任何国家机关和国家工作人员，有提出批评和建议的权利"（第41条）；而《法官法》同样规定："法官应当履行下列义务：接受法律监督和人民群众的监督"（第7条），人民群众监督的一个重要手段就是通过媒体发表自己的看法，尽管这种看法未必正确，但发表观点是他们的权利，倾听群众的声音是法官的义务，但法官会根据自己的专业知识和素养做出判决，即哪些意见是合理的，可以接受并被运用到司法实践中的，并不存一种舆论强制力。

第十节　刘涌组织、领导黑社会性质组织等罪案报道研究

——"定罪定性"报道的杀伤力

一、本案各诉讼阶段案件信息传播概况

（一）基本案情

刘涌原是沈阳市人大代表、沈阳嘉阳企业集团有限责任公司董事长。辽宁省铁岭市人民检察院于 2001 年 8 月 10 日向铁岭市中级人民法院提起公诉，指控被告人刘涌犯组织、领导黑社会性质组织罪，故意伤害罪，抢劫罪，敲诈勒索罪，私藏枪支、弹药罪，妨害公务罪，非法经营罪，偷税罪，行贿罪；同时，附带民事诉讼原告人扈艳、刘宝贵对被告人刘涌等人提起附带民事诉讼。

铁岭市中级人民法院于 2002 年 4 月 17 日作出（2001）铁中刑初字第68 号刑事附带民事判决，判处刘涌死刑，剥夺政治权利终身，并处罚金人民币 1500 万元。判决宣告后，被告人刘涌及原告人均表示不服，提出上诉。

辽宁省高级人民法院原二审判决认为，一审判决认定被告人刘涌的主要犯罪事实和证据未发生变化，应予以确认。对刘涌及其辩护人提出的公安机关在对刘涌及其同案被告人讯问时存在刑讯逼供的辩解及辩护意见，经查，不能从根本上排除公安机关在侦查过程中存在刑讯逼供。刘涌系黑社会性质组织的首要分子，应当按照其所组织、领导的黑社会性质组织所犯的全部罪行处罚。其所犯故意伤害罪，论罪应当判处死刑，但鉴于其犯罪的事实、性质、情节和对社会的危害程度以及本案的具体情况，对其判处死刑，可不立即执行。辽宁省高级人民法院于 2003 年 8 月 11 日作出（2002）辽刑一终字第 152 号刑事附带民事判决，撤销原一审判决中对刘涌故意伤

害罪的量刑部分及对附带民事诉讼原告人扈艳的民事赔偿部分。判处刘涌死刑，缓期二年执行，剥夺政治权利终身，并处罚金人民币 1500 万元。

2003 年 12 月 20 日，最高人民法院对刘涌案作出（2003）刑提字第 5 号终审判决，依法判处刘涌死刑，立即执行。原一审判决认定的事实清楚，证据确实、充分，定罪准确，量刑适当。原二审判决定罪准确，但认定"不能从根本上排除公安机关在侦查过程中存在刑讯逼供情况"，与再审庭审质证查明的事实不符；原二审判决"鉴于其犯罪的事实、性质、情节和对于社会的危害程度以及本案的具体情况"，对刘涌所犯故意伤害罪的量刑予以改判的理由不能成立，应予纠正。[1]

（二）媒体报道

2000 年 8 月刘涌被沈阳公安机关逮捕后，《人民日报》《辽沈晚报》等各大媒体，新浪搜狐等门户网站纷纷报道了公安机关披露的刘涌黑社会团伙的犯罪事实，以及刘涌案在侦查、起诉各个环节的情况。在媒体的报道中，刘涌已被形容为一个不折不扣的恶魔，刘涌及其同伙也被形容为一个极端暴力集团，嘉阳集团也被认为是"以商养黑"的地方。

2003 年 8 月二审改判刘涌死刑缓期两年执行、犯罪团伙宋健飞被核准死刑并执行，消息一经媒体报道，迅速引起了社会舆论热议。互联网上网友在质疑改判同时，对案件背景等非法因素进行了种种猜测。

2003 年 8 月 21 日，李曙明质疑刘涌案改判的评论文章在《外滩画报》以及新浪网等媒体发表，当日上午 10 时，据新浪网站统计，该篇评论文章就达 100 多万的点击量，跟贴近 3 千条。其评论直指辽宁省高院，"如果罪孽深重如刘涌都可以不死，那么，死刑留给谁用？"[2]

8 月底，《南方周末》等多家媒体纷纷发表深度报道和评论文章，质疑辽宁省高院的二审判决。在此期间，一份由刘涌辩护律师田文昌倡导的、包括 14 名法学专家签字的"沈阳刘涌涉黑案专家论证意见书"跃入受众视野，"意见书"中说，"与会专家听取了律师的介绍并查阅了公诉人提交的证据，

---

[1] 据（2003）刑提字第 5 号。

[2] 韦洪乾：《刘涌案报道回顾》，载《今传媒》2005 年 9 期，第 27 页。

一致认为：本案的证据方面存在严重问题。"

在此后的几个月内，刘涌案成为媒体炒作的热点问题，网络上的评论更是数以十万条地增加。对于二审改判结果，除了部分学者表示支持认可外，舆论批评声一片。

2003年12月20日最高人民法院对刘涌案做出了终审死刑立即执行的判决，这一判决结果一经媒体报道，民众欢呼声一片，认为这是法律的胜利、正义的胜利、舆论监督的胜利。但也有学者对审判不公开提出批评，认为这是司法审判向民意的妥协，是法治的悲哀。

二、对本案中舆论监督与依法审判关系的研究与评价

从一审判处刘涌死刑立即执行，到二审改判死缓，再到最高人民法院提审时改判死刑立即执行，刘涌案一波三折，不仅引起了公众舆论的广泛关注，可以说舆论在相当大程度上影响了该案的发展。由此，该案在中国法治进程中成为一个典型。今天，回顾这起10年前的大案，可以发现它受限于当时的法治环境和法治意识，带有明显的时代痕迹，其中有几个问题时至今日仍值得注意。

（一）无罪推定理念缺失

无罪推定原则是现代刑事诉讼中犯罪嫌疑人、被告享有的一项基本诉讼权利，也是刑事司法正当程序的一项重要保障。无罪推定的核心内容，是指法院在判决犯罪嫌疑人、被告人有罪之前，在法律上应假定其无罪或推定其无罪，承担证明被告人犯罪责任的是控诉机关，并由法院做出有罪与否的判断。[1]

这个过程中，其他任何主体都无权代替法院对被追诉人的行为进行司法判断，任何主体以任何方式影响、干扰法院进行公正、中立地判断均被

---

[1] 樊崇义主编，《刑事诉讼法修改专题研究报告》，中国人民公安大学出版社2004年出版，第124页。

视作有违无罪推定理念的行为。与此同时，在经由人民法院依法定程序对其是否犯有被指控罪行做出最后认定前，犯罪嫌疑人、被告人应当被视为无罪之人，并享有作为社会中一名普通公民应有的各项权利保障。特别在侦查阶段，面对强大的国家权力机关的追诉行为，甚至应当享有更多倾向性的关照以保障其基本人权。

1996 年修订的《刑事诉讼法》第十二条规定："未经人民法院依法判决，对任何人都不得确定有罪。"刘涌案刚刚被公众知晓时，媒体铺天盖地的报道就将刘涌描述成一个十恶不赦的黑社会老大、恶魔形象。在当时乃至现在的法律语境之下，公众对犯罪嫌疑人持"有罪推定"立场很是鲜明，媒体报道更是有痛打落水狗的心态，"等待他的将是法律严惩"等字样时常见诸报端。

可以说，"无罪推定"的概念从 1996 年修订刑诉法直到今天十几年的时间，实际上并没有被媒体真正接受，社会公众的现代法治观念也未达到如此的高度。当各大媒体大篇幅的报道黑社会头目刘涌如何作恶多端终被逮捕后，社会舆论中喊杀之声不绝于耳，从最开始就将刘涌视为一个有罪之人。

直至二审改判为死缓后，民众开始质疑司法不公、暗箱操作等问题，"如果罪孽深重如刘涌都可以不死，那么，死刑留给谁用？"[1] 此时的社会舆论对刘涌已持杀之而后快的态度，尽管有一份专家意见书认为"本案的证据方面存在严重问题"，也有学者认为"刘涌案改判是为了保障人权"[2]，但这些声音也都被淹没在阵阵声讨浪潮中。刘涌是否有罪、罪是否致死，本应严格遵守法定程序，接受法庭公平公正的审判，决不是民众凭借感性认知、认为罪当诛之就该处以死刑。"一个社会的法制文明程度并不只是表现在保护好每一个好人和守法人的权利，还表现在对每一个犯罪嫌疑人和被告的合法权利的保护上。"[3]

无罪推定原则旨在保障被追诉人的合法权利，作为现代法治文明的标尺，应被报道法治新闻的媒体遵循，更应被社会公众所认可。

---

[1] 李曙明，《对沈阳黑帮头目刘涌改判死缓的质疑》，载《外滩画报》2003 年 8 月 21 日期。
[2] 陈兴良，《刘涌案改判是为了保障人权》，载《中国青年报》2003 年 8 月 29 日期。
[3] 陈兴良，《刘涌案改判是为了保障人权》，载《中国青年报》2003 年 8 月 29 日期。

（二）公安机关发布定罪性信息干扰后续审判

多年来，公安、检察机关建立起一支宣传队伍，有一整套宣传制度。在完成宣传任务的压力下，公安检察机关频频向媒体发出案件通稿，其中违反法治精神的稿件屡见不鲜。

本案一审判决前，沈阳公安机关、检察机关将刘涌案在侦查、起诉等各个阶段和环节的情况、以及刘涌犯罪集团的种种犯罪事实信息先后披露出来，在法院审判前，大量针对犯罪嫌疑人的定罪性信息充斥媒体各大版面，给社会公众带来了先入为主的案情分析、定罪意见。特别我国目前司法制度尚不成熟，宪法规定的审判独立在实践中常会受到来自上级领导权力的干预，民意的形成无疑会给后续法庭审判带来不小的压力。

2012 年修订的《刑事诉讼法》首次写入"尊重和保障人权"，包括保障犯罪嫌疑人、被告人接受公正审判的权利。公安、检察机关是追究犯罪的公权力机构，在法庭审判前也应当遵循无罪推定的原则，在对外公布犯罪信息时做以审慎处理，从源头处杜绝权力部门预先定罪定性类信息的传播，确保法院依法审判有序进行。

（三）媒体报道司法专业水准有待提高

目前中国传媒影响司法审判的基本模式是：媒体报道形成社会舆论进而影响上层领导，领导批示进而司法遵从。当然这一模式的形成与我国司法制度本身不够成熟有关，但从传媒一方来看，这对媒体报道司法信息提出了更高的要求。

刘涌案二审改判后民愤的形成与媒体的不平衡报道有很大的关系。从一审前的报道内容可见，大部分案件信息均来自于公安机关，使得诉讼关系中一方主体声音缺失，媒体成了追究犯罪部门的代言人、传声筒，持有罪推定的立场和观念对犯罪嫌疑人进行着"媒体审判"。《如何成为顶级记者：美联社新闻报道手册》一书中，将法庭审判信息的采编作为专业领域报道之一，需要有专业知识背景和能力的记者来驾驭。目前我国法治新闻报道问题很多，其不规范的主要表现为"不专业、不职业、不平衡、不审慎"[1]。传媒监督有时忽视司法的特性和规律，"越位"现象也比较突出。

新闻媒体作为信息发布平台，其客观、中立的立场不可少，平衡诉讼双方的话语地位，坚持无罪推定，是法治新闻报道理应遵循的新闻准则，也是遵循现代法治精神的体现。

第十一节　"公平审判与舆论监督"相互作用的中国特色

——对十起经典个案的综合评价

公平审判与舆论监督是世界上的法治国家都存在的共同议题，中国也不例外，且已有的研究成果也较为丰富。目前真正缺少的研究成果是对这一相互关系的中国国情的准确认识与判断。本编写组选择并具体研究了近年发生的十起典型案例，重点关注其案件信息披露、作用于司法审判结果的特点与规律，以期提出有针对性的对策。

一、10 起个案的传播效果概述

（一）李某某强奸案

此案是 10 起个案中惟一的依法不公开审理案件，特别是在刑事诉讼法自 2012 年大修，新增少年司法制度后，其案情信息的发布与传播经受着严峻考验。观察显示：这个依法不公开审理案件，其案件信息的披露与传播

---

[1]　景汉朝，《从大局出发正确把握司法与传媒的关系》，载《人民法院报》2009 年 10 月 13 日期。

量远远大于绝大多数公开审理的案件。案情信息发布与传播的违法与无序之严重，自有刑事诉讼法以来所未见。李某某案的判决结果与主流舆论的期待完全一致，而形成这些舆论的基础却源自一系列严重违反程序法的非法发布与传播行为。

（二）药家鑫杀人案

此案审理过程中，一直有舆论主张重视自首情节，可以不判处极刑；最高法院也有法官认为"按照最高法院的标准可以不杀"。[1] 事后药家鑫之父在与张显名誉权一案中两审胜诉的审判结果告诉社会，那些引起舆论极大不满与愤怒的社会舆论，与张显发布或转发大量不实之词直接相关。在可杀、可不杀的两种选择中，审判结果屈服于舆论压力。

（三）吴英集资诈骗案

本案最初并未被舆论特别关注，舆论真正发酵是在一审判决死刑，立即执行之后，关注的重点涉及民间资本借贷、死刑等重要法律制度，以及被告吴英是否"罪不至死"。由于许多具有影响力的专业人士参与讨论，观点意见激烈碰撞，形成了强大的舆论力量，以至于国务院总理出面表示关注。最终的审判结果，吴英改判死缓。2014 年 11 月 3 日全国人大常委会法制工作委员会公布的刑法修正案九草案 [2]，拟取消包括集资诈骗罪在内的9 个罪名的死刑，显示出吴英案中舆论作用的正面价值。

（四）黎庆洪组织、领导黑社会性质组织案

此案共同被告多、来自全国各地的知名律师多，形成了本地舆论与外

---

[1] 有报道指出：按照最高法院的标准，药家鑫可以不杀，但舆论太厉害了。多位最高法院的领导和法官事后都在不同场合提到，案件对法院的伤害很大。一位最高法院法官说："他只有一条人命，而且是非预谋犯罪。一个大学生，心智还不太成熟，撞了人以后失去控制。而且，他是在警方完全没有掌握到线索的情况下，由父母带着来自首的，可以算得上大义灭亲。按照最高法院的标准可以不杀的。但没办法，舆论太厉害了，还是杀了。但杀了以后，很多人又开始同情他。"见《死刑复核权上收八年，最高法院如何刀下留人》，《南方周末》2014 年 10 月 16 日。

[2] 引自中国人大网 http://www.npc.gov.cn/npc/xinwen/lfgz/flca/2014-11/03/content_1885029.htm，最后浏览时间 2015 年 3 月 4 日。

地舆论对抗的局面，特别是律师的声音通过外地媒体的报道得以较为充分地传播，客观上对本案审判信息与法律观点的平衡表达产生了积极作用，也使律师在法庭上发布庭审的微博信息的合法性问题提上日程。本案反映出目前我国案件舆论形成的复杂局面：它是本地官方媒体、外地市场媒体、自媒体共同作用的结果。它表明，媒体上只有警察和检察官的声音不足以维护司法公正。

（五）彭宇损害赔偿案

在几年时间里，此案的审判结果一直被舆论指为不公正，并产生了不良的社会效果。但直到几年后公众才得知，其实彭宇确实与老太发生碰撞，法院出于和解协议应当保密的原因，对社会舆论消极对待，对媒体的质疑无所回应。而媒体对基本事实缺乏准确把握，预设道德立场的宣传思维也是这一案件的失败传播最重要的教训。

（六）时建锋诈骗案

此案最初受到媒体关注是在一审判决之后，媒体质疑据以定罪的"天价过路费"是怎样计算出来的，却不料追问过程中发现本案被告人其实蒙冤，而真正得犯罪另有他人，最终审判结果从程序到实体均实现了正义。此案舆论种瓜得豆的结果，将媒体对案件的报道与追问的积极价值展露无遗。

（七）李昌奎杀人再审案

此案二审已经将原审一审判决的死刑立即执行死刑改判为死缓，案件已经终审，却因舆论的作用而提起再审。在案件事实、法律依据没有变化的情况下，改判死刑立即执行。考虑到我国死刑政策是少杀慎杀，在不杀判决已经生效的情况下又因舆论而改判，破坏了已经生效判决的确定性，是司法审判屈服舆论压力的典型一例。

（八）邓玉娇故意伤害案

本案在侦查阶段即舆论汹涌，警方一次次主动披露案情，促使媒体、律师均表现得极度活跃与煽情，审判尚未开始，案件早已标签化，为平息舆论，审判结果表现出司法权对舆论的明显妥协。

（九）许霆盗窃案

本案受到舆论关注是在一审做出判决之后，许霆一审判处无期徒刑是否量刑过重、罚不当罪，是百家媒体投入关注的重点所在。最终改判有期徒刑五年的审判结果表明，舆论的关注与追问在此案改判过程中具有积极意义。

（十）刘涌组织、领导黑社会性质组织罪等案提审

与李昌奎案类似，最高法院的提审与改判，虽然有法律依据，符合程序，但也破坏了生效裁判的确定性。与李昌奎案不同的是，刘涌案的改判，早在侦查阶段早已埋下伏笔，与李某某案、药家鑫案一样，警方发布了有罪推定的确定信息，媒体预设了嫌疑人"罪大恶极"的立场。等到开庭时，整个社会对审判结果早已持有"必须处以极刑"的预期了。只要有点星火，便成燎原之势。

以上 10 起个案，其中有一起是依法不公开审理的案件，8 起是依法公开审理的案件，一起调解结案的案件存在部分案件信息不公开的情况。一起是民事损害赔偿案件，其他 9 起是刑事诉讼案件，而这 9 起刑事案件中又有 4 起死刑案件。

二、不同诉讼阶段案件舆论形成之特点

以是否有利于法治、是否妨碍公平审判为标准观察与分析这 10 起个案，会发现在不同的诉讼阶段，舆论形成也具有不同特点与结果。

第一类：案件尚在侦查阶段，倾向性舆论已经形成，传播效果的主要特征是妨碍公平审判。属于此类情形的包括：李某某强奸案、药家鑫杀人案、邓玉娇故意伤害案。这三起案件的共同特点是，案件一经发生即成为舆论热点。以警方为首，也包括律师、代理人，均向媒体、或通过自媒体，

向社会发布了过多的未经审判认定的所谓案件事实与法律观点。于是，虽然案件尚未进入审判程序，但舆论对案件的审判结果早已形成预期——生米已经做成熟饭，刑诉法十二条所规定的"未经人民法院依法判决，对任何人都不得确定有罪"的制度已经被架空，定罪、定性、定标签式的舆论已经形成。此时，庭审活动受到了绑架，不论审判机关明说还是暗合，对主流舆论无所回应，需要冒极大的政治风险。更何况审判机关自身也存在着某种了解并呼应舆论的主观动因。[1]

形成此类舆论的根源是有罪推定的传统思维，以及刑事司法活动以侦查为重心的惯性使然。尽管刑事诉讼法 1997 年修订时就已经有了中国式的无罪推定制度安排，但在刑事司法实际运作过程中，以侦查为中心的传统模式仍有巨大影响。案件一经告破，警方便迅速向社会披露案情，其方法包括作为秘密消息源报料、向媒体投稿、召开破案表彰大会，以引起舆论关注；记者们出于职业本能蜂涌而至，四处挖掘各类信息，甚至展开独立调查；律师们认为，只听警方一家放料，对自己的委托人不利，因此也频频接受记者采访，或者干脆以自媒体打口水战。侦查尚未完结，案件还没有进入法院，甚至还没进入公诉，控辩双方的舆论交锋已经开战。这正是上述三案均存在的共同现象。

随着我国刑事诉讼制度的进步，传统的以侦查为中心模式逐步失去了法制的支持，正在向以审判为中心转型。[2] 与之相适应的是 2012 年修订的刑事诉讼法加大了侦查阶段案件信息的控制与流动，新增多处"保密""不公开""不披露""不提供"的规定，但并未像一些法治国家规定有"侦查以秘密为原则"的制度安排。[3] 在这方面，我国法制还有继续进步与完善的空间，也是我国解决舆论影响依法审判的重点。

---

[1] 这一点在药家鑫杀人案的审判活动中尤其突出：2011 年 3 月 23 日，药家鑫案一审开庭，法院当庭向 500 名旁听群众每人发放一份"旁听人员旁听案件反馈意见表"，询问对药案的量刑意见。

[2] 王琳：《从"侦查中心主义"到"审判中心主义"》，载《中国青年报》2014 年 11 月 7 日。

[3] 程雷、吴纪奎《侦查秘密原则初步研究》一文中介绍，我国学术界早有"侦查秘密说"与"侦查适度公开说"两种观点之争。"学术界对两种不同观点的争鸣尚未作出仔细甄别之前，侦查实务部门已经开始在侦查办案过程中试行各项侦查公开措施。""一时间侦查公开成了一种时代潮流而备受推崇。笔者认为这一趋势出现得过早，或者说至少缺乏理论上的充分准备。"

123

　　第二类：舆论对案件的关注在审判阶段发酵，舆论积极追问与质疑，传播效果的主流是有利公平审判。属于此类情况的包括：吴英集资诈骗案、时建锋诈骗案、许霆盗窃案。研究上述三案，其共同特点之一，是案件均属财产型犯罪。这表明，随着社会财富日益增多，人们对财产型犯罪是否有必要承担生命的代价逐步具有了新的认识。这是我国刑法有可能逐步减少死刑的重要社会基础。上述三案的共同特点之二，是被告最终均避免了不公正的追究或畸重刑罚。这表明，罪刑法定、程序正义、罪刑相适应、法律面前人人平等等现代法治理念正日益深入人心。因此，量刑过重、罚不当罪、罪不至死、减少死刑等观念正在改变着越来越多的普通人的价值判断。但以上三案最重要的共同点在于：其舆论发酵的时间都在案件的审判阶段，而非侦查或起诉阶段。

　　一般研究者均承认，司法审判不是舆论监督的特区。对于司法审判活动，公众有理由知情与关注，这是公开审判的题中之意。但具体的研究中，却有大量成果用于防止舆论影响司法公正，少有公开承认在某案审判过程中的舆论关注所带来的积极意义。但这三起案件的审判活动中，媒体的追问、舆论的关注都是最终实现司法公正的重要甚至决定性力量，都取得了较好的社会效益和历史评价。最终不仅当事人相对满意，且社会评价基本一致，没有出现意见高度分歧、甚至意见群体撕裂的现象，是实现法治与言论自由合理平衡的典型个案。

　　第三类：案件已经终审，法院顶不住舆论压力而改判，此种舆论属言论自由范畴，总体有利法治。属于此类情况的包括：李昌奎杀人案再审、刘涌组织、领导黑社会性质组织等罪案案提审。此两案都是原审判决已经生效，但由于社会舆论反响强烈，法院不得不在事实与法律不变的情况下，适用审判监督程序进行再审或提审，最终撤消了原判决，被告被施以极刑。这既可以说是司法尊重民意之举，也可以说是司法违背独立审判，向民意妥协之弊。也就是说，改判的结果是否属于依法审判、公正司法，社会评价不一。

　　我们认为，解决不当舆论妨碍司法公正的问题，主要应当规范正在诉讼程序中的报道与言论。而判决一经做出，特别是案件已经终审，就应当允许评说与讨论。通过讨论与不同意见间的辩论，推动公众探索真相与真理,促使法治的不断完善,这是转型期中国进步的必要条件。公众(而不是案件当事人)对生效判决的讨论、批评与质疑,与当事人拒不履行生效判决不同,前者属于言论自由的范畴,后者属于法律禁止的行为。当然,这种质疑与批评应当十分谨慎与严肃,提倡理性与建设性,反对情绪化与人身攻击,避免损害司法的权威与尊严。不过,这已属于传播伦理的范畴,法制应当保持谦抑。至于法院是否可以承受舆论的压力,受政治、法律、社会等多种因素影响,并非大众舆论独自产生作用。因为法院难以承受压力而限制或禁止公众讨论生效裁判及可能带来的诸多公共议题,超过了限制言论自由的必要限度,实不可取。此时规则的制定者更加需要考虑的是如何从制度设计层面强化法院抵御舆论影响的能力。

三、小结

本研究通过对 10 起典型个案的研究发现,真正妨碍依法审判及司法公正的因素,大多并非产生于审判阶段,而是侦查阶段;并非全因或主要因媒体的报道,而首先是对未经审判认定的案情的违法披露及不当传播。其思想根源是有罪推定。

笔者认为:防止舆论影响司法公正的议题具有程序性极强的特点。研究防止舆论影响司法公正的问题,其基本出发点还是在言论自由与公平审判之间寻找合理的平衡点,具体方法是为不同的诉讼程序确立不同的案情信息发布规范及言论规则。其中,侦查阶段的案情事实发布及信息传播应当成为重点,而法制、职业道德均应有所作为。

第二章

2 问题研究

第一节　公安机关案件信息发布存在的问题及其原因

　　在侦查阶段，尤其是案件侦破之际，公安机关向媒体发布案件信息在当前中国是一个普遍现象。由于通常认为，刑事案件一经发生，即进入公共领域，公众有权知情，因此公安机关适时适度地公布案件信息并无太大争议。

　　问题在于，在立案、侦查、起诉、审判、执行这一流水线式的刑事诉讼程序中，公安机关不仅处于最前端，而且由于职能的缘故，它掌握的案件信息是最直接、最具体和最全面的，包括案情、证人证言、司法鉴定报告、勘验报告、犯罪嫌疑人供述等等。这些案件信息虽然由公安机关依职权收集，具有一定的权威性，但是毕竟未经法庭审核，即未成为法律意义上的事实。

126

如果在审判之前予以过于详细或片面之公布，不可避免会对后续的司法审判造成干扰。因此，在审判之前，公安机关通过侦查活动掌握的案件信息能否公布？哪些可以公布，哪些不能公布？如何公布？何时公布？这些问题值得仔细研究。

一、公安机关案件信息发布的概况

（一）公安机关发布案件信息的形式

从媒体刊发的侦查阶段的案件报道倒推，可以看出公安机关发布案件信息大致有以下几种方式：

第一，召开新闻发布会。一般用于重大案件，或者出台重要工作举措。如，2013 年 7 月 2 日，国新办就中老缅泰"平安航道"联合扫毒行动情况举行发布会，国家禁毒委员会办公室常务副主任、公安部禁毒局局长刘跃进和老挝、缅甸、泰国三国相关部门负责人介绍中老缅泰"平安航道"联合扫毒行动情况，并答记者问。

第二，利用官方网站、微博、微信等平台发布。如 2013 年 5 月 8 日，北京市公安局官方微博"平安北京"通报了安徽籍女子在京坠亡情况，"死者袁某，生前在京温服装商场务工。经调查走访并调取现场及周边监控录像，未发现与其他人员接触，现场勘查、尸体检验亦未发现可疑情况。目前警方正在进一步工作中。"

第三，向媒体提供新闻通稿或者邀请跑口记者采访。这是最常规的公安机关与媒体合作形式之一，其标志是"记者近日从 XX 公安局获悉……"在少数情形下，公安机关会安排宣传人员组织撰写代表其立场的"特稿"稿件，然后向特定媒体提供。如黎庆洪案中，当地两家报纸同时发表长篇报道《"光环"下的罪恶——对黎庆洪及开阳"花梨黑帮案"的探访》，据称这两家报纸承认稿件由有关部门提供。[1]

第四，被动回应记者询问。该类情形主要发生于突发案件和重大敏感案件，记者自主获得了关于案件的新闻线索，然后向公关机关求证。其特

---

[1] 见本书第一章对黎庆洪案件报道情况的研究。

征是，案件的线索由媒体自己获得，关于案情的报道主要系采访外围知情人士挖掘而来，公安机关回应简略，一般不涉及具体案情，只证实发生了什么案件，到了什么程序。如未成年人李某某涉嫌强奸案，即为记者根据网络报料线索向公安机关求证并获证实的。[1]

（二）公安机关发布案件信息的数量

我们选取了市场化的《新京报》和法制类《法制日报》的"案件专版"为样本，以 2013 年 6 月为调查对象进行了简单统计。结果发现，侦查阶段的案件报道（包括公安机关主动发布和被动回应）的数量是相当多的。在《新京报》，整个 6 月共见报案件报道 119 篇，涉及公检法三家的分别是 35、9、75 篇。在《法制日报》"案件版"，共见报 155 篇，涉及公检法三家分别是 66、26、63 篇。从上可见，来自法院的案件报道虽然很多，但是考虑到它包括民事、行政、刑事三类案件，而公安机关基本上全是刑事案件。所以，单就刑事案件信息发布量来说，无论是综合性报纸还是法制类专业性报纸，公安机关绝对称得上是案件信息来源"大户"。

此外，在中国媒体的通常操作中，署有通讯员姓名的稿件一般是新闻通稿，至少也是新闻发布机关提供素材或采访便利。以此衡量，在《法制日报》"案件版"见报的 66 篇中，合署通讯员姓名的多达 50 篇（其余只有记者署名的 16 篇稿件也未必不是通稿），可见公安机关主动提供案件信息的积极性较高。

（三）公安机关发布案件信息的时间

还是以《法制日报》"案件版"的 66 篇报道为例，虽然从内容推测，它们系由公安机关主动发布或被动回应，但是它们见报的时间却不局限于公安机关主导的侦查阶段，而是散布于整个刑事诉讼，只不过高度集中于以抓获犯罪嫌疑人为标志的"破案"节点。值得注意的是，这 66 篇由公安机关发布的新闻报道中，65 篇发布于判决宣布之前，仅有一篇新闻报道是在一审宣判之后。

---

[1] 见本书第一章对李某某案件报道情况的研究。

立案	刑拘	抓捕[1]	逮捕	移送起诉	提起公诉	宣判
2	16	38	6	1	2	1

二、公安机关发布案件信息可能干扰审判的情形

从上可见，公安机关发布案件信息的积极性较强，数量也比较大，且大多数发布于审判之前。虽然案件信息的及时披露被认为有助于舆论对执法和司法的监督，然而不当的审前报道会严重违反公平审判原则，对犯罪嫌疑人造成难以挽回的伤害。因此，规范审前案件信息发布和传播是刑事诉讼的一项重要命题，"它关系到刑事诉讼一系列价值的实现——公平审判、保护公众利益、犯罪嫌疑人的隐私和名誉权，同时还与新闻的及时性密切相关。"[2] 以此标准来衡量，当前来源于公安机关的案件报道存在着以下可能干扰审判的情形。

（一）预先定性案件，报道通篇贯穿有罪推定

2005 年，中宣部、中央政法委《关于加强和改进案件报道的通知》第八条规定："不得超越司法程序、不得违反事实和法律，不得擅自对案件定性。"这个规定落实情况如何呢？公安机关发布的案件信息中，最常见的类型如下：

蹲守侦查 烟台斩断假酒销售链条[3]

本报讯 记者余东明 通讯员段莹 山东省烟台市公安局开发区分局近日破获一起售假案，将售卖假冒牛栏山二锅头白酒的不法人员一举擒获。

据介绍，今年 3 月，警方发现一酒水超市涉嫌销售假冒牛栏山二锅头

---

[1] 稿件未指明案件进入具体刑事诉讼程序。

[2] 徐美君：《审前案件信息的传播与控制——基于刑事诉讼的讨论》，载《政治与法律》2009 年 6 期，第 154 页。

[3] 该报道来源于《法制日报》201 年 6 月 7 日期第 8 版。

白酒，此后展开调查。5 月 23 日凌晨 1 时左右，警方将正在交易的供货人和酒水超市工作人抓获。该酒水超市老板陈某交代，从 2012 年年底开始销售假冒的牛栏山二锅头白酒，其店铺共购进假酒 550 箱，价值近 10 万元。根据陈某的交代，警方将陈某的上线张某抓获归案。

该类简短的案件报道初读之下，似无大碍，毕竟使用了"涉嫌"之类符合法治精神的词语。然而仔细推敲，它其实已经对案件进行了结论：一是把犯罪和嫌疑人有罪当作了既成事实来叙述；二是用语指向性明确，如"不法分子""擒获"；三是透露出犯罪嫌疑人自认有罪。

以上还只是日常案件报道存在的问题，不是那么"碍眼"。在一些轰动一时的大要案中，预先"定罪定性"的问题就非常严重了。如刘涌案中，公安机关在审判开始之前，甚至移送检察机关审查起诉之前，即召开新闻发布会宣布："对以刘涌为首的带有黑社会性质的犯罪集团的抓捕、审讯和调查取证工作已经结束。警方共抓获刘涌犯罪集团案涉案成员 45 名。现已查实，这个集团共作案 42 起，致死致伤 42 人，其中死亡 1 人，重伤 16 人，查获各种枪支 13 支，各种藏刀、匕首、枪刺 26 把，以及一批涉案车辆。"[1] 直接将该案定性为"犯罪集团"，"现已查实"各种罪行，替代了后续的审判。因此，本项目在案例研究部分指出，"本案一审判决前，沈阳公安机关、检察机关将刘涌案在侦查、起诉等各个阶段和环节的情况、以及刘涌犯罪集团的种种犯罪事实信息先后披露出来，在法院审判前，大量针对犯罪嫌疑人的定罪性信息充斥媒体各大版面，给社会公众带来了先入为主的案情分析、定罪意见。特别是我国目前司法制度尚不成熟，宪法规定的审判独立在实践中常会受到来自上级领导权力的干预，民意的形成无疑会给后续法庭审判带来不小的压力。"[2]

（二）过度公开与配合采访

1985 年中宣部、中政委《关于当前报刊在法制宣传方面应注意的几个

---

[1] 引自《沈阳"黑道霸主"覆灭记》，载新华网 http://news.xinhuanet.com/china/htm/20010119/325992.htm，最后浏览时间 2015 年 2 月 22 日。

[2] 见本书第一章对刘涌案件报道情况的研究。

问题的通知》提出："对于正在侦查、起诉或审理的案件，以及尚未作出终审判决的案件，不得刊登于报刊、广播或上电视"。可见，在过去，有关部门对案件报道是相当谨慎的，当然实践中这个规定早已经被突破。

从2013年1月1日起施行的《公安机关执法公开规定》列举了执法公开的范围和力度。应当公开的是，"涉及公共利益、社会高度关注的重大案事件调查进展和处理结果，以及公安机关开展打击整治违法犯罪活动的重大决策。"可以公开的是，"（一）辖区社会治安状况、火灾和道路交通安全形势、安全防范预警信息；（二）公安机关在社会公共区域设置的安全技术防范监控设备信息；（三）可以向社会公开的其他执法信息。"

可见，案件信息公开的内容只限于"调查进展和处理结果"，多为程序性事实。而现实情况是，案件信息发布失范，随意性很强，既有警方对记者的报道采访一味拒绝，完全封锁案件信息，乃至与记者产生对立冲突的情况[1]，也存在与媒体配合过分密切、公开过度的问题。后者体现在，在侦查阶段，即披露具体案件细节、侦破过程，允许记者查阅卷宗，安排记者采访犯罪嫌疑人、证人、办案人员等，邀请记者跟随执法活动采访，发布测谎试验结果、犯罪前科、认罪供述等带有强烈指向性材料，主动提供技术侦查措施获取的资料，已经远远超出《公安机关执法公开规定》设定的框架。

在特定的情势下，案件信息的过度公开掀起了舆论浪潮，给审判造成了极大的干扰，邓玉娇案就是典型代表。该案中，当地警方（包括后期的政府）一直都在通过官方网络或者新闻发言人公布案件的一些侦查进展情况，包括案情细节。随着舆论压力加大，侦查的深入，警方公布的案情在关键细节上前后有出入，甚至有冲突的地方，"给公众留下的质疑与批评空间过大，而这种空间是警方选择的——侦查伊始就急于通报案情，然后又再三更正，最终导致自己的无比'被动'，教训不可谓不深刻。"[2]

---

[1] 如2007年6月11日，南国早报一名记者到广西全州县公安局采访，虽然出示了新闻出版总署核发的新闻记者证，但仍被强行检查了照相机，删除了里面拍摄的资料。警方的理由是，公安新闻采访报道根据规定实行资格准入制，要有公安采访证。详见《谁规定的"公安采访证"？》，载《中国新闻出版报》2007年6月15日期。

[2] 见本书第一章对邓玉娇案件的研究。

（三）语言多受"打击犯罪为主"思维的影响，不符合现代法治精神，甚至有侮辱犯罪嫌疑人的倾向

虽然侦查阶段的案件报道目前已经普遍使用了"犯罪嫌疑人"的提法，但是"打掉""捣毁""破获""侦破""凶手""劫匪""恶魔"等明显带有历史痕迹乃至有罪推定的语言也同样普遍出现。在视频、图片新闻中，也经常可以看到，公安机关开始扫黄抓赌等专项斗争，抓捕赌徒、三陪女的图像。这些内容不仅体现出有罪推定的思维，而且涉嫌侵犯当事人的人格尊严。

这种现象在邱兴华案、马加爵案等所谓"民愤极大"的案件中表现得尤为突出。邱兴华被冠以"陕西杀人魔"，马加爵则被称为"大学生屠夫"。为此，专家指出，"新闻媒体作为社会舆论的引导者和发起者，在犯罪新闻报道中，在犯罪嫌疑人未被起诉之前，不应对其人格和名誉权加以无证据的指责和羞辱。犯罪嫌疑人在审判前被报道是正常的，特别是一些涉及公共利益的案件，但这时的报道只能客观叙述有关机关所采取的措施，如立案、起诉、逮捕，而不能擅自宣布嫌疑人有罪。"[1]

（四）未能切实落实新修订的刑诉法对案件信息发布的新要求

修订后的刑事诉讼法从 2013 年 1 月 1 日起实施，涉及到媒体报道行为的大概不下 20 处，主要是信息流动的规制、禁止强迫自证其罪、"亲亲相隐"制度以及未成年人涉案信息的封存。相关规定及落实情况，下文分别予以说明：

1. 刑事诉讼法强化了案件信息保密

新法第 46 条规定，"辩护律师对在执业活动中知悉的委托人的有关情况和信息，有权予以保密。"第 52 条要求"对涉及国家秘密、商业秘密、个人隐私的证据，应当保密。"第 75 条规定，被监视居住的犯罪嫌疑人、被告人，"未经执行机关批准不得会见他人或者通信"。第 150 条规定，"采取技术侦查措施获取的材料，只能用于对犯罪的侦查、起诉和审判，不得用于其他用途。"按照常理，司法机关拒绝向媒体提供具体信息有了法律

---

[1] 魏永征：《新闻法新论》，中国海关出版社 2002 年版，第 26 页。

依据，然而执行情况并不如意，如同前文所述，只要媒体与公安机关关系好，过度公开和配合采访的情形仍然存在，或者说是一种较为普遍的现象。

2.“禁止强迫自证其罪”与认罪报道

刑事诉讼法第 50 条规定，“不得强迫任何人证实自己有罪”，专家认为，这个规定会不同程度地对媒体刑案报道内容和标准产生影响。“首先，刑案报道的形式会发生变化，一些体裁会受限，譬如侦破通讯、典型报道。总体来说，侦破通讯、典型报道会让位于概述性消息；侦查新闻、检察新闻会让位于庭审报道。其次，刑案报道的内容也会发生极大变化。由于犯罪嫌疑人和被告人供述的限制公开，报道的对象会由以人为焦点转移到以事为焦点；报道的侧重点审前以程序性报道为主，审中会以案情和庭审信息为主；报道风格将会从强调故事性、刺激性、反常性、震撼力、冲击性慢慢转向平实性、建设性、教育性；报道立场，客观中立不带主观情绪和偏见将会代替移情式倾向性报道。”[1]

但是，现实中，由于刑诉法只是禁止“强迫自证其罪”，自愿的自证其罪仍是合法的，而且犯罪嫌疑人认罪的口供往往还被当作“铁证”之一，所以公安机关向媒体提供犯罪嫌疑人认罪的情况较为常见。在统计的 6 月《法制日报》“案件版”的 66 篇报道中，“交代”出现了 40 次，“供认不讳”出现了 7 次，“供述”出现了 5 次。

3.“亲亲相隐”制度与防止二次伤害

刑诉法第 188 条中，在强制证人到庭制度之后加了一个但书，“但是被告人的配偶、父母、子女除外”，这被解读为“亲亲相隐”制度。过去，在不少大要案中，案件一经披露，大量的新闻媒体“刨根究底”，蜂拥而至，围追堵截犯罪嫌疑人亲属，给其精神和生活造成极大困扰。如马加爵案，媒体报道了《马加爵父母开远谢罪》：“在 4 月 3 日，马加爵的父母和姐姐 3 人，从广西老家奔赴千里来到开远，几经波折找到了杨家，跪在杨开红家的房屋门前谢罪，马加爵的父母还在一张纸条上写到：‘杨先生，对不起，

---

[1] 张立芳：《刑诉法修改"逼"新闻报道转型？专家：不会产生很大影响》，载正义网 http://news.jcrb.com/jxsw/201206/t20120627_891401.html，最后浏览时间 2015 年 2 月 22 日。

马加爵该死，我们没有教育他，我们有罪，我们对不起你们家'。"[1] 新刑诉法实施后，类似问题在厦门公交纵火案中再次出现，说明法律的新精神未引起执法机关和媒体的充分重视。

4. 对未成年人的特别保护

未成年人的权利在联合国《儿童权利公约》《世界人权宣言》《公民权利和政治权利国际公约》《经济、社会及文化权利国际公约》以及关心儿童福利的各专门机构和国际组织的章程和有关文书中得到了确认。我国在保护儿童方面主要有两部重要的专门法，《中华人民共和国未成年人保护法》和《中华人民共和国预防未成年人犯罪法》。新刑诉法中增加了"特别程序"一编，其中专设一章规定未成年人刑事案件诉讼程序，设置了附条件不起诉制度、犯罪记录封存制度、开展社会调查不公开审理制度等。这些法制要求，涉及未成年人犯罪案件一律不公开审理，犯罪未成年人的个人信息不得披露。未成年被告人被法院判处五年以下有期徒刑，则其犯罪记录还应依法封存。

相关法律规定看似为未成年人设置了周密的保护，实际情况却不容乐观。在李双江之子李某某涉嫌强奸罪案中，侦查机关在前几次回应记者求证时，通报了李某某的姓名等个人信息，并经由媒体报道广泛传播。北京市公安局法制办负责人在侦查终结时才明确表示："目前，案件已依法移送检察机关审查起诉。该案 5 名犯罪嫌疑人中，4 人为未成年人，依据《未成年人保护法》相关规定，对未成年人犯罪案件，不得披露该未成年人的姓名、住所、照片、图像以及可能推断出该未成年人的资料，所以对嫌疑人情况不能披露。案件办理过程中，北京警方始终按照《中华人民共和国刑事诉讼法》及《未成年人保护法》等法律法规规定，认真履行法律职责，依法客观公正办案。"然而，相关未成年人个人信息早已家喻户晓，是不是指名道姓已经没有意义了。

对此，李某某辩护律师援引未成年人保护法指责道："今年（指 2013 年，作者注）2 月 22 日，北京市公安局某分局以真实姓名向全社会披露了所谓

---

[1]　引自《马加爵父母开远谢罪》，载新华网 http://www.yn.xinhuanet.com/topic/2004-04/07/content_1932593.htm，最后浏览时间 2015 年 2 月 22 日。

李某某涉嫌强奸案后，几乎是第一时间也以真实姓名披露李某某涉嫌强奸案的，不仅有很多地方媒体、各大门户网站，而且还有很多中央主流媒体，通过公开披露姓名、图片、视频等对该未成年人嫌疑人李某某及其家人进行了大量的侵权报道。"[1]

三、原因分析

针对公安机关"抢发"案件信息的原因，曾有研究者指出："较为有影响力的案件，在侦破时，有时基于安抚社会大众情绪的考虑，或者是对犯罪形成震慑的考虑，甚至是以对公安侦查机关进行表彰赞扬为动机，侦查机关接受媒体采访，案件情况便被报道。"[2] 这些分析有一定道理，值得强调的是，公安机关在侦查阶段提供案件信息是如此普遍，说明其背后一定有机制性原因。

（一）宣扬工作业绩

侦查刑事案件是公安机关的重要职责。在过去很长时间里面，破案即意味着案件"盖棺定论"，后面的审查起诉和审判只是履行法律程序。因此，锁定和抓捕犯罪嫌疑人后，随即发布破案消息是公安机关宣传工作惯例，也被视作展示工作业绩的重要形式。在这个工作模式下，公关机关宣传人员甚至被分派了宣传任务，受到业绩考核的压力，未审先报的情况也就难免成为普遍情况。

（二）缺失可操作的具体规则

关于案件信息发布并不是没有规则，中宣部、中央政法委曾做出非常严格的规定，但是早已经被实践突破[3]，名存实亡。现有的《公安机关执法

---

[1] 李罡：《律师要为李某做无罪辩护》，载北青网 http://bjyouth.ynet.com/3.1/1307/11/8131492.html，最后浏览时间 2015 年 2 月 21 日。

[2] 姚健：《刑事诉讼案件公开的反思与重构》，法律科学（西北政法大学学报），2011 年第 5 期。

[3] 胡菡菡：《新媒体条件下刑事案件报道规制的改革——以邓玉娇案为例》，当代传播，2010 年第 2 期。

公开规定》等过于原则。同时，新刑诉法关于案件信息传播的规定，也未能切实落实到公安机关的部门规章之中。如以新增的少年司法制度为例，2012年12月3日颁布的《公安机关办理刑事案件程序规定》，除第320条对犯罪记录封存制度有所安排之外，只有笼统的一句"依法保护未成年人的名誉和隐私，"却没有未成年人个人信息保密的细化安排，更没有对未成年人保护法58条、预防未成年人犯罪法45条规定的衔接与回应。制度安排上的漏洞，为基层公安机关发布案件信息时的不规范行为留下空间。

（三）片面理解案件信息公布的作用

警方有一种观点认为，当重大案件发生后，警方应及时公布案件信息，这样有利于避免社会恐惧心理，有利于预防犯罪危害的扩大，同时也有利于对案件的侦查。[1] 受此观点驱动，案件信息公布的积极作用得到充分肯定，但是其消极作用可能被忽略。

（四）部分案件信息本身的迷惑性

确实有一些案件，案情比较简单，证据确凿，比如现场抓捕毒贩、人赃并获的盗窃案等等。再加上宣传人员和记者无罪推定、保障犯罪嫌疑人权利的理念不牢固，极容易想当然地以为，案件事实"一目了然"，报道直接指称嫌疑人犯下罪行也问题不大，从而没有意识到这种做法违反了法治精神。

---

[1] 何贵初：《论侦查中案件信息的公布》，《广西公安干部管理学院学报》，2004年第1期。

第二节　诉讼参与人在案件报道中的角色与责任

一、诉讼参与人：案件报道的重要消息源

新闻报道如何处理与消息源的关系，是所有新闻采集与制作过程中面临的第一个问题，案件报道也不例外。每当发生具有新闻性的案件，记者们总是高举满足公众知情权和加强舆论监督的旗号，锲而不舍地追逐着相关人员进行采访，而当事人、律师、证人、旁听人员、司法人员，甚至于学者和评论家，应媒体之邀或主动投书媒体，透露各式各样的消息，发表各式各样的评论。如果说表达观点或评论属言论自由的范畴，那么言论总是针对事实有感而发。因此事实是第一位的，向媒体提供案件事实的消息源其主体是诉讼参与人。

"诉讼参与人"是诉讼活动中，享有一定诉讼权利，并承担一定诉讼义务的司法人员以外的人。诉讼参与人并非仅存在于某一种诉讼程序中，无论是民事诉讼、刑事诉讼还是行政诉讼都存在"诉讼参与人"这一概念。刑事诉讼参与人包括：当事人（被害人、自诉人，犯罪嫌疑人、被告人，附带民事诉讼的原告人和被告人）和其他诉讼参与人（法定代理人、诉讼代理人、辩护人、证人、鉴定人和翻译人员）。民事诉讼参与人包括：诉讼参加人，包括当事人（原告、被告、共同诉讼人、第三人）和诉讼代表人，以及其他诉讼参与人（诉讼代理人、证人、鉴定人、勘验人员和翻译人员）。行政诉讼参与人包括：诉讼参加人（当事人和诉讼代理人）和证人、鉴定人、勘验人员和翻译人员。

诉讼参与人在法庭之内如实陈述和辩论，对于法官查明案件事实真相，具有十分重要的意义，也是法官正确适用法律，依法做出公正裁判的基础。

但是，如果以上诉讼参与人不是在法庭之内，而是在法庭之外；不是面对法官，而是面对记者，陈述案件事实并发表相关言论时，其陈述的事实由于失去了其他诉讼参与人的交叉询问和法庭询问，可信度会大打折扣，言论的正当性也将受到极大的质疑。如果处理不当，反而会造成"有害的公开"，甚至沦为"媒体审判""舆论审判"，最终可能影响刑事诉讼的公正性；也可能以此误导公众，使公众对判决结果产生质疑与不信任，进而损害司法的公信力。

二、律师及其他诉讼代理人：问题最多的消息源

（一）律师或辩护人在法庭外发表言论

以刑事诉讼为例，一个完整的诉讼运作程序是由代表追诉立场的检察官、为被告进行辩护工作的律师、以及最后负责审判的法官共同组成。律师的功能如果充分的发挥，相对的也能带动检察官在侦查犯罪及公诉阶段成功扮演其角色。也只有在律师和检察官均能善尽职责的情况下，法官方能以客观中立的立场做好审判工作。站在被告的立场来看，刑事诉讼中律师成了唯一可依靠的对象，律师要如何发挥其辩护功能，成了判断法院功能的最重要依据。律师是犯罪嫌疑人权利的维护者，律师法甚至规定了律师的保密义务，律师在办案过程中了解的不利于犯罪嫌疑人的情况，应当保密或保持沉默。

为了最大限度地维护委托人的合法权益，许多律师用尽了法律手段。在法庭之外，律师们也大显身手，方式之一是发布案件事实与观点，通过媒体对案件走向施加舆论影响。网络、自媒体等现代信息技术，为这种努力提供了技术上的可能性，因此律师们提供的事实与意见，或者通过记者的采访、或者通过律师的博客与微博，成为案件新闻最重要的消息源。

在这方面，正面的案例是吴英集资诈骗一案中的舆论力量，律师的作用不可忽视；相反的案例是李某某等强奸案，多名律师因泄露案件当事人或委托人秘密、攻击同行等受到律协的处分。[1] 对比这两起案件，可见下表：

---

[1] 详见本书第一章关于吴英案、李天一案报道情况的研究成果。

考察指标	吴英集资诈骗案	李某某强奸案
公开审判制度	依法公开审理	依法不公开审理
人权保障的主要议题	法律改革，死刑制度等	犯罪未成年人个人信息保密 强奸案受害人个人信息保密
律师作为消息源的主要表现	各审律师接受记者采访 张思之给最高法院公开信 大量律师公开发表言论	披露涉案未成年人、强奸案受害人个人信息 披露案情信息、庭审情况信息 公开攻击同业竞争对手及其他诉讼参与人
社会效果	引起舆论广泛关注与讨论	媒体持续数月的报道与评论，娱乐化泛滥 律师职业形象严重受损
审判结果	对吴英的死刑立即执行的判决未获最高法院核准，改判死缓	李某某获刑十年，法律责任最重 七名律师受到北京市律协的纪律处分
后续影响	各方面对中国金融体制、司法体制改革的深入思考	北京市律协出台《第九号规范执业指引》，对律师公布与传播案件信息的行为加以规范；另出台《律师办理不公开审理刑事案件业务操作指引》，专章规定信息披露规范

通常情况，因为律师可以阅卷，掌握案情与大量证据，以及其法律专业人员的身份，成为媒体追逐的对象难以避免。但在以上两起案件中，律师在舆论中的作用及社会效果、法律效果均十分不同，可见不宜一概而论。评价律师庭外言论，所秉持的标准无非是法律与职业道德。

从法律标准出发，吴英集资诈骗案属于依法公开审理，基本不存在诉讼参与人应当对案件信息保密的问题，这给了案件各类信息公开以合法性基础。相关研究发现，虽然律师群体在吴英案中的表现很抢眼，但在司法程序中，没有法定身份的吴英父亲更多地充当了相关信息发布者的角色，鲜有辩护律师出现在媒体上——辩护律师相对低调。这不失为律师的恰当选择。

而李某某强奸案因涉及未成年人强奸犯罪，属于双重的依法不公开审理，这也从一开始就奠定了此案应当形成保密程度最高、社会关注度最低的基本格局。公开此类案件相关信息的法律风险极高，是一个并不难做出的专业判断。然而，偏偏是身为法律专业人员的律师群体，群起违反法律规定，对法治的认知与尊崇均缺乏足够的定力，律师中除了保护委托人利益的考量外，也不乏对个人名利的赤裸追求，最终 7 名律师被调查处分 [1]，教训极其深刻。

（二）其他诉讼参与人在法庭外发表言论

这里所说的"其他诉讼参与人"是指除执业律师外的各类诉讼参与人（具体范围见本节第一部分），在刑事案件的报道中，作为消息源角色，问题最突出的是指被告的法定监护人以及附带民事诉讼代理人。前者中的典型代表是强奸罪犯未成年人李某某的法定监护人梦鸽，以及她的家庭法律顾问兰合律师；后者中的典型代表是药家鑫杀人案中受害人张妙和附带民事诉讼代理人张显。

上述两案有一些共同特点。其一，均受社会高度关注，诉讼期间二人均发表了大量言论，是该两案报道的重要消息源。其二，诉讼过程中舆论均呈一边倒，均出现了不利于被告的舆论环境。但如果以在庭外发表言论人梦鸽和张显为座标，舆论"一边倒"的倒向则完全相反——李案中舆论不利梦鸽及其子，而药案中舆论有利于张妙。其中虽有微弱的不同意见，但均迅速被舆论浪潮淹没。

上述两案也有一些重要的不同点，见下表：

考察指标	药家鑫杀人案中的张显	李某某强奸案中的梦鸽	作者分析
职业身份	大学理工科副教授	军队的歌唱家	是有社会地位的普通人
法定身份	被害人张妙的刑事附带民事诉讼代理人	被告李某某的法定监护人，涉诉案件中的法定代理人。	均在案件具有法律身份。

---

[1] 引自《李天一案周翠丽律师受处分，另有五人被查处》，载北京晚报网站 http://www.takefoto.cn/viewnews-60506，最后浏览时间 2015 年 2 月 21 日。

考察指标	药家鑫杀人案中的张显	李某某强奸案中的梦鸽	作者分析
法定的职责与权限	可以参加法庭调查与辩论，但只能就一审判决的民事部分提出上诉。	保护被监护人在诉讼中的全部合法权益，包括人身权利、财产权利、诉讼权利以及其他一切合法权利。与被监护人权利相同。	张显在刑事部分的权限有限，重点是民事索赔。梦鸽全面维护被监护人的各项诉讼权益。
是否具有法律背景	无	无，但聘有家庭法律顾问。	
公开与否	依法公开审理	依法不公开审理	两案的信息发布标准应当有所不同。
作为消息源其发布相关信息的时间段	2010年11月28日案发。2011年3月23日进入审判程序，张显首次进入公众视野。	2013年2月17日案发。梦在侦查及审查起诉期间未发表任何言论，主要由李的辩护律师薛振源、王冉及李家庭法律顾问兰合发言。梦首次发言是案件进入审判阶段的7月28日。	二人均在审判阶段露面，并开始向公众披露信息。
首次发布信息方式	法庭审理时发表代理意见，被舆论评价为"激情代理"。	向法庭提交《关于公开审理的申请》，被舆论指"不懂法"。	二人均表现为情绪化，不专业。
首次发布信息的内容	在法庭上表示："只要能判决药家鑫死刑，民事赔偿部分可以分文不取"。	要求李案公开审理。	张显不求偿的代理方式明显失职。梦鸽实以"不懂法"的方式提醒法庭和社会注意李某某的个人信息已经被公开。
首次发布信息的效果	张显"一辩成名"，此后成为药案重要的消息源，针对药家药父发布了大量不实信息。	梦鸽爱子、护子而不顾受害人感受的形象进一步固化，基本未实现通过申请影响舆论的初衷。	发布者获得了完全相反的舆论效果。两起刑事案件被告人的舆论环境均十分不利。
案件最终审判结果	药家鑫执行死刑后，药父药庆卫起诉张显侵害名誉权，两审均获胜诉。	李某某成为5个被告中判刑最重的一个。梦鸽并未针对李某某案中的大量不法披露采取任何法律行动。	两案法定从轻减轻的理由（自首、未成年人犯罪等）在判决中均十分弱化。

三、刑事诉讼参与人的法庭外陈述无序的弊端——妨碍司法公正

近年来，学术界对刑事诉讼参与人的法庭外陈述进行了一些研究。总的认为，有必要对刑事诉讼参与人，特别是律师的法庭外陈述进行必要的规制。具体来说，关于刑事诉讼参与人法庭外陈述的无序与混乱现状，主要有以下弊端。

1. 将未经法庭认可的"案情事实"抛给公众，误导舆论

司法有自身的逻辑，程序正义的理念还远没有深入人心。一般而言，公众更追求实体正义，舆论也必然存在非理性的特点，在自媒体时代尤其如此。所谓法律事实，是经过法庭审理、经双方举证质证、最终被法官认可的证据证明的事实。诉讼参与人在审判中有不同的法律地位，律师更是必须对委托人负责，因此，其站在委托人立场上向公众抛出的"案件事实"，或者主观上是有选择的，或者客观上是支离破碎的，难免偏颇而误导舆论。

2. 造成有利于一方的舆论环境，有失公平

一种情况是，庭外陈述令一方的当事人占据舆论优势。典型的如药家鑫案附带民诉代理人张显，他运用自媒体发布许多谴责被告人及其家属的信息和意见，成为当时声讨药家鑫舆论攻势中的突出平台。被告人占据舆论优势的也有，较早的如邓玉娇案，较近的如吴英案。对于案件受害一方来说，由于不能及时作出反应并传播对自己有利的信息和意见而形成信息严重不对称，有失公平。[1]

3. 公众受舆论影响而不认同法院判决，形成恶性循环

刑事诉讼参与人所作的法庭外陈述，会在很大程度上影响公众对刑事审判的态度。而公众对于刑事审判的态度，无论是认同还是不认同，一旦形成强烈的舆论导向，都会令法官在忠于法律和偏向民意间难以取舍。如果公众根据法庭外陈述和媒体报道而不认同司法判决，这不仅使审判本应有的教化意义不复存在，也使判决的可接受性受到极大的质疑，一个称职

---

[1] 魏永征：《"李案"余波和律师自媒体涉案言论边界》，载魏永征的博客 http://weiyongzheng.com/archives/32937.html，最后浏览时间 2015 年 2 月 20 日。

的法官即使在此时坚守了对法律的忠诚，也会受到公众的非议。最终受到损害的是司法公正。

而律师作为职业法律工作者，其法庭外陈述的不加规制，后果更为严重。因此学者高一飞提出："中国现有的法律体系已经不能适应实践的要求，建议在下次律师法的修改中要有一条专门调整律师和媒体的关系，在律师职业道德规范中要有专章规定律师与媒体的关系。"[1]

第三节　法院案件信息发布与控制问题研究

法院是依法审判的核心主体，也是舆论关注的焦点。几乎所有的重大事件都会在法院审判阶段被舆论推向高潮，大多数事件就此尘埃落定，少数事件则将法院推向风口浪尖，甚至形成新的舆论热点。本研究力图通过具体的案件分析，剖析依法审判各个环节与舆论监督之间的关系，分析法院审判工作与舆论监督之间的冲突及其产生冲突的主要原因，主要从法院的角度进行反思与自省，避免无益的指责，尊重法院与和媒体（兼顾大众传媒与新媒体）各自的运行规律和行业特点，通过案件解剖求得相互理解与尊重，满足各自的价值需求的同时特别注重社会效益的平衡，这是法院工作与舆论监督工作共同追求的目标。

审判公开是保障舆论监督、公众知情权的前提，也是司法正义的一个重要保证。因此，本篇研究以审判公开为切入点展开论述，主要涉及法院的审判现场公开、裁判文书撰写与公开、对民意与舆论关注的公开回应、人民陪审员在司法公开中的作用、审判理论研究与审判实践的有效融合、公开审判的制度要求与现实差距、法院媒介素养与公共关系等。

---

[1] 引自《舆论战背后的律师言论边界："你们的战场在法庭"》，载《南方周末》2013年8月29日。

本节的研究方法主要包括文献研究法、深度访谈法、案例分析法、抽样调查法，在一定的定量研究的基础上，以定性研究为主。文献研究重点研究宪法、法律、各级人员法院颁布实施的相关制度、措施等。其中包括宪法、刑事诉讼法、民事诉讼法、行政诉讼法和人民法院组织法关于司法公开的相关条款10条，最高人民法院先后颁布的20余项关于司法公开方面的文件，最高人民法院主要领导发表的公开讲话9篇，人民法院的年度工作报告（2009年—2011年），2010年—2013年间最高人民法院院长向全国人大做的工作报告，《人民法院第三个五年改革纲要（2009—2013）》，《法官的行为规范》，以及北京、上海、天津、河南、陕西、河北、吉林、甘肃等19个省市各级人民法院落实司法公开原则的具体办法共计40余份文件。同时参考了姚广宜主持的教育部人文社会科学研究项目（编号09YJA860030）《中国媒体监督与司法公正关系研究》、最高人民法院2011年审理理论重大课题《司法与民意的互动关系》等研究成果，参考了赵刚译著《公开与公平的博弈——美国最高法院如何平衡新闻自由与审判公正》及郭镇之主译的《传播理论——起源、方法与应用》等书。

深度访谈采访了最高人民法院司法改革办公室副主任蒋惠岭先生、人民法院报社长倪寿明先生、北京青年报社法制记者李罡女士、北京法制晚报社法制资深政法记者付中先生、北京市律师协会新闻出版专业委员5位委员，同时参考编写组对公安、检察系统等专业人士采访的内容。而案例分析则包括了本书第一章所列举的10个案例以及与本节研究相关的案例，其中根据与法院工作的密切程度，重点分析了许霆案、吴英案、药家鑫案、黎庆洪案、李昌奎案等。

抽样调查作为本研究的一种辅助手段。具体方法是从已经公布电子邮件的人民法院中随机抽样调查20家人民法院，通过电子邮件的方式向被调查对象发出调查问卷，以期了解他们对于公民电子邮件访问的重视程度。调查问卷邮件的内容非常简单，不需要受访者做太多的准备工作就可以完成。首先是请对方回复邮件确认收到本邮件。及时回复本调查视作司法公开的良好的开端。而对内容的实质性回复则将有助于更多的人参与到本课题中来，使得研究成果拥有更广泛的群众基础。调查虽然简单，但显示的问题却很有代表性。

一、"公开"是依法审判与舆论监督相呼应的制度平台

阳光司法是依法审判的重要保证。本节以审判公开为切入点进行研究后发现，公开是依法审判与舆论监督的共同要求，最有利于满足两者各自的需求并取得最好的社会效果。公开使得法院审判工作更加透明，更加亲民，更容易被人理解，同时也更容易发现问题、解决问题，推动法院整体工作的进步。公开对于舆论监督而言更加有的放矢，能够有效地减少法院与媒体之间的误会，使得审判公开和舆论监督有了可以呼应的制度平台。

本书编者较全面的检视了当前法院系统在审判公开方面所做的努力，并对一些调查数据进行研究分析后，确信审判公开已经成为一种共识——无论是在人民法院系统还是新闻媒体，大家普遍认同，公开审判应该是普遍原则，不公开应该是特例。中国政法大学姚广宜女士主持的《中国媒体监督与司法公正关系问题研究》[1] 显示，对于司法公开的重要性的认识，74%的媒体从业人员认为司法公开"非常重要，直接影响司法公正"，7%的媒体从业人员认为"重要，关系到公众的知情权，另有18%的媒体人员认为"重要，关系到当事人诉讼权益"，"重要"与"非常重要"之和占99%，只有1%的人认为"不重要，除当事人之外其他人无关"；同样，司法机关中46.7%的人认为"非常重要，直接影响司法公正"，同时，26.7%的人认为"重要，关系到社会公众的知情权"，23.5%的司法人员认为"重要，关系到当事人的诉讼权益"，"重要"与"非常重要"之和近97%，只有约3%的司法人员认为"不重要，除当事人外与其他人无关"。

这项调查与本书编者在深度访谈及对各地落实司法公开的文件的研究后得出的结论完全一致。除了出于对公平公正的普遍性追求外，新闻媒体普遍认同公开审判也许很大程度上与其职业信息采集的需求相关，而法院系统工作人员对公开审判的高度认同不能不归功于近年来各级人民法院所

---

[1] 姚广宜主持的"中国媒体监督与司法公正关系问题研究"于2010年12月到2011年2月底，以无记名填写电子邮件和纸质问卷的方式对300名新闻从业人员（收回有效问卷280份）、300名普通受众（收回有效问卷203份）以及250名公检法司工作人员的调查（收回有效问卷244份）。见姚广宜主编《中国媒体监督与司法公正关系问题研究》，中国政法大学出版社2013.下称"姚广宜调查"。

做的努力。

同时，从研究成果中亦发现，我国法院的信息公开工作已经初步形成制度体系。这在很大程度上得益于最高人民法院多任院长的力推，特别与肖扬、王俊胜等人的积极倡导与身体力行密不可分。1998 年 4 月 15 日，新上任的最高人民法院院长肖扬在全国法院系统教育整顿工作会议上提出："公开审理案件，除允许公众自由参加旁听外，逐步实现电视和广播对审判活动的现场直播，允许新闻机构以对法律自负其责的态度如实报道。" [1] 这被视为人民法院落实公开审判原则，增强司法透明度的标志性转折。2006年 9 月 12 日，在全国法院新闻宣传工作会议上，肖扬再次全面系统阐述了他对公开审判原则、司法与媒体关系的理念和认识，其中提出"司法机关和新闻媒体是在党的领导下，推进依法治国基本方略实施的两支重要的生力军，是构筑法律信仰，实现社会公平和正义的两个关系密切的重要力量"。虽然由于司法与媒体各自的特性不同、职责不同、规律不同，不可避免地表现出一些矛盾和冲突，但"这些矛盾和冲突大部分是正常的，经过沟通与交流是可以避免的，或是可以降低到最小限度的"。[2] 而"司法活动只有为社会所知悉，才能更好地接受人民群众和媒体的监督，并消除一部分群众对司法公正性的疑虑，从而赢得人民群众的充分信赖"。[3] 肖扬的这些讲话与论断对法院系统长期存在的"恐媒、拒媒、防媒"的错误观念和"封、捂、堵、压、瞒"的错误方法形成了有力的冲击，从法院系统自身纠正了一些司法机关和人员对于媒体的误读。

2012 年 12 月 26 日，时任最高人民法院院长的王胜俊在第二十次全国法院工作会议上提出"要积极推进司法公开，凡是能公开的司法活动全部对社会公开，切实让人民群众看得见、摸得着、感受得到，让司法权在阳光下运行""对于公众质疑的案件，必须适时公布案件真相，充分阐述裁判理由，最大限度争取社会各界的理解与支持""公开是自信的表现，是光明正大的表现，是让社会消除疑虑、认知司法，让司法取信于民最直接、

[1] 新华社北京 2006 年 9 月 12 日电，记者田雨。

[2] 新华社北京 2006 年 9 月 12 日电，记者田雨。

[3] 新华社北京 2006 年 9 月 12 日电，记者田雨。

146

最有效的措施"[1]。王胜俊要求广大法官要充分理解当事人对所涉案件的关切，以良好的作风和极大的耐心，加强与当事人的沟通，将辨法析理等工作贯穿审判全过程，确保当事人打一个明白的官司。对于老百姓来说，打一个"明白官司"远比司法公开来得生动形象。而司法公开是"明白官司"的前提。

此间，最高法院先后颁布了《人民法院第三个五年改革纲要（2009 —2013）》（2009 年）、《关于司法公开的六项规定》（2009 年）、《关于人民法院接受新闻媒体舆论监督的若干规定》（2009 年）、《关于进一步加强民意沟通工作的意见》（2009 年）、《关于人民法院在互联网公布裁判文书的规定》（2010 年）、《关于人民法院直播录播庭审活动的规定》（2010 年）、《最高人民法院关于庭审活动录音录像的若干规定》（2010）、《关于确定司法公开示范法院的决定》的通知(2010)、《法官行为规范》（2010 年）、《关于人民法院加强法律实施工作的意见》（2011 年）等文件，无一例外地从不同侧重强调了公开审判重要性及具体安排，涉及从立案、审判、判决到执行等各个环节，完成了比较系统的公开审判的制度设计，从理论上、制度上和行政法规上为法院推行公开审判奠定了的基础。

党的十八届三中全会通过的《中共中央关于全面深化改革若干重大问题的决定》，把"增强法律文书说理性，推动公开法院生效裁判文书"确定为健全司法权力运行机制改革的重要内容。2014 年 1 月 1 日，最高人民法院通过修改后的《关于人民法院在互联网公布裁判文书的规定》(下称修改后《规定》) 正式施行，并确立了裁判文书网络"公开为原则，不公开为例外"的基本原则，将符合条件的裁判文书上网要求由"可以"改为"应当"，规定除四种情形外全部公开，这与之前的规定相比，无疑是巨大的进步。

在制度的推动下，我们欣慰地看到，各级人民法院在司法公开的形式上进行了有益的尝试，相继建立了新闻发言人制度，裁判文书上网工作取得重大进展，得到了社会各方的好评。此外，一些有条件的人民法院在室外设置了信息公开屏，滚动播出庭审预告和相关信息，多数法院公开了联系方式，部分法院开通了微博等网上互动平台。

---

[1] 新华网北京 2012 年 12 月 26 日电，记者杨维汉。

与信息公开相呼应的是人民法院回应民意的主动性不断加强。许霆案、黎庆洪案等民众关注的案件主审法官或相关负责人在审判后都以答记者问的形式，对于公众关注的问题予以较为详细的回应。赵作海等多起涉嫌法官违法违纪的案件中涉案法官得到处理，增加了公众对判决的理解和对法院的信任，一定程度上体现了司法公开的自信。

需要指出的是，2013 年 9 月以薄熙来案为代表的几起社会特别关注的案子得到公开审理和宣判，并通过多种媒体手段向社会开放，显示了人民法院进一步走向公开的决心。9 月 22 日上午 10 时 5 分济南市中级人民法院第五法庭一审公开宣判，对被告人薄熙来以受贿罪、贪污罪、滥用职权罪依法判处刑罚，数罪并罚，决定执行无期徒刑，剥夺政治权利终身。此前整个审理过程公开，人们既听到了公诉人的意见，也听到了薄熙来的辩护意见，控辩双方都得到较充分的表达机会，人们通过多种媒体手段第一时间了解了庭审情况。这对于中国法院公开审理具有示范意义。

紧接着，9 月 24 日，曾被刘志军称为"猪脑子"、外界称为"高铁一姐"的丁书苗因涉嫌受贿罪和非法经营罪在北京市二中院受审。9 月 26 日，北京市海淀法院对被告人李某某等 5 人强奸一案进行公开宣判。9 月 27 日，河北省高级人民法院在邯郸市中级人民法院审判庭公开宣判上诉人王书金强奸、故意杀人一案。如此密集的公开审理和宣判既是人民法院推进依法审判的实际行动，也为媒体依法监督创造了条件。

二、选择性公开影响依法审判与舆论监督的和谐关系

虽然公开是依法审判与舆论监督内在的共同要求，但在信息公开的具体实践中，法院与媒体无论是对信息公开的理解还是在内容需求方面都有不同，甚至产生了矛盾和冲突，一定程度上影响了阳光司法的推进，破坏了人民法院司法为民的舆论形象。因此，在充分肯定人民法院系统为依法审判和审判公开所进行的努力的同时，我们更多地希望通过研究，发现问题，寻找规律，提供思路和方法。

概括而言，目前法院落实公开审判原则尚存的不足是"底线被突破，纠错难度大；制度较全面，落实有选择；裁决较简单，回应质疑少；公开

形式广，内容更新慢；强调宣传多，接受监督少"。具体包括以下几个方面：

（一）依法审判存在不足，全国人大代表以高反对票表达对司法公正的期待。

2013 年 3 月 17 日上午 9 时，第十二届全国人民代表大会第一次会议表决了《第十二届全国人民代表大会第一次会议关于最高人民法院工作报告的决议（草案）》。据统计，这个决议草案共获得赞成 2218 票，反对 605 票，弃权 120 票。会议虽然充分肯定最高人民法院过去 5 年的工作，决定批准这个报告，但该决议获得的反对票高达 605 票，加上弃权票 120 票，不满意票达到 725 票，与赞成票 2218 票之间是 1：3.3 的关系，是各项议案中获反对票最高的。

最近七年来全国人大对最高人民法院工作报告的投票结果 [1]

时间	赞成	非赞成票	满意度之比（赞成票与非赞成票之比）	
		反对	弃权	
2007 年	2395	359	127	6.2：1
2008 年	2287	525	120	3.55：1
2009 年	2172	519	192	3.05：1
2010 年	2289	479	128	3.77：1
2011 年	2242	475	155	3.56：1
2012 年	2218	605	120	3.06：1

1. 没有守住法律底线是人大代表投不赞成票的主因

依法办案的底线就是防止和纠正冤假错案。2013 年 4 月 25 日，最高人民法院常务副院长沈德咏在刑事审判工作调研座谈会上表示："刑事审判生杀予夺，事关公民的名誉、财产、自由乃至生命，事关国家安全和社会

---

[1] 除 2012 年数据来源于人民网现场直播第十二届全国人民代表大会外，其他各年数据均引自姚广宜《中国媒体监督与司法公正关系问题研究》第 82 页，中国政法大学出版社 2013。

稳定，一定要坚决守住防范冤假错案的底线。"[1] 本书第一章研究的"天价过路费案"便是典型的错案。不仅天价过路费没有查清，连当事人都出现了哥哥为弟弟顶包的现象，可谓错得离奇。而媒体采访发现线索后及时与河南省相关法院沟通后得以纠正，被看作是舆论监督与依法审判之间的一次亲密合作，法院纠错的力度和效度有利于重塑司法形象，确立司法权威。

2011年1月23日参加河南省第十一届人大四次会议的部分人大代表，在审议两院报告时，对法院提出批评，河南省人大代表、河南省人大常委会原副主任李志斌说："平顶山中院审理的天价过路费案，引发了广泛质疑，这应该引起我们的反思。法官判案不能是撞运气，撞上了就判得好，撞不上了就判不好。法院工作要想搞好，首先要提高法官的素质。河南省人大代表、时任开封市委书记的刘长春认为，作为司法体系中最后一道关口，在天价过路费案中，法院自然有错误，但从高速公路部门的收费管理，到公安部门侦破，再到检察院起诉，最后到法院判决，整个链条中其他环节是否存在问题，也是值得深思的。对于这个案件不能就案论案，也不能过早下结论，而是应该作为一个典型来剖析，进行一次"全身把脉"。[2]

应该说，在各级人大监督和舆论监督等多种外力的推动下，包括河南省在内的多地人民法院近年来在纠正错案方面是有所作为的。但值得注意是，如表1所示，自2007年后，人大代表对法院的工作满意度之比（赞成票与非赞成票之比）虽有起伏，但始终没有突破3.8：1，换言之，不满意的代表一直超过20%。虽然，有一种观点认为，最高人民法院是替基层人民法院背了黑锅[3]，同时也要注意到，除了"黑锅说"，媒体也报道了另外两种观点即"怀疑民事官司黑幕"和"质疑个案判决不公"。由此看，"天价过路费案"极具典型意义。

2. 裁判文书过于简单，回避社会关注，给人以法院不讲理的错觉

回应社会关切并不意味着迎合社会公众，而是以事实为根据，对社会

---

[1] 该信息源于《最高法副院长：刑事审判要守住防范冤假错案底线》，载中国新闻网 http://news.sohu.com/20130425/n374017371.shtml，最后浏览时间2015年2月22日。

[2] 邓红阳：《天价过路费案续：代表建议修改高速路霸王条款》，载《法制日报》2011年11月24日期。

[3] 央视2013年3月18日报道，人大代表重庆市长黄奇帆持有此观点。

公众提出的疑问以合适的方式予以回应，无论是肯定还是否定都是一种态度。但目前，一切法院的判决文书不仅不回应社会的关注，甚至连辩方意见是否采纳也不予明示，更不予解释，直接依据某条某款予以判决，缺少说理与论证，难以服众。

以李昌奎案为例。李昌奎事件被媒体放大，引起众多网民的参与和声讨与该案件的二审判决书不无关系。在李昌奎案件二审判决书中，云南省高院用大量的篇幅罗列案件事实，但在分析部分仅有区区如下二百余字。

华东政法大学的杨兴培教授认为："此次云南省高级法院的终审判决书虽言简意赅，但其改判的理由并不充分甚至语焉不详。高院审判委员会有 27 名成员，而且要成员过半（14 人以上）同意判决结果的，才能作出判决。李昌奎案也不例外。但多少人同意改判，多少人反对改判只字未提。当前司法活动还有许多不尽人意之处，如此一份判决如何使社会公众信服自然成为社会关注的焦点。"[1]

海南大学王琳副教授更是认为"李昌奎案二审偏离了法院的中立和独立立场，认定量刑事实不严谨导致事实偏差，片面强调从轻而忽略从重导致罪罚失当，这才有了民意汹涌。"[2]

事实上，判决书不是法院一家的财产，而是整个社会的参考准则。司法公开首先就是判决书的公开，而像李昌奎案二审法院做出的这种瑕疵明显的判决书难以使人们信服于法院的判决，云南省高院的判决被公众质疑自然也就在所难免。

而此后云南省高院再审该案，做出立即执行死刑的决定仍然基于同样的事实，甚至还是同样的审判委员会，只是二审"改判死缓属量刑不当"。这是何等的随意，何等不具说服力！二审对一审判决作出改判时本应慎之又慎，难道当初真是为了立一个"十年后的标杆"[3]吗？如此改来改去，怎不让人胆战心惊呢？

需要指出的是，在处理类似公众疑问方面，也有很多基层法院做出较

[1] 杨兴培：《若在国外，李昌奎判决书该如何写》，载《法制日报》2011 年 7 月 12 日 "七日谭" 版面。

[2] 王琳：《李昌奎案二审究竟错在哪？》，载《解放日报》2011 年 7 月 20 日。

[3] 此为云南省高院田成有副院长在回应公众对二审判决的质疑时表达的观点。

好的回应，许霆案便是一例。一、二审法院并没有回避舆论焦点。广东省高院以"事实不清，证据不足"为由发回重审。原审法院接受新闻监督，分析舆论关注，承认这是一种新型犯罪案例，正视不同观点，并公开开庭重审。

公开重审的举动首先赢得舆论的肯定，避免各种猜测和流言的产生。受众也得以更全面更充分地了解该案，了解法官判案依据。一个值得关注的细节是，法庭上，许霆将自己的行为解释为"我想把钱取出来，保护好"。此话一经媒体报道，舆论再次发生骚动，之前几乎是一面倒的支持局面悄然发生改变。不少网友在网上留言"倒许"，直斥"人不能无耻到这个地步"。这些都印证了公开审理的社会效果和对舆论的引导作用。

重审宣判后，广州中院刑二庭庭长、法学博士甘正培针对社会公众热议的一些许霆案中的争议以及许霆为何获法定刑以下的量刑，进行了公开的释法答疑。这种及时回应值得提倡，也更容易被公众接受。

尽管许霆的辩护律师及其他不少人都认为，同一家法院，同一个犯罪嫌疑人，同样的罪名，两次判决结果却相去甚远主要是受舆论监督的影响，但这并不奇怪。因为，人们必须承认许霆案是一个新型个案，在适用法律方面可能会存在不同的理解。而法院关注公众感受和意见，并及时做出调整并非坏事，反而值得肯定。此处所言"关注公众意见"并非要求法院迁就公众意见而枉顾事实。仅指在面对一些新型案例时，在法律适用方面要考虑到裁判所产生的社会效果。

对于改判一事，甘正培在接受央视《新闻调查》记者采访时表示[1]，重审判决并非迫于舆论压力，改判的做出是根据许霆案的特殊情况适用了刑法第63条，即犯罪分子具有刑法规定的减轻处罚情节的，应当在法定刑下量刑。"这是刑法上对特殊减刑一种规定，我们认为它是一种司法的补救手段，补救过于僵硬的法定刑。"

许霆案和李昌奎案同样是改判，但取得的社会效果却不一样。一种是回应社会关注，承认法院审判中存在对新型犯罪行为认识不足，明确说明改判的依据；另一种是以"超前的""十年后"的标准来回应公众，视公

---

[1] 引自《庭长谈许霆案重审经过：改判并非迫于舆论压力》，载新华网 http://news.xinhuanet.com/politics/2008-09/15/content_10014190.htm，最后浏览时间 2015 年 2 月 22 日。

众为愚昧落后，且不详细说明改判的理由。结果不言自喻。

本编写组注意到，2013 年 4 月～ 5 月期间，多家人民法院本着疑罪从无的司法理念，纠正了一些错案。典型的案例包括浙江省高院对张高平、张辉叔侄涉嫌强奸杀人案作无罪释放，河南省平顶山市中级人民法院对死刑保证书案涉案人李怀亮无罪释放，可怜两案中的当事人都被限制自由十多年，而这两起案件中人民法院都存在未依法审判的情形，该查的没查清，该放人不放人。值得欣慰的是，最近这两起纠错案中，人民法院没有推卸责任，表现出敢于担当的勇气来。

（二）审判公开打折扣，成为依法审判与舆论监督之间"易燃易爆区"

众所周知，司法不公正与司法不公开密切相关。人大代表和政协委员们通常可以直接与法院进行联系，以获得一些信息，同时进行监督。而媒体和公众获取信息的主要途径依赖于法院的信息公开。如前所述，经过自上而下的努力，人民法院系统目前已经形成了较为完整的司法公开的制度体系，但具体实践离人民群众的要求尚有距离。

1. 未"依法公开"的两种现象：该公开不公开，不该公开擅自公开

在本书研究的相关案例中，依法应当公开却不向媒体开放的典型的案例是吴英案的二审，依法不应公开擅自公开典型的是习水奸宿幼女案。

吴英案原本只是一个非法集资案，经历了三个发展阶段：最初，公众的兴趣点在于一个年轻神秘女富豪破产的故事，舆论关注的是本色集团的神秘面纱，是吴英案的真与假、罪与非罪，而无关乎生与死，更没有人质疑法律是否公平。从舆论角度看，这是相当正常的。

一审法院判其死刑时，因为人命关天，引起人们对判决结果的关注，随着各种意见领袖们不断加入，原本只涉及一个女人命运的案件与更多的"我"联系起来。尽管如此，一审宣判后的舆论尚未失控，因为始终有一个声音在支持大家保持冷静，等待二审判决。

然而，2011 年 4 月 7 日，浙江省高级人民法院开庭审理吴英上诉案时，一审曾对媒体开放的案件，到二审阶段却没有对媒体开放。甚至连新华社、中新社这样的主流媒体也没有获准进入庭审现场，此举显然加剧了新闻媒体与法院之间的不协调。

从受众角度看，一个不愿意对媒体开放的案件，特别是公众关注度如此高的案件，自然充满了不确定性，甚至可能存在不公正。这是一种正常受众的心理判断。不知浙江省高院为何逆常理而动，或许迫于某种非自身的压力。但其结果便是将自身置于高度被怀疑的状态。

从信息传播角度分析，这种不公开行为使得信息传播向不利于法院一方流动。吴英的家人、律师等有着明显利益关系的一群人开始散布有利于本方的信息，且被大量传播，法院反而被边缘化。媒体追求的均衡报道原则因为得不到法院方面的支持而事实上失衡。当几乎所有媒体都视法院不向媒体开放为事实上的"不公开审理"时，法院已经失去了道德制高点，其发布的信息的可信度便大打折扣。

一般来讲，公众会普遍认为省高院的执法水平、政策水平、庭审条件和应对舆论监督与回应公众关注的能力强于基层人民法院。浙江省高院此举完全与公众的期盼相悖，很难消除人们心中的疑虑。因此我们认为，这是典型的该公开未公开的案件。

而贵州习水奸宿幼女案本属于依法不应公开的案件，但是开庭时去了好多记者。最后媒体报道中说是经过贵州省高级人民法院批准，有4个记者进入了法庭。贵州省高级法院是否有权批准媒体进入依法不公开审理的法庭现场呢？贵州省高院依据什么来判断哪些媒体可以进入依法不公开审理的庭审现场，而哪些媒体则不被允许？故此案应属于依法不应公开而公开的典型。

2. 出现了审判公开的制度越来越完善与记者采访难度越来越大的感觉差

本书编者在调查中发现一个奇怪现象：一方面，法院公开工作制度越来越完善，但另一方面记者的采访难度也越来越大。一位在北京从事法院采访工作超过8年的资深记者在接受本书编写组访谈时，概括自己采访法院系统的感受时说，"采访环境与前些年相比急剧恶化，新闻限制和管制越来越多。如果说前些年有80%的案件记者均可以旁听采访，目前只有20%到30%左右的案件记者可以旁听采访。按照法律规定只有三类案件属于不公开审理，但是法院对于三类案件以外的大量案件均会以各种理由阻止媒体记者旁听采访。甚至有时所有社会其他人员都可以进入法庭旁听的案件，只是对记者设禁"。

这就产生了一个问题：究竟哪些案子可以允许记者采访？

毫无疑问，首要标准就是看法律是否允许公开审理。如果法律明确不公开审理，则记者理应被拒绝进入庭审现场，相反，如果法律规定应该当公开审理的案件，则媒体采访的要求就是合法合理的。那么，对于不公开审理的案件人民法院是如何定义的呢？

1981 年《最高人民法院关于依法公开审判的初步意见》明确依法不公开审理的案件是：（一）有关国家机密的案件。是指案情涉及国家政治、经济、军事、科技等机密的案件。是否属于国家机密，应由人民法院按照《保守国家机密暂行条例》的规定确定，必要时，可征求该项机密主管部门的意见。（二）有关个人阴私的案件。一般是指涉及性行为和有关侮辱妇女的犯罪案件。某些案件的案情附带涉及个人阴私的，是否公开审理，应根据案件的具体情况，由合议庭或独任审判员提出意见，报庭长或院长权衡利弊，慎重决定。（三）未成年人犯罪的案件。被告人已满 14 岁、不满 16 岁的，一律不公开审理，被告人已满 16 岁不满 18 岁的，一般也不公开审理，与成年人共同作案的，一般也不公开审理，但个别案件对社会有较大影响或对群众有较大教育意义的，报院长批准，可以在一定范围内公开审理。

以上即前述记者接受编写组访谈时所说的"三类案件"。1999 年，《最高人民法院关于严格执行公开审判制度的若干规定》第二条规定对此进行细化，考虑了民事案件的一些特殊情况，变成了六条，即（一）涉及国家秘密的案件；（二）涉及个人隐私的案件；（三）十四岁以上不满十六岁未成年人犯罪的案件；经人民法院决定不公开审理的十六岁以上不满十八岁未成年人犯罪的案件；（四）经当事人申请，人民法院决定不公开审理的涉及商业秘密的案件；（五）经当事人申请，人民法院决定不公开审理的离婚案件；（六）法律另有规定的其他不公开审理的案件。

虽然上述两项规定的内容在新刑诉法中有了新的表述，如新刑诉法第274 条规定，"审判的时候被告人不满 18 周岁的案件，不公开审理"，而对于"阴私"的表述也渐渐淡出。但总的原则并没有改变。有关规定明确，对于第一审案件，除以上情况外，应当依法一律公开审理，而对于不公开审理的案件，应当当庭宣布不公开审理的理由。对于二审案件，除了"因违反法定程序发回重审的和事实清楚依法径行判决、裁定的"[1] 案件外，其他都一律公开审理。

由此可见，吴英案显然属于应该公开审理的案件，而习水奸宿幼女案则属于法律明令禁止公开的案件。为什么应该公开审理的案件记者未获准进入采访，而不应公开的案子却有特定的记者获准进入庭审现场呢？

这实际上涉及到另一个问题，公开审理的案子是否意味着记者可以采访？公开审理的案子面向媒体开放这个大原则给予了媒体采访的权利，但实际采访机会的获得却与各地方法院的具体措施密切相关。

大多数法院将关于记者采访的规定设置在庭审旁听的范畴。最高人民法院规定，公开审判的基本要求之一即"审判活动要对群众公开。要将公开审判案件的案由、被告人姓名、开庭的时间和地点在开庭前公布，允许成年人旁听，允许新闻记者采访"。[2] 由此可见，公开审判便意味着允许记者采访。而从公开的本意来看，即是要面向不特定人群。

各级基层人民法院又是如何落实这些规定呢？研究发现，有的是对最高人民法院的相关规定进行了重申，有的则在重申的同时进行了"补充"，主要是设置一些限制性条件，还有一些地方则出台了针对媒体采访的专门文件。

北京市高级人民法院规定，"公开审理的案件要做到允许旁听和采访。凡依法公开审理的各类案件，不仅要做到向当事人和诉讼参与人公开，而且要做到允许公民参加旁听，允许新闻记者进行采访。"[3] 其表述非常清楚，对公开的要求使用了"不仅——而且"句式，肯定记者对公开审理案件的采访权。

上海市第一中级人民法院规定，"公开审判的案件，中国各新闻媒体的记者凭记者证参加旁听；经审判长允许，可以记录、录音、录像、摄影。"[4] 上海市一中院的规定提出一个条件"记者证"，同时赋予审判长规范采访

---

[1] 《最高人民法院关于严格执行公开审判制度的若干规定》(1999) 第三条。

[2] 见《最高人民法院关于依法公开审判的初步意见》（1981）第一条。

[3] 见《北京市高级人民法院关于在全市法院落实公开审判制度的决定》(1998)，京高法发［1998］383 号第三条。

[4] 见《上海第一中级人民法院公民旁听公开审判案件的规定》（试行）(1999 年）第六条。

活动的权力。

河南省巩义市人民法院则规定，"依法公开审理的案件，我国公民可以持身份证等有效证件旁听。新闻记者可以持记者证及人民法院宣传部门发放的庭审采访证旁听和采访。因审判场所、安全保卫等客观因素限制发放旁听证的，应当做出必要的说明和解释，并以适当的方式公开发放。"[1] 巩义市人民法院的规定则要求持记者证和采访证，这种做法比较普遍。而一个基层法院明确"以适当的方式公开发放"采访证显然比贵州习水只允许四个记者采访却不说明原因的做法更容易被媒体接受。

而江苏省高级人民法院则针对新闻采访专门制定了规定，明确将新闻采访与普通公民旁听进行了区分，也具有一定的代表性。江苏省高级人民法院在规定中明确"新闻记者要求采访公开审判的案件，要向法院出示有效证件，由法院发放旁听证或采访证；新闻记者持有旁听证或采访证方能进入法庭旁听或采访案件的审判；对审理案件的法官进行采访需经法院许可。"[2] 这里的"有效证件"未加说明，一般公民旁听持身份证即可，记者采访是否持身份证即可，或者还需要记者证，甚至还需要单位介绍信？这些不够明确的规定在实践中引发法院不同、案件不同、媒体身份不同采访获准的机会不同，甚至成为拒绝接受采访的理由。

研究各级人民法院的规定可以发现，从原则上讲，公开审判的案件都应该允许新闻记者采访，各地为规范记者采访也提出了具体的要求。这些要求有一些是可以理解的，比如规定记者必须接受安检，必须保持衣着整洁，必须提前一定时间到庭，中途离庭应向法官示意或鞠躬、摄影记录等需要经过批准等。有一些还有待改进，比如记者的采访无一例外地需要得到法院宣传部门的许可，但并没有明确宣传部门依据什么判断是否允许采访。事实上，宣传部门更多地从宣传需要出发，甚至受到私人关系亲疏的影响。这就使得原本单一要件"公开审理的案件"可能变成多要件。

为了更准确感受各地执行公开审判的实际力度。本书编写组专门组织进了一次庭审直接体验。2013 年 5 月 31 日，"试药老太休克状告拜耳赔偿

---

[1]　见《河南省郑州市巩义市人民法院关于进一步公开审判和执行工作的若干规定》第十三条。

[2]　见《江苏省高级人民法院关于新闻记者采访公开审判案件的规定》(1999) 第二条。

案"在北京市第二中级人民法院 5 楼 28 法庭（小法庭）公开审理。

法庭开门前，作为央广实习记者的课编写组成员（以下简称"张某"）和新华社北京分社实习记者由法院宣传人员带入后在庭外等候。此后来了 7 位号称是学生的人也在门口等候旁听。中午 1 点半左右，法庭开门，7 位学生第一时间进入法庭占据了仅有的 7 个旁听席位。张某和在法院门口已办理了旁听证《光明日报》《中国妇女报》等媒体记者询问是否可以进入，审判人员表示，旁听席已经座满，即使拿到旁听证也不能进入。在与几位学生的交谈中发现，他们并没有旁听证件，也没在新闻媒体实习，自称一直在这儿学习，至于是哪所学校则不愿透露。

二审开庭旁听没成功后，张某决定在二审宣判时再去旁听。

二审宣判定于 7 月 5 日上午。张某和上诉人及其朋友，《中国妇女报》《法制日报》的记者们一起早早守候在法庭门口，并办理了旁听证。上次旁听的几位学生也到了。此次大家吸取教训，紧挨着法庭门口站立，防止被学生们抢占仅有几个旁听席。

上午 10 点左右，被上诉人的律师和上诉人及其律师被允许进入法庭后，法院工作人员告诉大家，其他旁听人员包括媒体记者要等法官通知后才能进入。此后一直没有人员出来通知大家进去旁听。有媒体记者怀疑宣判已经在进行。约 10 分钟后，上诉人及其律师、被上诉人律师走出法庭，果然，宣判已经结束。包括那七名学生在内所有等待旁听的人都没有被允许进入。宣判后法官随即离去，编写组的同志询问书记员，本案是否公开宣判，没有得到任何回应。

该体验再次证明，法院可能会受到某种无法言明的压力，尽量让旁听难以实现。也正是由于实践中出现这些隐现条件，使得采访公开审理的案件成为易望难企的事。有媒体记者在接受编写组深度访谈时指出，"目前的旁听制度不能满足正常的报道需要。现在任何一个法官都可以以各种理由不让记者旁听案件审理""改进的空间就是法院应该确实落实公开审判和在法庭设立媒体席，给记者采访提供方便"。

事实上，已经有一些地方法院在做一些努力。《浙江法院阳光司法实施标准》中提出："依法应当公开审理的案件一律公开审理。公开开庭审理的案件依法允许当事人近亲属、媒体记者和公众旁听；有较多媒体记者旁听的，可以设置媒体席；因审判场所等客观因素所限，可以发放旁听证，并作出必要的说明和解释。有条件的法院可以设立同步庭审视频室，以满足公众了解庭审实况的需要。定期邀请人大代表、政协委员和社会组织代表旁听庭审。"[1]

然而，非常遗憾的是，吴英案二审未允许记者旁听恰恰是发生在浙江省高院，究竟出于何种理由浙江省高院置本院出台的规定于不顾，行此下策，至今未见公开报道，不得而知。如此"示范效应"也就可想而知了。由此也就不难理解，为什么会出现制度越来越完善而采访感觉越来越难的怪现象了。

3. 公开流于形式，不及时不全面现象比较普遍

研究人民法院近十年来颁布的关于公开审判的各项文件可以发现，法院公开的原则是"依法公开、及时公开、全面公开"[2]，"人民法院应当主动接受新闻媒体的舆论监督。对新闻媒体旁听案件庭审、采访报道法院工作、要求提供相关材料的，人民法院应当根据具体情况提供便利"[3]。应该说，这两条原则如果能得到充分落实，完全可以妥善处理依法审判与舆论监督之间的关系，共同促进公平正义的实现。

但从基层法院的角度来看，由于长期以来存在的"恐媒、拒媒、防媒"的习惯心理，在具体落实上述原则时存在较大的选择性，在是否公开、何时公开、公开程度等方面与媒体的理解、需求存在较大的差异，并由此产生不和谐。这当然包括因媒体某种程度上对法院工作规律和工作方式的不理解产生的误会，但更多属于落实公开原则不充分产生的后果。从形式上看，目前各级人民法院从立案到执行都落实了六大公开原则，但除了前述未依公开的两个现象外，还存在着"公开形式广，内容更新慢"问题。

（1）民意邮箱成为摆设。2013 年 4 月本书编写组曾通过电子邮件形式向 20 家法院电子邮箱发送了电子调查问卷，结果，当晚 10 家"邮箱已满退信"，1 家邮箱退信称"地址有误"，1 家自动回复，7 家到至今还完全没有回复。唯一给人希望的是，武汉中级人民法院 4 月 11 日下午回复称"邮

[1] 见《浙江法院阳光司法实施标准》第三条，浙江省高级人民法院审判委员会 2011 年 2 月 25 日第 2259 次会议讨论通过。
[2] 见《最高人民法院关于司法公开的六项规定》（2009）。
[3] 见《最高人民法院关于人民法院接受新闻媒体舆论监督的若干规定》（2009）第一条。

件收到，但问卷因版本问题打不开希望发传真"，当晚编写组重新发了一份 2003 版文档，并于 4 月 12 日补发问卷的传真。遗憾的是之后便没有收到回复，可能是他们对调查不感兴趣。本次调查的第一目的已经达成，即了解人民法院民间邮箱的有效性。目前来看，50% 的邮箱至少是缺乏有效维护，以至于邮箱已经满却没有人及时清空，而一家设置自动回复的我们无从确认他们是否打开邮箱阅读，因为调查表中明确希望"收到该邮件后无论你是否方便参与本次调查，都敬请回复邮件，以便确认你收到本调查表"。编写组认为，即使是出于礼貌或职业素养，凡是打开本邮件的法院都应该可以回复一个"收到"，而 7 家法院杳无音信就让编写组无从判断。本次调查让编写组不得不得出一个结论即 95% 的民意邮箱形同虚设。

（2）司法文书上网更新慢。可能缘于各地方法院人力和技术条件等多种原因的限制，真正能查到近期生效判决的法院网站主要集中在北京、上海等大城市，一些基层人民法院的判决书上网查询难度较大。目前还有一些法院做不到法律文书公开上网，主要限于技术设备落后。有一些地方已经开始尝试网上立案，但全国各地发展不均衡。

（三）对传播效果缺乏分析，法院整体媒介素养需要提高

法院信息传播效果好坏，根本上取决于法院是否依法办案。但由于种种原因，法院不可能做到每一件案子都是铁案，都经得起历史的考验。我们之所以设置两审制，就是考虑到现实中存在着人们对同一事实、同一条文的认识和理解的差异，考虑到法官定案时客观上是受制于所处社会条件、知识结构等因素，可能存在错判误判的现象。因此，如何正确引导公众理解法院判决工作存在的水平参差不齐、能力大小不一这一客观现实，及时发现和吸纳公众的智慧与创新能力，积极推动阳光司法和社会进步，是一个现实需要面对的问题。这就涉及到如何认识、使用和回应传播媒介的问题，即如何提高媒介素养。

2013 年 4 月 25 日，中共中央政治局委员、中央政法委书记孟建柱就做好新形势下政法宣传工作提出要求，他要求全国政法系统"第一时间回应社会关切，努力提高政法宣传工作的传播力、公信力"。这就对法院系统提高媒介素养提出更高的要求。目前来看，法院在这方面还存在一些差距。

1. 对媒体报道效果分析少，或置之不理，或草率从事

在黎庆洪案中，一审判决后贵阳两家报纸（以下简称"贵阳两报"）同时发表题为《"光环"下的罪恶——对黎庆洪及开阳"花梨黑帮案"的探访》的长篇报道。对"贵阳两报"报道的"事实"，黎庆洪的辩护律师周泽逐项在自己的博客上进行了反驳，他认为贵阳司法机关同时在媒体发表这两篇内容标题一样的报道，有欲把黎庆洪案办成"铁案"的嫌疑。

这是最典型的指令性报道，即所谓一个字不能动，这是媒体经常得到的宣传指令。这种宣传指令往往是应某个机关或领导的要求而口头传达，但起的效果适得其反。一是没有显示不同报纸自身的特征，也不能满足该报纸所代表的特定人群阅读习惯和信息需求，二是让人一眼就看出这不是新闻，而是公关通稿，是最拙劣、最不计效果的宣传方式。还不如直接以广告的形式刊登，因为广告是有明确的广告主的，大家会以对待广告的心态来看待内容，不至于产生反感。要求使用通稿是法院高度不自信的一个表现。其实，文责自负早已是媒体人一个基本职业要求，一个执法机关尚且对依法维护自身形象如此不自信，一定要靠发通稿来避免出差错，又怎能树立公众对法律的信心呢？

事实上，这种现象比较普遍，仔细比对同一城市不同报纸对同一案件的报道，甚至会发现除了记者的名字不一样外，几乎每个字都一样。这将使媒体高度同质化，并逐渐失去市场，法院在这样的媒体上进行宣传又有何益呢？

2. 新闻发言人的角色定位过于保守

新闻发言人究竟是干什么的？各级人民法院都有专门的文件明确新闻发言人的职责。以郑州市中院为例。该院明确新闻发言人的职责包括（一）代表我院向新闻媒体和社会公众发布法院工作的相关重要信息，为法院工作营造良好的舆论环境；（二）确定新闻报道口径，接受媒体采访，审阅重大或紧急的新闻报道稿件；（三）组织我院重大宣传报道的实施；（四）组织、协调我院与新闻媒体之间及社会公众的关系，决定我院新闻宣传工作中的其他事项。[1] 纵观四大职责中，并没有提到类似于为媒体提供信息服

[1] 见《郑州市中级人民法院关于新闻发言人制度的若干规定》（2012）。

务以及回应公众重大关切的规定，而其中审阅重大或紧急的新闻报告稿件则没有明确说是审阅记者采写的稿件还是审阅法院即将发布的通稿。如果审阅媒体的稿件就需要分清是媒体主动请其审阅，还是规定必须审阅。媒体主动请求审稿，则新闻发言人在发挥服务功能；如果是法院强行规定媒体发表事关该院的稿件必须预先送审，似乎无法无据。毕竟媒体及记者有报道权，并最终承担报道责任。如果所有稿件都由法院来审，很可能最终导致千人一面，所有媒体都发通稿，效果就会如上述黎庆洪案的报道一样，反让人觉得媒体被法院操纵，既伤了媒体的公信力，又影响了司法公正的形象。

与此同时，郑州中院的规定还明确"未经授权，本院任何人员不得以组织名义和公职身份擅自向媒体或公众发布法院工作信息、相关评论或接受采访，对违规发布信息、评论或接受采访，造成不良影响的，给予通报批评，情节严重的根据有关规定追究相关责任"。

媒体获取信息除了新闻发言人外，别无他途。而新闻发言人的角色定位非常僵化，发言的内容需要党组讨论通过，哪还有什么时效性，更不用指望有什么个性化的表达，没有个性化的语言又何谈人性化呢？

有趣的是，调查显示，关于新闻发言人对促进司法公开是否有作用的判断中，媒体从业人员认为有作用的比例是36.4%，略高于"作用不大"的比例33.2%，而司法机关工作人员中正相反，认为作用不大的占40.1%，要略高于有作用的比例38.8%。[1] 这组数字至少显示，新闻发言人从无到有已经取得了一定的成绩，但其作用发挥得还不够充分。

3. 以"上级批准"为由拒绝媒体采访

通常意义上，人们希望新闻发言人更多地接触媒体，尽可能地多说，哪怕无用的话多、有用的话少也比"无可奉告"来得有效。但目前，除了"无可奉告"外，更多的新闻发言人加了一句"请示上级"。

从上述新闻发言人角色定位来看，估计这倒是一句实话。因为新闻发言人确实没有自由发言的权利，其发言的内容是要经过党组讨论，结果便是新闻发言人更多地是媒体的出气筒了。调查显示，媒体人员中80%的认为，

162

[1] 见姚广宜调查报告。

以需要得到上级批准为由拒绝采访是最主要的理由，同时有 58.5% 的司法机关人员也持这种观点。足见，尽管最高人民法院已经明确了何种情况下应该允许记者采访，但实际上仍然需要上级的批准。

4. 主动设置议题能力弱，导致社会认知混乱

彭宇案产生的极大的负面社会效果与法院放弃议程设置，保持沉默有着极大的关系。从 2006 年 11 月 20 日这件看起来极普通的上下车行人之间相撞的事件，到 2008 年 3 月全国两会期间，江苏高院院长公丕祥被记者追问该案后称双方和解撤诉，且双方当事人对案件处理结果都表示满意，但拒绝透露调解内容。随后坊间关于该案的传言四起，越来越多的人相信，这是一个错案，好人没得到好报。2009 年 11 月 20 日，《新华每日电讯》载《南京应补彭宇案之"过"，表彰被"反咬"的好人》，2011 年 9 月 5 日，《文汇报》载《"彭宇案"挤压下，良知何以安身？》，网上讨论更是汹涌澎湃。随后便有了所谓的"天津彭宇""广东彭宇"出现，人们一度对社会道德滑坡失去信心。有网友直言彭宇案"判决结果让国人的道德倒退了 50 年"。[1]南京市政法委书记刘志伟在接受《瞭望》新闻周刊记者独家专访时指出，舆论和公众认知的"彭宇案"，并非事实真相。[2] 他解释说当时由于有保密协议，所以不能透露事实。如果刘志伟书记所言属实，保密协议当是指调解的内容，即如何赔偿，赔偿多少，难道说连这件事的真假都不能透露吗？有谁有权利对于这样一件事关公序良俗的事件签署保密协议呢？试想，如果这位政法委书记早几年站出来说出一个简单的事实，社会效果会怎样呢？也许同样会有质疑，但终归会因两个声音的同时存在避免社会的极度失望。相关法院的不作为是典型的忽视法院裁判的社会价值，忽视媒体对事实真相的渴求，放任一件案子对社会价值观产生五、六年的破坏作用是非常可怕的。所以，法院对设置媒介议程完全不是一般意义上的自我宣传、自我表功，而是具有深远的社会意义，不应等闲视之。

5. 以法律权威为由，压制批评声音

法院工作具有极强的专业特点，法言法语和法律条文往往不易被大众

---

[1] 引自最高人民法院 2011 年审判重大理论课题《司法与意的互动关系》，第 82 页。

[2] 徐机玲：《南京官方披露：彭宇承认与徐老太碰撞》，载凤凰网 http://news.ifeng.com/society/1/detail_2012_01/16/12003299_0.shtml，最后浏览时间 2015 年 2 月 21 日。

所轻易理解。因此，受众对于法律文书的理解存在着误解或偏差是正常的，由于媒体从业人员本身的素质也是参差不齐，对于法院的报道也会存在误差，这和法官的误判错判是一样的正常。但事实中，由于媒体处于监督地位，而且媒体的强大传播效果也可能导致错误的信息被以讹传讹。正因此，媒体对法院的报道工作应该慎之又慎。这是对媒体的要求，但如果因此要求媒体报道不出现一点差错也是不现实的。对于媒体报道的态度某种程度上体现了法院媒介素养，在此不作过多表述，仅列举几个现象供参考：

——以媒体审判为由打击批评报道，设置黑名单。媒体审判的概念是舶来品，其源于美国，而其发生作用是基于美国很多州是通过陪审员来判案，而陪审员并非专业法律人士，他们较容易受到新闻报道的影响。因此，美国的一些法院通常都会询问陪审员此前是否看过相关报道，相关报道是否对其判案产生影响等审查性问题，以判断该陪审员是否适合审理本案。同时，对于被告人拥有一定数量的无因回避的权利，即有权无原由地申请某些陪审员回避本案。同样的，陪审员成员确定后，会在一定的时间内被与外界隔绝，以避免受到外界其他因素的干扰。需要注意的是，法院并不会因为媒体审判而对媒体报道进行事前审查或限制，而是把主要精力放在如何避免媒体报道对陪审员产生干扰方面。他们因此会采取异地审理、重组陪审团、延期审理等多种方式来主动避免。但我们一些法院却以"媒体审判"为由批评媒体，甚至设置黑名单，限制媒体采访权，可谓"功夫全在诗外"。

——以破坏司法权威为由拒绝批评。不知从何时起，对法院判决的报道和评论的限制越来越多。包括对未结案不能报道，对于生效判决不能予以批评等规定，事实上已经一定程度上被突破，但是这些规定一旦通过某种方式出台后，就再也没有通过另一种方式予以取消过，成为需要时就拿出来指责媒体的工具。一方面法院系统是追求司法独立，另一方面却也经常通过宣传系统来对媒体报道进行行政干预。当然，有一些干预不是法院主动行为，而是予以配合，比如宣传部门对某某案不要报道之类的通知往往都得到较好地执行。

——以法律专业为由忽视受众认知能力的差异性。承认法院工作专业性的同时，我们必须正视法院工作应有的社会解释功能。这是考虑到受众认知能力的差异性必须予以重视的一项工作。如果法院判决书只被司法同行所

164

理解和赞同，而不能被更多的大众所理解，特别是连案件的当事人都不明白，那么其社会价值就损失太多。因此，应该考虑司法公开不能简单地公布司法文书，要从传播学的选择性传播角度来分析，司法公开如何让人看得懂、能消化，考虑碎片化时代司法语言的力量如何体现。

我们认同法律是在不断进步的，法律理论研究会在某个特定阶段超前于实践，但不赞同用个人对法律理论的超前研究来解释明显有违社会现实的判决。李昌奎案中，云南省高院对于死刑的理解从理论上讲并没有过错，但是公众虽然能够理解"少杀、慎杀和不杀"的司法理念，却不能明白，为什么偏偏是这样一个强奸杀人且同时残忍摔死年仅 3 岁小孩的李昌奎可以获得"少杀、慎杀和不杀"的偏爱？结果可能给人一种感觉，即杀人不要紧，只要去自首。无论 10 年以后人们会如何看待此案，云南高院改判李昌奎死缓的理由至少在今天的中国难以被接受。这是当今整个社会的认知能力决定的，忽视这个现实，再公正的判决也会适得其反。当人们找不到合适的理解来说服自己时，就会去猜测所谓的"背景""后台"等，进而怀疑是否存在司法不公的现象。

——存在过度重视网络导致事倍功半的倾向。网络平台极大地改变了舆论传播力量的对比和构成。重视和充分发挥网络传播的功能意义重大，但也存在一个如何整合资源的问题。需要提醒的是，传统媒体的公信力及与法院长期形成的比较好的业务关系不能被忽视，特别是传统媒体的把关人制度应该在澄清、核实和议程设置方面发挥更大的作用，相应地，网络的匿名性和即时更新功能反而很容易将一些重要信息淹没在信息的海洋中。

（四）人民陪审员作用发挥不够，利用新媒体公开庭审的手段简单

因为人民陪审员制度尚在不断探索与完善中，我们认为人民陪审员本身就是一个监督员、宣传员。但目前公开报道的资料中很少看到人民陪审员在重大案件、热点案件中发挥作用。主要问题简单归纳为：

1.人民陪审员产生、选用过程本身就不够公开，其监督、宣传作用都很有限

尽管我国法律规定人民法院审判第一审刑事、民事、行政案件，属于下列情形之一的，由人民陪审员和法官共同组成合议庭进行，适用简易程

序审理的案件和法律另有规定的案件除外：（一）涉及群体利益的；（二）涉及公共利益的；（三）人民群众广泛关注的；（四）其他社会影响较大的。[1] 但编写组经研究发现，在重大案件和人民群众普遍关注的案件中（如本编写组重点研究的 14 个案件中），几乎没有听到人民陪审员的声音。如果人民陪审员能够公开发表意见，对于加强法院与舆论的沟通更有帮助，其社会效果远强于法院宣传部门自说自话。

2. 庭审直播中存在对当事权益的不当侵害

有一些明显不利于当事人形象的镜头被不加选择地公开甚至是放大，不利于树立以人为本的司法形象，这是公开审判走向另一个极端的现象，应该予以重视。法院应该对此有限制条款，比如机位固定，声音可控，画面模糊，禁止重播，延时直播等，也可以授权法官现场宣布禁令，即使是公开审判的案件中也是可能存在需要被禁止传播或保护的细节，这些需要由法官来根据现场决定。本报道建议部分将具体表述。

当然，编写组已经注意到，2013 年 9 月 22 日薄熙来案一审判决时，网络全文播报了判决书。此前连续 5 天的审理过程也全部通过网络及其他媒体公开，获得社会各界较高的肯定。中国人民大学法学院教授何家弘在接受采访时说，薄熙来案在全国乃至全世界都有巨大的影响，以微博直播的方式全程公开庭审，既体现了决策者对推进司法公开的决心，同时也体现了司法机关对案件公正审理的信心。此案为我国未来的司法公开提供了很好借鉴。司法公开要使司法活动从以侦查为中心转向以庭审为中心，庭审中要充分发挥控辩审三方的积极性，尤其是律师不能做陪衬，只有律师的作用不断强化、水平不断提高，庭审才能有对抗性。从薄熙来案件审理中可以看到，律师表现很出色、提问很到位，值得肯定。

对此，清华大学法学院教授黎宏表示认同，他说，薄熙来案件的公开审理对于司法改革具有重要意义。对薄熙来这样一个重要政治人物，让他在庭审中充分地为自己辩护，体现了程序正义和司法公正。不管司法体制改革未来以何种方式推进，每一个司法案件都应当像此次公开庭审薄熙来案件一样，让每一个人都感受到公平正义。通过公平公正的司法程序，让

166

[1] 《最高人民法院关于人民陪审员参加审判活动若干问题的规定》（2010）第一条。

无罪的人不会被诬陷，让有罪的人真正从内心深处认罪 [1]。

三、小 结

　　现任最高人民法院院长周强于 2013 年 6 月 13 日在交流学习贯彻习近平总书记关于法治建设重要论述情况时就要求，"要紧紧围绕习近平总书记提出的'努力让人民群众在每一个司法案件中都感受到公平正义'的目标，深化司法公开，建设庭审公开、文书公开、执行公开三大平台，推进裁判文书上网工作，进一步提高审判工作透明度。"[2] 由此可见，公开已经成为一种共识。

　　事实上，依法审判与舆论监督从根本上来说具有一致性。因为媒体的公开报道和法院的公开审理及公开宣判都是为了满足公众的知情权，都是为了追求司法的公正与公平。公开只是一种手段，媒体报道是法院信息公开的手段之一。它们之间不应该是矛盾的、对立的关系，而应是相互尊重的两个行为主体。

　　同时，考虑到依法审判与舆论监督之间的非对称性，两者在一定的时间节点上、内容上和程序上存在错位或一定程度的冲突是正常的。但是，不能因噎废食，也不能片面强调其一。本课题所要达到的效果是促使依法审判工作与舆论监督之间良性互动，达到社会效益最大化。事实上，依法审判需要通过舆论监督来完善和提高，舆论监督将为依法审判提供更为有力的外部环境，有助于建立一支依法审判的法官队伍。同样的，舆论监督需要依法监督，更应该充分考虑依法审判的特殊性，适度、适时的舆论监督将使依法审判的社会效果成倍放大，助力阳光司法。

　　概括起来，依法审判与舆论监督之间是相互依存的。法院力求做到审好、写好、公开好，大众媒体力求做到采准、写准、报道准，如果这两者适得其位，那无论是自媒体还是其他新媒体就只是一种辅助手段。最高人民法院副院

---

[1] 引自《薄熙来案公开审理体现司法改革方向》，载法制网 http://www.legaldaily.com.cn/bm/content/2013-08/27/content_4794924.htm?node=20730，最后浏览时间 2015 年 2 月 21 日。何家弘和黎宏讲话均引自此。

[2] 引自《最高法：坚持依法独立公正审判 防止冤假错案》，载中国广播网 http://china.cnr.cn/gdgg/201306/t20130614_512809099.shtml，最后浏览时间 2015 年 2 月 22 日。

长沈德咏曾撰文指出，审判是诉讼的最后一个环节，也是实现司法公正的最后一道防线。坚持依法公正审判，防止发生冤假错案，是我们必须坚守的底线[1]。我们相信，舆论监督有利于人民法院守住最后的底线，顶住来自不同阶层和利益集团的压力。

第四节　传统媒体案件报道存在的问题及原因

　　互联网等新媒体的出现改变了信息传播的结构，也改变了中国社会的舆论生态，这一点在媒体对司法活动的报道中也得以深刻的体现。但即便如此，电视、报纸等传统媒体在案件报道和监督司法活动中仍然发挥着显著的作用，并且有力地推动了司法活动的公开公正，不过在这一过程中，也出现了一些有损媒体公信力的不当行为。本节旨在系统梳理近年来传统媒体在案件报道中存在的问题，由于整个课题的宏旨是探讨依法审判与舆论监督的关系，故问题梳理偏重媒体报道与审判活动关系的视角，偏重媒体在案件审理阶段的表现，而考察的样本则选取了近年来在公众社会引发广泛关注的典型案例，也正是在对这些案件热情关注的过程中，传统媒体的一些问题得以集中暴露，犹如在压力测试中脆弱金融机构的不良反应。

一、传统媒体案件报道存在的问题

（一）正面报道多，监督不足，欠缺广度和深度

　　近几年，围绕一些重大案件的审理与报道，人们强烈地感受到很少有

[1] 沈德咏：《我们应当如何防范冤假错案》，载新华网 http://news.xinhuanet.com/legal/2013-05/06/c_115654675.htm，最后浏览时间 2015 年 2 月 22 日。

哪个领域像司法审判领域这样，每次跃入公众视野总是能极大地挑动人们的神经。究其原因，司法公正乃社会公平的最后底线，司法审判活动也相应成为媒体监督重点"盯梢"的地带。

媒体监督案件审判的质量，对遏制司法腐败、维护司法独立至关重要。这些年，媒体对一些案件审判活动的监督也的确"热闹非凡"，然而稍加观察即会发现，事实上，媒体对案件审理活动的报道与监督主要集中在少数大要案上，关注的焦点也主要集中在案件审理是否公正，而对于一些深层次的问题，如现行司法体制的弊端则少有触及，对造成这些问题的社会根源更是鲜有报道，监督的广度与深度明显不足。与此相关的现象是，在对司法活动的一般性报道中，正面报道偏多，报道的视角和立场明显向司法机关倾斜，向司法权力倾斜，突出司法机关的审判有理，打击有力，甚至有些报道直接做成司法机关的主题宣传、典型宣传或成就宣传。

《中国媒体监督与司法公正关系问题研究》编写组针对新闻从业人员就"法治新闻报道现状"所做的调查问卷显示，受访者认为"正面宣传报道过多，批评性报道不足"以及"对司法机关的监督不足"，是当前法治新闻报道存在的最主要问题。相当数量的司法工作人员也同样认为存在监督不足的问题，同样是上述编写组的调查问卷显示，有 58.7% 的司法机关工作人员对当前媒体开展法治舆论监督的总体评价是监督不足和监督过度、监督不当同时存在。赞成应该扩大媒体在法治领域的舆论监督权限的司法机关工作人员仍为多数，占 60.7%，他们赞成扩大媒体在法治领域的舆论监督权限的理由主要为遏制司法腐败、遏制公权方对司法的干预，维护公众知情权、维护社会公平正义等。

最高人民法院副院长景汉朝在谈及司法与传媒关系时，同样认为当前"传媒监督不够广泛"。他指出目前传媒对司法的监督大多着眼于极少数具体案件和个别司法人员违法违纪或腐败行为，而对司法机关的全面工作、办案过程中的程序违法、外界对司法活动的不当干扰等等，则涉及很少。

由此可见，不论是新闻工作者出于自身工作的感受，还是司法工作人员基于本位主义的考虑，都对媒体监督司法的意义与价值有着深刻的认识，都普遍认为当前对司法活动的监督面窄，深度报道与监督很少。

169

（二）议程设置不当，舆论引导力下降

媒介的议程设置 (agenda setting) 功能是当代传播学的一大发现，至今仍然是一种较为流行的假说，这一假说认为，"大众传播只要对一些问题给予重视，集中报道，并忽视或掩盖对其它问题的报道，就能影响公众舆论，而人们则倾向于关注和思考大众传播注意的那些问题，并按照大众传播给各个问题确定的重要性的次序，分配自己的注意力。"[1] 简言之就是说，公众对社会公共事务中重要问题的认识和判断与传播媒介的报道活动之间，存在着一种高度对应的关系。

按照这样的理论假说，司法个案一旦被传媒设置成"议程"，便会不断被媒体手段强化，从而形成舆论。事实上，传统媒体作为社会舆论的风向标，过去在舆论引导方面一直发挥主导作用，而且大多数时候，这样的舆论引导是有利于案件审理的，但是近年来伴随着互联网的崛起，传统媒体的这种作用每况愈下，在消息源和影响力都不及一些大的网络媒体的情况下，逐渐从引导转向了被引导的局面。这与传媒格局的嬗变不无关系，但自身在议程设置方面存在的问题也不容忽视。

这种议程设置的不当经常表现在：一是对案件是非的经验性判断，比如"官民冲突"，舆论引导一般会倾向同情所谓"民"，鞭挞所谓"官"。例如，在邓玉娇案件的报道中，有的媒体一开始就有意突出邓贵大的淫官形象和邓玉娇的软弱无助；二是对案件当事人身份的符号化表述，动辄便用"官二代""富二代"来描述当事人的身份，这一点在药家鑫案件和李启铭案件的报道中表现较为明显。事实上，在这种称谓背后已经部分预设媒体的立场；三是对司法判决的习惯性质疑，每次重大案件判决之后，有的媒体总是发出"鸡蛋里挑骨头"式的质疑，好像不质疑就难以显示其深度。

以药家鑫案件的报道为例，案发后《扬子晚报》报道中的最后一句话"其所驾驶的车辆系其私家车，其家庭背景殷实"引起了公众的极大关注。很明显，在"欺实马""我爸是李刚"接连出现的大背景下，这种刻意的描述极容易让人对药家鑫留有"富二代"的印象。果然，之后药家鑫是"富二代""军二代"的说法满天飞，在这种情况下，传统媒体的记者本应踏踏实实地追

170

---

[1]　张隆栋主编：《大众传播学总论》，中国人民大学出版社 1998 年版，第 175 页。

求真相，厘清事实，但遗憾的是，一些报纸、电视台为利用公众心中积存已久的社会情绪制造新闻噱头，在报道中刻意突出某些事实，忽略另外一些事实，甚至匆忙发表一些未经证实的信息，将"大学生、私家车"与"母亲、农村人"进行比较，强调悬殊，制造差异。案件进行到中期，为迎合舆论，有的媒体甚至直接引用一方当事人的言论作为事实依据，直接报道、评论，加剧了本就不利于药家鑫一边的舆论环境。

　　一个值得注意的现象是，此间央视某法制栏目也就此案进行了专题报道。[1] 节目中对药家鑫的家庭情况也进行了如实的调查和报道。但遗憾的是对这些公众极为关注的信息只是作为一般性的背景介绍予以处理，而没有进行针对性的厘清与回应，未能在舆论狂潮中实现有力引导。此后央视《新闻1+1》栏目邀请李玫瑾教授对药家鑫犯罪动机进行细节分析，[2] 试图将"富二代冷酷杀人事件"舆论喧嚣理性疏导为一个普通家庭孩子的匪夷所思之举，没想到节目播出后社会效果适得其反，被许多网民视为专家和官媒一起为药家鑫罪行开脱，更是将药家鑫推向了"一片杀声"的舆论"死地"。央视作为强势官媒在药家鑫案件报道中尚未能扭转非理性的舆论走势，其他一些媒体的理性声音更是被顿时淹没。传统媒体引导力的下降可见一斑。

　　独立见解少，过分迎合网络舆论，成为当前一些传统媒体在重大案件报道中的通病，而更有甚者，跟着网络舆论跑，成了网络舆论的附庸，甚至出现一些媒体为吸引眼球而不惜主动迎合非理性舆论、牺牲媒体公信力的情况。

（三）推理揣测导致的失实报道屡屡出现

　　真实是新闻的生命，是新闻工作的第一信条。不采用未经证实的素材，不道听途说，不无中生有，不添枝加叶应该是新闻报道的基本准则，在案件报道中尤其如此，因为这不仅事关媒体的公信力，更关系到法律的严肃性。然而近年来，在案件报道中，一些媒体却频频出现报道失实的情况，对于案件基本事实缺乏认真核实即予以刊发，有的与事实出入很大，相应的评

---

[1]　详见中央电视台《今日说法》栏目 2010 年 12 月 13 日节目《西安撞人杀人事件调查》。

[2]　详见中央电视台《新闻1+1》2011 年 3 月 23 日节目《药家鑫，从撞人到杀人》。

171

论自然也难以客观，对传媒自身形象造成不小的破坏，也干扰了司法活动的正常运行。

比如在邓玉娇案刚刚发生以后，就有媒体对案情任意猜测。当地警方首次通报案情后，《长江商报》就发出了首篇关于邓玉娇事件的公开报道，称"可能是事发前邓贵大向邓玉娇提出'特殊服务'要求。"该报道随即被新浪网转载，一时间高居留言排行榜第一位。《恩施晚报》《楚天都市报》也对案情进行报道，都用了"特殊服务"字眼。而《京华时报》发表文章《女服务员刺死官员续：刑拘后被捆无行动自由》，则毫无事实根据。此外更有媒体报道说"邓玉娇内裤上留有证据（《南方都市报》），邓玉娇案关键证据离奇被毁（《重庆晚报》）"[1] 则纯属想象了。

同样任意揣测、胡乱报道的现象也出现在"李启铭交通肇事案"中，那句事后传遍大江南北，进而演化为文化现象的"我爸是李刚"，事实上不过是李启铭在学校警卫室里当着派出所所长和警察的面边哭边说的一句话。[2] 而媒体报道的最初来源是网友"河大义工"发的帖子里，帖子里称李启铭在被拦截后竟口出狂言"看把我车刮的！你知道我爸是谁吗？我爸是李刚"。该贴给出了案件发生的诸多细节，大部分网友都相信了这一说法，值得警惕的问题是，一些传统媒体也在对事件未调查清楚之前，纷纷引用网贴中的"我爸是李刚"，并将矛头指向李启铭和其父李刚。

这种做法显然违背了媒体的新闻真实原则。即使这句话真的出自李启铭的口，但这句话是李处于什么样的环境下、什么样的情绪下说出的，媒体似乎并没有深究，在传统媒体的推波助澜下，李启铭真的成了一个视生命如草芥的"官二代"。

2010 年 10 月 19 日，《新京报》刊发题为《"我爸是李刚"背后的权力骄横》的评论，未经调查直接认可"有本事你们告去，我爸是李刚"的说法。10 月 27 日，《中国青年报》连续刊发两篇文章，也都涉及不实传言，其中《李刚父子的 5 套房产如何征税？》一文，继续沿用并支持了"李刚父子有 5

---

[1] 武和平：《打开天窗说亮话 --- 新闻发言人眼中的突发事件》，人民出版社 2012 年版，第 105 页。

[2] 引自《我爸是李刚"背后的权力骄横》，载新京报网 http://www.bjnews.com.cn/opinion/2010/10/19/76611.html，最后浏览时间 2015 年 2 月 22 日。

套房产"的说法，但是经事后查证，所谓"李刚有 5 套房产"以及相关的"李刚岳父是某副省长"等所谓"内幕消息"全是虚假的，而当时的李刚父子已经百口难辩，被迫走上央视澄清，甚至一度有追究造谣者责任的想法[1]。类似的情况还在钱云会案中有所体现，"钱云会是被四个人摁住碾死的"的虚假信息一度甚嚣尘上。药家鑫案件中，原本普通的家庭背景被冠以"军方"背景后，引发群情激奋。实际上，这类报道已经不是简单的报道失实，而是构成了虚假新闻。既缺乏基本的新闻道德，也违反国家新闻宣传的相关规定。

回头来看，正是部分传统媒体不问信源，不讲证据，对未经核实的传言直接刊发和评论，使各种谣言像病毒一样不断感染、演绎，而网络媒体反过来转载传统媒体报道，使广大网民认为"事实就是如此"，使得"网络暴力"扩大到全方位的"舆论暴力"，从而强化了非理性的民意表达。

（四）忽视司法权威和程序，"越位"现象时有发生

案件审理是法官依据事实和法律，通过一定的司法程序对案件的是非曲直做出逻辑判断的过程。这一过程需要法官不受任何影响和干扰，依法办案。我国《宪法》也明文规定：人民法院依照法律规定独立行使审判权，不受行政机关、社会团体和个人的干涉。因此减少舆论倾向和嘈杂信息对案件判断的干扰是公正审判的需要，也是维护司法权威的需要。但是近年来，一些媒体在报道监督司法活动的过程中，也不时出现不尊重司法权威和程序，甚至干涉司法的现象。

最高人民法院副院长景汉朝也著文指出，"当前传媒监督忽视司法的特性和规律，越位现象比较突出。有的报道案件忽视法官在当事人之间不偏不倚的中立角色，明显倾向于一方当事人，有的对司法机关正在办理的案件乱加评论，甚至冒下结论，干扰司法机关依法办案，影响司法公正。"[2]与此相关的一份针对新闻从业人员的调查显示，媒体记者普遍认为"媒体

---

[1] 引自《我爸是李刚"背后的权力骄横》，载新京报网 http://www.bjnews.com.cn/opinion/2010/10/19/76611.html，最后浏览时间 2015 年 2 月 22 日。

[2] 景汉朝：《从大局出发，正确把握司法与传媒的关系》，载《人民法院报》2009 年 10 月 13 日期。

审判"已成为法治报道中最经常出现的情况，此外还存在着"滥加评论"和"偏听偏信"等情况。[1]

在针对媒体报道越位的指责中，"媒体审判"（trial by media or trial by public opinion）是最受诟病和最具争议的，"媒体审判"通常是指新闻舆论超越司法程序，干预、影响司法独立和公正的现象。魏永征将"媒体审判"的特征概括为："超越司法程序抢先对涉及的案情做判断，对涉案人员做出定性、定罪、定量刑，以及胜诉或败诉的结论。媒介审判的报道在事实方面往往是片面的、夸张的以致失实的。它的语言往往是煽情式的。力图激起公众对当事人的憎恨或者同情一类的情绪，它有时会采取"炒作"的方式，即由多媒体联手对案件作单向度的宣传，有意无意压制相反的意见，它的主要后果是形成一种足以影响法庭独立审判的舆论氛围，从而使审判在不同程度上失去应有的公正性。"[2] "媒体审判"被很多人认为是新闻媒体无视司法独立地位和法律尊严，将新闻传播权利凌驾于司法权力之上，运用新闻报道干预和影响司法工作的做法，是有违职业道德的行为，甚至是违法的。

当然也有学者和媒体司法人员认为"媒体审判"是个伪命题，《检察日报》社前总编辑王松苗在接受本编写组专访时就表示，"媒体审判这个命题在某种意义上是很难成立的，因为最后起作用的依然不是媒体，而是行政力量。"周泽律师也认为，"媒体审判"作为民众对司法审判活动的评价是一种合理现象，"误导司法非媒体和舆论之过。"[3]

不论媒体有没有通过"媒体审判"的方式干预司法审判（实际上是行政力量充当了干预司法的中介），抑或这种干预本来就是合情合理的，总之，媒体报道普遍存在"越位"报道现象是不争的事实。从"不杀不足以平民愤"为主题的新闻稿，到"哪有造假者告打假者"为主题的电视节目，一些媒体有意无意把自己置于法官的位置，无形中传播了不少非法治观念。

---

[1] 姚广宜主编：《中国媒体监督与司法公正关系问题研究》，中国政法大学出版社 2013 年版，第 280、320 页。

[2] 魏永征：《新闻传播法教程》，中国人民大学出版社 2002 年版，第 209 页。

[3] 周泽：《"媒体审判""舆论审判"检讨》，载《中国青年政治学院学报》2005 年第 3 期，第 130 页。

2003 年，当刘涌被最终判决并执行死刑，几乎所有的人都认为最高法院的提审和改判是媒体舆论对司法的影响结果，而此前刘涌二审被改判死缓引发的舆论狂潮至今让人记忆犹新，从最开始就将刘涌视为一个有罪之人的媒体一片喊杀。为了把刘涌推向断头台，有的媒体甚至到了不惜与法院剑拔弩张的程度，"如果罪孽深重如刘涌都可以不死，那么，死刑留给谁用？"[1]

8 年后的 2011 年，同样的声音再一次在中国司法的上空响彻，先是公众以近似集体狂欢的形式将药家鑫置于死地（传统媒体在其间推波助澜的表现前文已有讨论，此处不再赘述），接着云南的"李昌奎"案进入公众视野。云南省高院在二审中给李昌奎的"免死牌"引发公众强烈质疑，"阴谋论"一时盛行，《南方都市报》等媒体纷纷发表社论质疑法院审判标准不统一的问题。"法律会不会成为司法者手里畸轻畸重的工具"，"我们有义务提醒他（指云南省高院副院长田成有，笔者注），我们所在的并不是一个判例法国家，法官有一定的自由裁量权但绝对没有"造法"的权力"，[2] 媒体对法官和判决的批评已经到毫不掩饰的程度，最终的结果当然是李昌奎案被云南省高院迅速再审，李昌奎毫无悬念地被安排了和当年刘涌同样的结局。

与对待"罪大恶极"者杀之而后快不同，媒体在"邓玉娇案"则是表现出对邓玉娇的压倒性同情，在法院尚未判决之前，定案定性的表达比比皆是，如"芳心一怒震寰宇，芳心一曲邓玉娇"的标题，像如下醒目的评论：《法律应宽待受辱杀官的女服务员》（《现代快报》），《刺死官员的女服务员应判无罪》（《潇湘晚报》），案件在媒体的舆论导控中，变得扑朔迷离。[3] 最终邓玉娇被判 1 缓 1，有罪无责，当庭释放。很多人认为这是法律向民意妥协的结果。

不少人担心，媒体和舆论干预司法的"成功"案例越多，越坚定了公众对司法的不信任，也愈发鼓励公众按照自己的情绪和判断，对各种案件作出自己的"裁决"，并把这种裁决以舆论的形式施加于法庭审判。"在

---

[1] 李曙明：《对沈阳黑帮头目刘涌改判死缓的质疑》，载《外滩画报》2003 年 8 月 21 日期。

[2] 引自《李昌奎案，司法者理当更少情绪化》，载《南方都市报》2011 年 7 月 14 日期。

[3] 武和平：《打开天窗说亮话——新闻发言人眼中的突发事件》，人民出版社 2012 年版，第 105 页 ~ 106 页。

这个过程中，公众刚刚建立的薄弱的法律理念被一次次冲淡。"[1]

当然，也不能以反对"媒体审判"为理由而禁止媒介报道和评论司法审判，"正如不能因为一个人可能会说错话就禁止他说话一样，防止媒体审判和支持媒体对司法的监督功能，是完全不同性质的两个问题。"[2]

（五）报道立场偏颇，显失公正平衡

传统媒体肩负着正确舆论导向和疏导公众情绪的职责。客观中立的报道立场，公正平衡的报道姿态，在法制新闻报道中十分重要，但是近些年来，法制新闻报道中时有显失公正平衡的稿件与节目出现，原因当然很复杂，有记者本身的因素，有媒体自身的原因，也有来自外界的干扰，单从操作层面来讲，笔者以为核心原因是没有把握好平衡的原则和技巧。

我国新闻从业者对于"平衡报道"的认识，大都基于梅尔文·门彻在他的《新闻报道与写作》中所作的界定："尽可能给每一方，尤其是受到指证的一方说话的机会。"显然，这里的平衡报道主要是"话语权平衡"。事实上，"话语权平衡"仅仅是平衡报道原则的一方面诉求，平衡报道原则包括着广泛而深刻的内涵，一些学者从报道内容的角度，将平衡报道分为事实平衡和观点平衡。事实平衡是指对报道中所涉及的事物诸多方面的事实信息作较为完备的陈列。事实信息本身没有是非和价值倾向，而观点平衡则指在报道中给不同观点的双方或多方以表达意见的权利和机会。除上述两点外，还有一点"平衡"，一直被学界和媒体忽视，"即是新闻报道的姿态平衡，其实姿态平衡同样重要，姿态平衡更强调媒体和报道者的中立立场，以及基于中立立场，为实现平衡报道所做的努力。这种姿态平衡在报道中如得以展示，更有利于体现媒体的客观公正立场，避免不良倾向性，更好地帮助受众就争议问题做出独立判断。"[3]

平衡报道，作为一种采访技巧来讲，有利于增强新闻的真实性和客观性，

[1] 张天蔚：《也说舆论干扰司法》，载腾讯网 http://dajia.qq.com/blog/287092113085901，最后浏览时间 2015 年 2 月 21 日。

[2] 魏永征：《媒体和司法审判：应该如何平衡——以刘涌案为例》，载中华传媒学术网 http://academic.mediachina.net/article.php?id=4410，最后浏览时间 2015 年 2 月 22 日。

[3] 王宝卿：《关于平衡报道的多维思考》，载《电视研究》2011 年中央电视台青年业务论文获奖专刊》，第 27 页。

准确地反映报道事物的真相；作为一种报道姿态来讲，有利于防止新闻过度伤害，避免媒体被诉；作为一种价值追求来讲，有利于体现媒体的独立地位，防止利害关系染指。遗憾的是，当前一些媒体不能够掌握案件平衡报道的基本原则和操作技巧，在报道案件中不够谨慎，也不够尊重法院和当事人，导致了案件报道的偏颇，从而形成了负面的社会影响。更有甚者，一些媒体非常积极地接受一方当事人的信息，将案件报道成了"一边倒"的情况，给法院正常审判也带来了基于不平衡事实的舆论压力，从而阻碍了案件审判的正常进行。

比如，轰动全国的彭宇案，当初彭宇被媒体塑造为做了好事反而遭受冤屈的英雄。事后证明，舆论和公众认知的"彭宇案"，并非事实真相，[1] 当时出现集体误判的舆论局面，媒体难逃干系。

比如，2007 年 7 月 12 日，在法院尚未审结该案之前，江苏电视台城市频道《甲方乙方》节目就播出《蹊跷的索赔》，显失公正平衡。

首先，题目本身就不够中立，有暗示性，"索赔"是当事人的权利，支持不支持有待法院判决，怎么能说"蹊跷"？

其次，节目一开始主播即播报了一段开场白，"市民彭先生反映，他去年将一位跌倒在公交站台旁的老太扶了起来，以为做了一件好事，没有想到却惹出了一场官司"（大意），这已经基本上为案件进行了定性；

再次，节目分别采访了彭宇（由其主动报料）、派出所卢所长、徐老太和一位案外律师，看似各方面都兼顾到时了，实则不然。此节目分为上下两集，共长约 20 分钟，绝大部分时间（2/3 以上）都是彭宇单方面透露的信息，讲述其如何做好事反而受到冤枉的经过；如何用从事通讯行业的专业知识揭穿卢所长的谎言；用证人陈二春来暗示彭宇确实做了好事；在节目结尾引用律师的话来证明派出所的做法不合法，而对徐老太的采访时长只有不到一分钟（其中包括其在法庭上指责陈二春未在事故现场的时间）。因此，本节目的倾向性已由报料者的讲述所决定，其他平衡报道的手法根本未起到应有的平衡作用。

---

[1] 徐机玲、王骏勇：《南京市政法委书记刘志伟：不应被误读的"彭宇案"》，载《瞭望》新闻周刊。

"彭宇案"只是一起民事案件，一些媒体尚无法做到平衡，在刑事案件的报道中，就更是难以客观中立了。当年，刘涌案二审改判后民愤的形成与媒体的不平衡报道有很大的关系。从一审前的报道内容可见，大部分案件信息均来自于公安机关，使得诉讼关系中一方主体声音缺失，媒体成了追究犯罪部门的代言人、传声筒，持有罪推定的立场和观念对犯罪嫌疑人进行着"媒体审判"；"邓玉娇案"中，媒体自始至终对邓玉娇的同情和支持到了无以复加的程度，竭力将死者邓贵大描绘成一个"淫官"形象，而对于邓贵大本人的生活家庭状况鲜有报道，邓贵大有罪，也罪不至死，邓贵大也是一条人命，他身后也有家庭，也是一对老人的儿子和一个女人的丈夫，以及一个高中生的父亲；还有轰动全国的"李怀亮"案件，媒体铺天盖地报道李怀亮被冤 12 年无罪释放，对案件的深层背景以及被害人家属的境况和感受关注较少。事实上，司法机关一直以为此案是个疑案，认为与赵作海案有本质区别，而被害人家属至今还在上访告状，认为李怀亮就是真凶 [1]。当然基于"无罪推定"原则，释放李怀亮是正确的，只是说媒体在报道时注意中立，平衡诉讼双方的话语地位，这是法治新闻报道理应遵循的新闻准则，也是遵循现代法治精神的体现。

（六）热衷煽情吸睛，理性审慎不足

在案件报道中，尤其是刑事审判案件的报道中，以案说法，潜移默化地传递法治意识和公民意识，兼顾法律效果和社会效果，维护公共利益和公序良俗，应该是法制报道的基本理念，然而近年来一些媒体通过制作耸人听闻的标题，借用引人眼球的话语，非理性的情绪化表达，大搞煽情主义，制造轰动效应，吸引公众目光。

新闻煽情主义 (journalistic sensationalism) 是人类新闻事业与生俱来却又备受诟病的新闻倾向，以吸引最大数量的受众为目标而选择报道内容与形式的新闻类型，其吸引受众的方式主要诉诸受众接受新闻时情感、情绪上的强烈变化。煽情新闻的易接受性帮助社会新成员加快了社会化过程，但诉诸受众情绪性反应的内容选择往往又使其成为一种腐化社会的公害。"对

---

[1]　引自《李怀亮案被害人家属上诉》，载《半岛都市报》2013 年 5 月 8 日期。

于媒介经营者来说，煽情的新闻手段是应对新闻竞争的不二法门，但在批判者看来，煽情主义新闻却是一种"白痴文化"(idiot culture) 或"没有灵魂的新闻"(journalism without a soul)。"[1]

在案件报道中，煽情报道容易误导社会舆论，甚至影响案件走向，造成不良影响。这一点在邓玉娇案中体现的特别明显：如当时一些醒目的评论，《中国青年报》的"邓玉娇涉嫌故意杀人，邓贵大岂不死得光荣？"，《南方都市报》的"后邓玉娇时代：我们的妻女该如何应对权贵邪行"。[2] 而在邓玉娇最初的两位代理律师被解聘后，一些媒体则继续运用煽情报道"鼓动"舆论，比如《南方都市报》就在 4 天内接连刊发了《邓玉娇律师：她内裤上留有证据》《邓玉娇衣物被母亲清洗》《邓玉娇案：风云诡秘的三天》《律师夏霖控告邓贵大同伴涉嫌强奸》4 篇文章，通过煽情的标题与内容突出了"当场哭泣"的被解雇的律师的正义形象。

还有在"彭宇案"中，一些媒体得表现同样是煽情过头，审慎不足。在媒体与网友挥舞的道德大棒下，彭宇被捧成了英雄，救助"落难英雄"成为占据道德高地之公众的自我救赎行为，身负正义感的媒体人士与网友一起以电视、报纸、网络等为利剑、长刀，誓要还好人清白。《南京应补彭宇案之"过"，表彰被"反咬"的好人》（《新华每日电讯》）、[3]《"彭宇案"挤压下，良知何以安身？》（《文汇报》），[4] 在这种道德情景下，原本一起普通的民事纠纷案演变成了大规模地支持彭宇，讨伐司法不公的舆论狂欢事件，而事后证明媒体和公众都被耍了。

案件报道不同于普通的新闻报道，有案件本身的复杂性，也有诉讼双方利益的胶着，理性引导舆论，审慎对待案情应成为媒体基本的职业准则，无所顾忌地使用煽情性报道，煽动了公众情绪，博得了公众眼球，却侵害了司法审判和当事人利益。

---

[1]　王传宝、王金礼：《新闻煽情主义的伦理批判》，载《南京政治学院学报》2010 年 06 期，第 106 页。

[2]　武和平：《打开天窗说亮话——新闻发言人眼中的突发事件》，人民出版社 2012 年版，第 105 页。

[3]　参见《南京应补彭宇案之"过"，表彰被"反咬"的好人》，载《新华每日电讯》2009 年 11 月 20 日期。

[4]　参见《"彭宇案"挤压下，良知何以安身？》，载《文汇报》，2011 年 9 月 5 日期。

（七）专业素养不高，职业意识淡薄

对于大众传播机构而言，法制报道是专业知识最为密集的领域，"法庭审判"也被一些发达国家的著名媒体列入为数不多的"专业领域报道"[1]之一。《中国媒体监督与司法公正关系问题研究》编写组所做的调查问卷显示，媒体舆论监督过程中存在一些新闻从业人员职业操作水准不高的问题，司法机关工作人员认为目前法治新闻报道中存在的问题为炒作、对法律法规等专业性强的内容解读不足、专业性不足，有很多法律常识错误、断章取义。"这类问题属于新闻从业者把关不严、操作水平低造成的技术问题。"[2]而另一类问题则暴露出了媒体从业人员对法治报道特殊性的认识不足，对记者在案件报道中的角色定位认识不清的问题。

仍以药家鑫一案为例，我们不能否认一些媒体及媒体人所一直秉承的职业操守和体现出的专业素养，但是仍不难发现存在的一些专业问题。有的记者为获得一手材料和新闻效果，随意介入谈判过程，从而影响到案件进程。2011年2月25日，药家父母向张妙家属道歉，并准备商谈赔偿金额事宜。实际上，对于事实清楚的药家鑫案来说，能否取得受害者家属的原谅也是重要的量刑参考情节。但是遗憾的是，记者不顾后果的随行记录和拍照打乱了两家的谈判事宜，张平选质疑这是特意安排的，最终协商赔偿事宜也没有进行。

同样是在药家鑫案件的采访报道中，有的记者还暴露出职业意识淡薄，导致公私不分的问题。2011年4月5日，张显在微博上称某报记者"与我谈过近4个多小时，劝说我们不杀药家鑫。"理由是"正因为药家鑫十恶不赦，一片喊杀声，所以呼吁不杀他，这样就为中国取缔死刑的文明前进了一步，也做了很大的贡献。"而这名记者随后作出回应："我有在非职业平台上表达个人观点的权利，这与采访这一职业行为无关，也不会影响报道的客观中立。"

---

[1] 【美】杰里·施瓦茨，曹俊、王蕊译，：《如何成为顶级记者：美联社新闻报道手册》，中央编译出版社2003年版，第81页～121页。

[2] 姚广宜主编：《中国媒体监督与司法公正关系问题研究》，中国政法大学2013年版，第97页。

很明显，这名记者并没有弄清自己的媒体职业身份，作为采访被害方的记者，却以公民身份对后者做"不杀药家鑫"的劝说，严重混淆了公众审视这两种身份的不同标准，这很难让公众尤其是被害方相信他最终的报道会保持中立。职业记者的特殊身份，往往意味着其必须在一定程度上放弃在私人空间里实现"个人"的言论自由与价值认同，因为公众很容易把他们的私人言论理解为"官方解读"或媒体立场。而"预设立场，然后围绕这样的立场采访、报道，这是媒体最大的危险。"[1]

现在有很多记者没有法律人的冷静思维，缺乏中立平衡的报道立场和技巧，在新闻报道中有很大的主观性和情绪化的表现，当然从实践层面来看，即便是法律出身也不意味着专业素养就很高，专业素养很大程度上是需要在实践中锻炼才能够逐渐学习到的。因此要磨砺并坚守专业主义素养，否则满腔激情可能会起到破坏作用。

（八）从故事化、娱乐化到低俗化的不良倾向

现在，媒体对案件报道大多采取"讲故事"的手法（新闻报道少，主要是专题报道），使报道的阅读性、可视性大大增强，保证了阅读率、收听率和收视率，这样的报道手法一直备受推崇，本也无可厚非，不过讲故事要想好看好听，就要讲究故事结构、讲究戏剧冲突，一些媒体在收视率、阅读率的压力下，为了把故事讲得更好，讲得更吸引人，过分地突出案件的故事情节，甚至在情节上添油加醋，损害甚至牺牲了案件的真实性，出现"故事讲好了，真相消失了"的情况，故事胜于事实，这是当前故事化手法报道案件要警惕的地方。

随着新闻娱乐化成为当今大众传播活动中的普遍现象，报道娱乐化的倾向也越来越严重。一些媒体和记者日益重视挖掘案件中娱乐价值。某些案件报道给人的深刻教育和启示不多，却不惜篇幅、津津乐道于案件中的情人艳事，报道格调低下，情节荒诞离奇，有的报道标题粗俗不堪，极具挑逗性，严重污染社会风气；还有的媒体热衷于报道当事人的一些媒体隐私，毫不尊重当事人的权利。

[1] 李曙明：《药家鑫案，有的报道不及格》，载《青年记者》2011年第9期。

2002 年，湖北省天门市原市委书记张二江因受贿近 80 万元被判刑 18 年，不过大小媒体似乎更关注是他在男女关系方面令人吃惊的表现，例如，《五毒俱全"张二江与 107 女的风流史》（《生活日报》）、《聚焦"五毒"贪官张二江：案卷高 2 米情妇 107 个》（《北京青年报》），对张的不检点进行了铺天盖地的渲染，也不管这些同案件有没有关系，说他同 107 个女人有染，也不知道是谁统计出来的；1 年后，湖北省枣阳市原市长尹冬桂因受贿获罪被判刑的事件，尹冬桂受审期间，武汉某报发的两篇题为《收受贿赂 8 万元，人称女张二江》和《与多位男性有染霸占司机长达 6 年，枣阳有个"女张二江"》的报道，直指尹冬桂的"生活作风问题"，经调查，媒体言之凿凿的尹乱搞两性关系之事，系捕风捉影，查无实据，尹冬桂为此状告媒体名誉侵权，并且胜诉。

最高人民法院副院长黄松有被双规之后，各种报道出炉，其中一些媒体便直接以"性贪"称呼之，《由黄松有的特别"性嗜好"说开去》一文言词更值得推敲，文中出现了这样的表达，"黄松有'对未成年少女特别有兴趣'，可见某些不法官僚的癖好正在追随另一种恶性的潮流，这种癖好又非正常人所能理解，是'恋童癖'还是厌倦了'性工作者'的热情服务？总吃一种口味的东西难免要换换口味，这'口味'不是简简单单换个漂亮一点的，甚至也不是多找几个情妇，多娶几房姨太太，而是对小女孩有'特别的兴趣'，这恐怕就不是一般的'性贪'了，而是走向了畜生。"[1] 如此苛刻犀利的措辞有点令人难堪，却并无意义。

笔者以为，当前传统媒体的首要任务还是还原真相，提供表达的标准；不可迎合受众低级的探秘欲，渲染耸人听闻的情色情节，展示血腥刺激的画面，宁可损失一些阅读率、收视率，也不以"惊悚尖叫"的方式误导受众。

上述问题都属于传统媒体在案件报道中操作层面出现的问题，当然在监督司法审判的过程中问题不止这些，比如记者职业操守的问题，偷拍偷录的问题，因为在其他报道领域也存在，不具有特殊性，便没有专门讨论。

---

[1] 李振忠：《由黄松有的特别"性嗜好"说开去》，载红网 http://hlj.rednet.cn/c/2008/12/04/1651751.htm，最后浏览时间 2015 年 2 月 23 日。

二、传统媒体在案件报道中存在问题的原因探析

我国一些传统媒体在案件报道中，已经出现了这样那样的一些问题。从大的方面来讲，这与整个时代背景有密切的关系。目前整个国家正处于巨大的转型期中，"社会结构急剧变迁，市场经济高速发展，正经历一场'从身份到契约'的社会历史变革。"[1] 与此同时，整个传媒格局和舆论生态也在发生剧烈的变革，在这样的背景下，传统媒体也面临一个适应和调整的过程，这种调整是全方位的，有体制的，有理念的，也有操作技术层面的，在被迫的调整中，难免会出现很多动作变形，这些动作变形当然会或多或少地体现在案件报道中，下面笔者将梳理和分析这些既是现象、又属本质的原因。

（一）宣传工具的属性定位影响监督功能发挥

我国传统媒体的属性定位很大程度上决定了它在案件报道和监督司法活动中的表现和作为。传统媒体大致可分为体制内的"官方媒体"（即常说的所谓"主流媒体"）和体制外的"市场媒体"（事实上市场媒体也需挂靠体制内组织作为上级管理机构）。我国媒体不是一般意义上的传媒机构。

"官方媒体"自不待言，长期以来作为党和政府的"喉舌"，扮演着"舆论工具"的角色，一直由各级党委和政府管理，是国家机器的一部分，这类媒体数量体积庞大，构成了我国媒体的主体部分，"最大特点是它要以所隶属机关的意志为意志，而不能够单纯地以新闻事业的规则去运作。"[2] 虽然它的声音不一定总是或者全部代表党委和政府的意志，但是它始终以官方面孔示人，当主管部门要求配合宣传或者不报道什么内容时，"官媒"没有任何拒绝的勇气和可能，因此"官媒"的工具色彩浓，宣传味道重。尤其是很多法制类媒体（如中央与地方的政法公安类报纸）其实就是司法机关的"宣传窗口"，充斥了主题宣传、典型宣传、成就宣传这些司法机关希望媒体大力报道的内容，监督类的报道自然就很少能见到，即便是有

---

[1] 秦川：《民意关注司法审判的法理思考》，载《北方工业大学学报》2010 年第 4 期，第 33 页。

[2] 贺卫方：《传媒与司法》，载《法学研究》1998 年第 6 期，第 24 页。

也很大程度上代表着官方权力的延伸，代表着体制内的监督，而非社会监督。

而"市场媒体"更多地遵循市场规律和新闻规律运作。由于受到的新闻监管相对少，在报道自由度上相对"官方媒体"要大一些，无须像官方媒体那样时刻肩负"正确引导舆论，传递主流价值观"的重任，也不用处处自觉维护政府形象和公检法司法机关形象，所以在处理案件报道题材时往往更迅速、更大胆，更尖锐，这也是近年来一些司法监督报道的沸点总是最先由市场媒体点燃的原因之一。

但是各级主管机关近年来对传统媒体的新闻监管越来越严，媒体受到的各种"宣传指示"也越来越多，其中不乏对重大案件的报道要求，前文提到的"邓玉娇案""药家鑫案""李昌奎案"，宣传部门都曾通过内部传达系统下达过"不得报道"或"不炒作"的宣传指示；对于这些宣传指示，"官方媒体"向来不敢忤逆，"市场媒体"也有所顾忌，这是造成近年来司法报道正面宣传多，监督不足的根本原因，也是因为从传统媒体中找不到对事件的报道和关于事件真相的答案。国家对传统媒体监管严格却对网络监管宽松，使得社会发展中积累起来的民怨和民愤在网络中发泄了出来，造成两个"舆论场"。

（二）新媒体的冲击造成传统媒体影响力和引导力下降

这是一个"人人掌握麦克风"的时代，这是一个你花一个月耗资数万制作了一期法制专题节目，可能比不上"微博大V"花一分钟编一条微博影响力大的年代。新媒体的风起云涌改变了信息传播的结构，也改变了整个舆论生态，给传统媒体带来了致命的冲击。短短几年，传统媒体从过去的主流强势媒体变成了"夕阳产业"，惴惴不安地等待着时间和历史的发落。

我们知道，在过去的舆论形成过程中，传统媒体因其"意见领袖"的地位，能够获得更多的信息，具备更高的可信度，更容易形成主流意见，可以起到平衡民众意见与法院官方意见的作用，因而其在监督审判方面的作用是不容任何司法机关忽视的。而现在，随着新媒体的勃兴，传统媒体在新闻线索的获取渠道、报道速度、议程设置以及与受众的互动性方面与新媒体有明显差距，经常不能准确分析预判大众关注的热点并根据大众关注的热点进行调查，有效信息供给不足，加之在舆论监督方面又常常受到行政主管机关的限制，使得当下出现了传统媒体与网络自媒体"两个舆论场"的现象，且两个舆论场达不成共识的情况时有发生。而网民似乎更倾向于相信网络的信息，使得传统媒体的公信力和舆论引导力持续下降，

我们知道，由于自媒体自发性强，很多言论缺少真实的事实依据、或者表达不符合规范，对监督司法审判的意义不大。在这种情况下，传统媒体应当发挥其合理引导作用，疏通自媒体与审判机关的关系，达成一种良好的合作监督机制，最终使得法院接到的是符合理性、甚至具备可操作性的舆论建议与意见。

而现实的情况是，有的传统媒体为了迎合所谓"民意"，一味地跟着网络舆论走，甚至迎合，在一些案件审理上向司法机关无原则地施压，在案件审判这种严肃性与专业性都非常强的议题上，本应发挥的正当的舆论监督功能悉数丧失，这也加剧了传统媒体引导力下降的趋势。

（三）职业规范长期缺失是导致专业报道不专业的重要原因

如前文所述，法制报道是专业知识最为密集的领域，因为报道涉及司法领域，也成为媒体与报道对象互动最为复杂的领域，媒体需时刻注意并尊重司法的特性与规律，防止越位。当下，媒体监督司法过程中，存在一些新闻从业人员职业操作水准不高的问题，报道不够专业的问题以及备受指责的"越位"现象。除了媒体从业人员自身素养不高之外，一个重要的原因是职业规范长期缺失，这也是传统媒体始终没能完成的历史使命和任务之一。

在规范报道方面，我国媒体最早和最多接触的是党的宣传部门和主管行政机关以文件形式下发的宣传政策规范，这些政策规范涉及的内容林林总总，极不系统，缺乏稳定性，主要目的也不是规范媒体行为而是调控舆论导向，这在新闻法制建设存在很大缺陷和很多不足的当今，客观上发挥了一定的规范功能。但是这样导致的弊端便是媒体自律能力的先天性羸弱。

真正的行业性自律准则直到1991年才出现。这年中华全国新闻工作者协会通过了《中国新闻工作者职业道德准则》（此后又经数次修订，最近的修订是在2009年，以下简称《准则》），许多人把它视为中国新闻界自律水平的标志性文件，但是修订后《准则》中涉及法制报道相关内容只有

第六条中的第四款："维护司法尊严，依法做好案件报道，不干预依法进行的司法审判活动，在法庭判决前不做定性、定罪的报道和评论"，总计47个字。基本上是原则性规定且操作性差，很难起到实际的指导作用。

2003年之后，关于法制报道自律规则的讨论日益热烈，一些媒体机构和业内人士也感到制定规则的紧迫性，如中央电视台在2006年8月，专门制定"四要八不"的内部规定来规范法制节目宣传。[1] 但是媒体各自的自律行为并没有汇聚成集体行动，更没有形成书面的符合国情的报道规范，业内始终没能达成共识，专业主义的报道模式始终没有出现，法制报道的新闻工作人员一直在"心怀理想"和"面对现实"的艰难平衡中摸索。

基于以上原因，我国媒体在案件报道规则方面长期处于"无法可依"或者即使"有法可依"也只是些原则性表述的状态，实践中遇到问题，大家基本上都在靠习惯和经验处理，新闻伦理在这里远不如处理技巧重要。难以判断的，就以不招麻烦为原则。总的来说，央级媒体把握较好，地方媒体就良莠不齐了，加之新问题层出不穷，这种状况下，隔三差五地出点岔子也就不足为奇了。

（四）司法机关信息公开不够，客观上导致舆论失衡

一些媒体报道案件和司法活动不够客观平衡，甚至出现"越位"失实的情况，除了自身职业素养的原因外，另一个重要的客观原因是司法机关信息不够公开。司法机关对媒体的各种限制和管制越来越多，经常以各种理由阻止媒体记者旁听或采访案件。"恐媒、防媒、限媒、告媒"之风日盛，媒体经常难以从正常渠道获得采访报道应有的司法信息。《中国媒体监督与司法公正关系问题研究》编写组的调查表明，有57%记者认为，传媒与司法关系

---

[1] 中央电视台关于法制节目"四要八不"的规定。"四要"是指：要导向正确，实行"一票否决"制；要层层把关，实行"安全把关前移"制；要加强监管，实行重大（敏感）选题中心领导审批制；要注重沟通，建立与权威部门的沟通机制。"八不"是指：不报道涉及国家安全、破坏民族团结的内容；不对犯罪过程做细致描写，严格控制严重危害公共安全案件的报道；不在节目中使用情景再现等表现手法；不得进行偷拍密录；不披露被侵害妇女儿童的有关资料；不披露政法机关办案细节和侦查人员有关资料；对涉及法律纠纷的案件未做判决前不得报道；对突发事件，未经请示批准不得采访报道。

突出表现在"司法对传媒越来越抗拒"，司法机关变相阻挠舆论监督。[1]

编写组的调查同时显示，媒体从业人员以及司法工作人员均认为司法信息公开"非常重要，直接影响司法公正"（媒体 74%，司法 46.7%），同时还关系到公众的知情权，但两者对司法公开均感到不满意，认为"公开的信息不充分，不全面"。44.3% 的媒体认为当前司法公开首要欠缺的是"获取诉讼信息的途径不明确、不通畅"，"法院以需要得到上级批准为由加以拒绝""对各路记者不能平等对待"、以及"以审判庭座位有限为由而拒绝媒体旁听"，还有一部分记者遭遇法院"限制媒体和记者采访审案法官"[2]。

事实上，司法机关拒绝向媒体提供信息是违反有关规定的，例如 2009 年最高人民法院就印发了《关于司法公开的六项规定》和《关于人民法院接受新闻媒体舆论监督的若干规定》的文件，可惜这些文件并没有得以全面的落实，有的地方不按照规定办事，对此，最高人民法院司法改革办公室副主任蒋惠岭在接受本编写组专访时的解释是，"目前法官对于媒体的案件报道无法掌控，无法判断因媒体介入会对案件审判带来哪些连锁影响，心里是没底的，这部分可能是来自法院的原因。"

司法信息公开未能全面推开，有限的推开没能得到很好的落实，这给媒体调查事件真相，进行舆论监督增加很多难点。更重要的是，这种公开不够，在一些重大案件上导致涉法案件信息不对称，媒体因为难以从正常渠道获取案件信息或获取信息严重不够，容易导致案件报道不全面、不充分、不平衡，而网络言论又往往来源于网民对传统媒体报道的解读，因此这种状况极易引发舆论失衡，谣言四起。

美国社会学家 G·W·奥尔波特和 L·波斯特曼于 1947 年总结出一个谣言公式：谣言的杀伤力 = 信息的重要度 × 信息的不透明程度。传播学者克罗斯将这一公式发展后提出：谣言 =（事件的）重要性 ×（事件的）模糊性 × 公众批判能力。说明谣言的能量有多大，既取决于真实信息的透明度，也取决于受众的判断水平。"一件事情之所以引起谣言，说明它有一

---

[1] 姚广宜主编：《中国媒体监督与司法公正关系问题研究》，中国政法大学 2013 年版，第 21 页。

[2] 姚广宜主编：《中国媒体监督与司法公正关系问题研究》，中国政法大学 2013 年版，第 23 页。

定的重要性和含糊性，信息不确定性越大，谣言滋生传播的空间就越大。"[1]由此可见，在媒体报道案件和监督司法活动中，要改善传媒与司法的关系，防止报道不实、舆论失衡，一个重要的突破口应该是在司法信息的公开上。

（五）采编人员素质参差不齐，社会责任感下降

法制新闻报道被视为"专业领域报道"之一，也因其专业性和复杂性，需要有一定法律知识背景和能力的记者方能驾驭。目前我国法治新闻报道的问题很多，不够规范，一些记者和编辑缺乏法律知识，出于对犯罪嫌疑人的愤怒、对司法机关的不信任或商业炒作的目的，在报道中不时有"越位"现象出现，比如"媒体审判"，有人把这种不规范总结为"不专业、不职业、不平衡、不审慎"[2]。原因是多方面的，单从媒体从业人员的角度来看，主要是采编人员的素质参差不齐，表现在以下几个方面：

1. 法律的专业素养不够

就笔者了解的情况，从事法制报道的大部分记者、编辑都不是学法出身，平面媒体记者多是学新闻学出身，电视记者大都是学影视编导或者新闻传播学出身，法律知识背景的缺失使他们在采编报道中，对法律法规等专业性强的内容解读不足，出现法律常识错误，忽视司法的特性和规律等等。当然也不是说，学法出身的媒体记者报道的专业素养就一定很高，法制专业领域的报道经验也十分重要，只是说知识背景会让从业人员在报道专业性上不至出现常识错误。

2. 新闻报道的专业素养不够

司法机关审理案件要依照特定的司法程序，这种程序具有既定性和封闭性，一定程度上排斥外界干扰，这就要求媒体采访报道时充分尊重司机机关的这种工作的特性，当司法机关的这种工作特性与媒体的特性发生冲突时，从业人员如何平衡，如何把握报道的分寸，就需要相当的经验和技术。现实来看，显然这并不是所有的法制报道记者都能处理好的，许多记者对

---

[1] 刘勇：《从谣言传播公式看谣言的生成土壤及遏制机制》，载《中洲学刊》2012年第4期，第105页。

[2] 景汉朝，《从大局出发 正确把握司法与传媒的关系》，载《人民法院报》2009年10月13日期。

当前法制报道的特性认识不够，对国情理解不深，对整个法治进程更是缺乏宏观的认识，加之有的记者职业意识淡薄，这样容易使报道专业性差，欠缺深度，或者不够平衡审慎，流于煽情，格调不高。

3.职业道德方面良莠不齐

法制报道很容易介入到当事人的利益纠纷之中，有的记者职业操守缺失，违规发表带有倾向性的报道，甚至充当一方当事人的代言人，[1] 败坏了传媒业的声誉。

此外，由于我国传媒业体制改革尚在进行中，部分媒体遭遇生存困境，铤而走险，完全追求商业利益，以致社会责任感下降，在案件报道中不以客观事实为基础，而是捕风捉影，胡乱报道，大搞煽情，制造轰动效应，吸引公众目光，相应地记者也在内部考核压力下追求效率第一，报道中图省事、走捷径、走过场，不深入调查，甚至依据道听途说写报道，将专业要求抛之脑后，严重误导了舆论。目前我国对失范报道惩戒少，犯错成本低，媒体社会责任下降有蔓延之势。

以上是对媒体在案件报道和司法监督过程中出现问题的原因探析，当然原因还不止这些，而且很多时候问题和原因是合一的，互为因果的，对于这些问题固然需要重视，期待解决，但也不可能毕其功于一役，有些问题是属于体制性的或者是发展过程中的伴生现象。在推进舆论监督的过程中，可能我们更多时候需要忍受媒体的"乱象"，正像托克维尔指出的那样，"为了享受出版自由提供的莫大好处，必须忍受它所造成的不可避免的痛苦。想得好处又要逃避痛苦，这是国家患病时常有的幻想之一。"[2]

---

[1] 2009 年 8 月 4 日上午，太原市杏花岭区人民法院公开审理并当庭宣判央视女记者李某受贿案，李某被判处有期徒刑三年，缓刑四年。

[2] [法]托克维尔著，董果良译：《论美国的民主》(上卷)，商务印书馆 1997 年版，第 207 页。

第五节 新媒体案件信息传播存在问题及其原因

互联网出现后，网络媒体也随之诞生。联合国新闻委员会在 1998 年 5 月的年会上正式提出"第四媒体"的概念，指网络媒体是继报刊、广播和电视后出现的一个"新媒体"。

随着互联网新技术的发展和升级，网络媒体涵盖的范围也在不断延伸。狭义上网络媒体包括新闻网站、传统媒体网站以及综合门户网站。新闻网站除了整合传统媒体新闻资源外，还会采编原创内容，如：人民网、新华网、央视网等新闻网站都有采编团队，可发布原创新闻内容。而依托传统媒体的网站，如中国日报、北京日报、新京报等媒体网站则通过传统媒体采编力量来充实网上内容。综合门户类网站，如新浪网、腾讯网、网易等一方面整合所有新闻媒体及新闻网站的内容，一方面通过专题、策划、访谈、调查等形式来做内容上的补充。

当被誉为"自媒体"的博客、论坛、微博等发展起来后，网络媒体的概念也发生了变化，广义上网络媒体也将这些"自媒体"囊括进来。如今"自媒体"的舆论影响力也与日俱增，其影响力不容忽视。

网络媒体因其速度快、信息量大、互动性强等特点，在法制新闻报道中产生了巨大的影响，一方面在推动法制宣传、传播法治文化上以及舆论监督上起到了积极的作用，一方面又在舆论监督的过程中，因其不规范、不理性等因素而产生了不良影响，甚至在一定程度上干扰了司法审判。由于网络媒体采编的原创新闻中所出现的问题与传统媒体的原创问题近似，本文不再重复这一部分的讨论。而是探讨新闻在网络传播过程中所出现的问题，以及"自媒体"在舆论监督、新闻报道中的负面影响。

一、网络媒体在传播法制新闻时存在的问题

（一）网络新闻标题问题

由于各大网站上首页资源有限，新闻在互联网上传播时呈现方式多是

标题的排列和整合。因此互联网时代也成为了读题时代，一条新闻能否吸引读者，全靠标题来吸引眼球，标题成了新闻在互联网上最重要的表现形式。为了最大限度吸引读者眼球，就需要提炼和修改标题。标题改编成为网络新闻传播的惯用手法，如何改编新闻标题使其更具吸引力，成为一名网络编辑应具备的基本素质。

虽然网络标题修改具有正面意义，但在互联网时代，为吸引眼球而擅改标题，使得题文不符的情况屡见不鲜。这种哗众取宠的改标题现象被喻为"标题党"。

北京网络媒体协会新闻评议专业委员会认为"互联网行业竞争日趋激烈，网站为吸引眼球，以无中生有、断章取义、以偏概全等手法对时政、社会新闻标题肆意篡改，误导广大网民，严重损害正常的新闻传播秩序。"[1]

基于以上的结论，北京网络媒体协会新闻评议专业委员会于 2012 年 9 月 4 日向北京地区网站发出了推广"转载新闻加注原标题"的倡议：网站在转载传统媒体新闻稿件时因自身的标题规范要求及网站呈现需求往往必须对稿件原标题进行修改，将原标题列在正文前，既方便编辑在修改标题时进行对照，避免偏离文章原意，也保持了原文的完整性，既能约束编辑乱改标题的行为，有效遏制"标题党"，也体现出对原作者和知识产权的尊重。"转载新闻加注原标题"的做法也给网络媒体与传统媒体的合作找到了新的平衡。

在互联网传播法制新闻时，标题在以下几方面问题比较突出：

1. 提取标题断章取义，以偏概全，歪曲原意

网络编辑在提取互联网新闻标题经常会出现断章取义、以偏概全的情况。这些标题不能概括新闻核心内容，只表明了新闻的次要信息。有些表现为题文不符，有些是以偏概全，或是做结论性陈述，与原文或文章本意相违背。有些新闻标题则是夸大事实、偷换概念，互联网新闻标题有时候会脱离新闻本意，或扭曲新闻事实，歪曲报道原意。例如：

《公交杀人嫌犯朋友：他看到人身上的肉晃动就愤恨》（原标题为：

---

[1] 引自千龙网 http://report.qianlong.com/33378/2011/07/14/2861@7167928.htm，最后浏览时间 2015 年 2 月 23 日。

《24 岁周江波缘何成为"暴力机器"》，仅看标题无法了解全文的主旨内容，而从标题的片面描述也会误导读者，网络时代很多读者可能只浏览标题，不看内容。因此，这样的误读可能会使读者得出另外的结论。

《李天一案受害人律师：是否处女与本案无关》（原标题为：《李某某等涉强奸案昨日开审，多名被告律师拟做无罪辩护》），这也是一个网络标题偏离新闻主线的例子，标题引用的是受害人律师回答问题中的一句话，强调受害人是否处女与本案无关，而文章的核心内容是被告律师拟做无罪辩护。此标题明显是以偏概全。

《轮流发生性关系 李天一他妈的要求高》（原标题：《从未说过"轮流发生性关系"》），同是李天一一案的报道，原标题指出警方表示从未说过"轮流发生性关系"，济南日报主办的舜网非但未在标题上澄清此事，还擅自修改标题，扭曲新闻事实，歪曲报道原意。

2. 标题内容低俗化趋势

互联网新闻标题，尤其是法制类新闻标题内容有低俗化的趋势，标题内隐含性、暴力、侮辱、污蔑等词汇。例如：

《雷政富受贿一审获刑 13 年 网友：12 秒 13 年（图）》（原标题：《雷政富受贿一审获刑 13 年 赵红霞被判 2 年缓刑 2 年》），借用网友的表述炒作雷政富床上 12 秒的信息，靠低俗来吸引网民的眼球，这是互联网上常见的低俗形式。

《少年看色情网站后强奸幼女 妹妹目睹姐姐受辱》（原标题：《少年看色情网站后强奸幼女》），则故意描述强奸案中的细节，来强调低俗内容，吸引读者眼球。

从以上两个例子中不难看出，网络新闻标题低俗化的走向，越是低俗化的内容，在网络读者中越有市场。网络读者这种低级趣味，盲目追求满足猎奇心理，给那些低俗、失实、夸大、低格调的网络新闻标题创造了市场，促使网络标题大肆渲染，无所顾忌。

3. 专业错误 侵犯隐私权

网络媒体在传播法制新闻内容时，标题处理不够专业的问题居多。如法院二审判决和一审判决的误区、涉及未成年人、刑事案件被害人、民事案件当事人隐私保护等问题都十分突出。隐私权的保护自从互联网出现以后，就变得越发薄弱。此外网络舆论"未审先判"的情况也较为严重，在网络新闻标题中使用"凶手、罪犯、歹徒、谋杀"等字样也比比皆是。有些稿件甚至为了制造吸引眼球的效果，直接提取专家分析某类犯罪"或可判死刑、极刑"等内容作为标题，非常不严谨。例如：

《女子私自将房子过户自己名下 男友索要房款胜诉》（原标题：《靠假结婚证，她过户了男友的房子》，该标题分不清案件是一审和二审，标题提取时直接下结论为一方胜诉，没有考虑程序会对结果产生影响的因素。当然，这一类专业问题不仅仅在网络传播时被混用，传统媒体的原标题有时候也处于一种混淆的状态。比如《娃哈哈营养快线商标被侵权案胜诉 获赔逾35万元》，该案本是一审判决，但是标题有严重的专业性错误，没有强调是一审胜诉，因为商标侵权案件极为复杂，败诉方完全可以提起二审，也可以提起商标无效的诉讼，案件还不能轻易下结论。何况刚刚只是做出判决，谈何获赔35万。标题存在误导。

《李天一等涉嫌轮奸案今日开庭 受害人杨女士不出庭》（原标题：《李某某等人涉嫌轮奸案今日开庭 受害人杨女士不出庭》），原标题为了保护未成年人隐私，使用了李某某字样，但是网络标题则直接使用了李天一的名字，这样明显的侵权行为，在网络新闻报道中几乎随处可见。

《南杨案有望下月开庭受审 南勇受贿最高可判死刑》（原标题：《曝南杨案有望下月开庭》），在案件尚未开庭，受贿细节也没有公开，甚至犯罪嫌疑人罪与非罪还不能明确的情况下，把受贿罪最高可判死刑提炼到标题上，以达到标新立异、哗众取宠的效果。可判死刑这一词出现在各种报道司法案件的新闻标题上，像《被挖眼男童或将安装义眼 凶手最高可判死刑》（原标题：《山西男童被挖眼续：能否安装义眼有待观察》），在疑犯还未抓到，犯罪细节尚未明确的情况下，就把可判死刑的字眼提取到标题中，这类做法也十分不妥。

（二）网络图片及图表使用的问题

互联网新闻区别于传统媒体的一个特点就是多媒体的呈现形式，图片和视频的使用在互联网上十分普遍。在报道法制新闻的时候，多媒体的问题也十分突出。图片使用缺乏规范，很多配图并非来自原始新闻，盗版在新闻图片使用时也是一种常态。在法治报道中，新闻图片的使用问题包括侵犯隐私权、著作权问题，也有因为片段使用断章取义，图片展示的片段情节被恶意解读。

图片使用不规范的情况，包括在报道未成年人犯罪案件中直接使用未成年人图片（如李天一案），曝光犯罪嫌疑人家属的照片，披露受害人照片，配图错误、图文不符，侵犯第三人权益等情况。

因使用非原文图片，造成新闻图文不符的情况在网络媒体上时有发生。一般情况下制作专题或发布新闻，如原文没有图片网站编辑喜欢在网上搜索类似图片，或者使用来源不明的图片。例如：内蒙古日报传媒集团主管的正北方网的一条新闻《新疆一公安局长包养双胞胎姐妹？》里面的配图双胞胎姐妹是不清楚来源的图片，并且配了3对双胞胎姐妹的图片，很明显是图文不符，已经构成很明显的侵权了，但图片至今仍配在该新闻里。

图片内容低俗、暴力、血腥等也是网络媒体十分突出的问题。

由于图片展现的是瞬间信息，有时候图片展现的片段内容会造成明显的误导。如互联网上对城管抹黑，主要手段是通过对游戏、照片的移植、拼凑和修改，将城管描述成负面的"暴力执法者"形象。例如，一微博用户发布老人被高空坠物砸伤照片（图一），并称是城管打人后的场面，这轻易就让人相信这是城管所为。该消息被广泛转载，很少有人深究图片与信息是否匹配、真实。此外，还有一些图片没有详细说明，于是图中人的行为被人臆造为城管所为。例如，一张昆明联防队员解救自杀女子的照片被误传为"城管抓小姐"（图二）。

图一

图二

（三）新闻集纳、汇编存在的问题

互联网整合新闻往往通过专题汇编的形式，集纳同一主题的新闻内容。由于没有版面限制，专题容载量很大。一般专题包括相关消息、评论、图片、视频、互动等版块。尽管专题大部分内容是新闻和观点的排列，这一类汇编往往融入了编辑的思路和展示出编辑观点。当然专题也是在动态更新的，所以不同阶段所体现的内容和观点也有所不同。

互联网法治报道专题的问题，包括集中在同一专题下内容，往往排列混乱，缺乏逻辑。尤其受网络舆论影响，专题内容往往有失偏颇。尽管有些新闻网站在制作专题时为表现观点平衡，会将正反方观点汇编其中，但这也只是一种形式上的平衡。在其他版块的设置上，尤其是互动版块，大量引用网民观点，尤其是偏激的观点比比皆是，造成的影响也十分恶劣。如：网易专题"《李天一案迷局》"里选用了李某某案件过程中一些不理性言论，做成了关键词供网民评论。这些词包括"李某某他妈的要求高、轮流发生性关系、第一个强奸者不算强奸、保护老艺术家、强奸陪酒女比强奸良家妇女危害性小"等。本身这些言论有的是误传，有的是在某种语境下的表述，有的则是个别观点，这样集纳在一起往往会误导网民，因此网民的留言也多是极端不理性的。在网络这一不理性舆论过程中，网络专题内容偏颇的设置起到了推波助澜的作用。

而专题里侵犯隐私权的内容更是一种常态，尤其是在司法案件中，当事人的背景几乎都被展现无遗。试想李某某尚属未成年人，况且一审并未作出有罪判决，案件还有诸多疑点的情况下，各大网络媒体专题中几乎都将李天一各个时期照片发布。而此前关于药家鑫、李昌奎等案件专题中，侵犯隐私权的情况也无一例外。凤凰网"李双江之子涉嫌轮奸被拘"专题里更是列出李某某"劣迹斑斑的成长史"，李双江、梦鸽和李某某的家庭生活照更是一览无余。

网易专题"李天一案迷局"更是"未审先判"为李某某量身定制了"轮奸罪、强奸罪、嫖娼被勒索"，并对判决结果进行预测"可否达成和解？可以争取原谅？"不仅没搞清楚法律基本解读是什么，更没弄明白什么法院判决是以证据和事实为依据的。这一类非专业版块的设置和解读，是目前网络专题报道法治案件时普遍存在的问题。

195

（四）网络媒体互动不规范

网络媒体新闻互动形式包括：网民留言、新闻调查、辩论、嘉宾访谈等。调查是互联网新闻互动最喜欢使用的方式，由于简单明了，制作简单，结果又具有煽动性。尤其在司法案件中，对罪与非罪，杀与不杀都能成为调查的选项设置。而恰恰是这一部分不够客观理性的调查结果往往被解读为民意的体现，反过来对司法机关施压，对传统媒体报道也产生一定的影响。

调查一般常设置在专题里，在法治类专题中所设置的调查选项很多都具有舆论审判味道，如药家鑫案件的报道中，很多网站通过网上调查来让网民选择药家鑫是否该判死刑。

如在凤凰网的调查选项设定：你认为药家鑫应当被判死刑吗？[1]

1. 应该，他罪大恶极，死刑可告慰生者；

2. 不应该，应慎刑恤罚，考虑他可以轻判的情节；

3. 说不清。

这样的调查让网民来选择药家鑫的"生死"，是非常不严谨的。而选项设置中直接使用"罪大恶极""告慰生者"的用语，则极具蛊惑性，透出了强烈的舆论审判的意味。而网民恰恰不能很理性地思考从轻情节、少杀慎杀的理念。另一方面未经审判，很多证据以及案情细节未经披露，此时，就让不晓得内情的网民做出判断，也非常不妥，很容易得出比较偏激的结论。如新浪网对李某某案的调查[2]里，有32.8万余人次参加了调查，感到"愤怒！明星子女就可以违法乱纪么？"的投票有20.5多万，占62.5%，而选择"冷静！事情没清楚前，不妄下结论"只有2.1万余票，占6.6%。

邓玉娇案过程中，星岛环球网针对邓玉娇案进行民意调查，其中关于邓玉娇行为定性的问题上，77%网民认为"邓玉娇无罪"，69%网民认为"属于正当防卫"，26%认为"属于防卫过当"，只有1%认为"属于故意杀人。"此类投票都涉及司法认定，在证据展现不充分、辩论不充分的基础上，凭着网民的初步印象对案件定性，有悖刑法精神。新华网发起网络调查，九成网友支持法院判决。

---

[1]　引自凤凰网 http://news.ifeng.com/society/special/yaojiaxin/，最后浏览时间2015年2月23日。

[2]　引自新浪网 http://survey.ent.sina.com.cn/result/76694.html，最后浏览时间2015年2月23日。

在腾讯网的一项"你如何看待中国城管"调查[1]中，更是使用了"一群暴力狂，没人性的家伙""执行工具 体制的牺牲者"等选项，而调查结果显示超过85%的人选择了这两个选项。认为城管是"一群暴力狂 没人性的家伙"的腾讯网民接近60%。可见网络上理性的声音是很难传递的，而具有煽动性的语言往往起到一呼百应的效果。

网民留言是网络媒体区别于传统媒体的一个主要特点之一，网民留言是互动的重要体现形式，甚至一部分网民偏好读留言。因此，网络媒体在运用这一部分功能时，往往没有规范，一般情况下是直接罗列网民留言在专题版块里体现，这样造成很多偏激、不负责任甚至是谩骂、侮辱性的留言都会被放出来。论坛或访谈，一般网民在与访谈嘉宾交流时，会有很多偏激的问题提出，访谈嘉宾如不能正确引导，或者直面问题时，舆论往往也会因此失控。

在药家鑫案中，庭审当天中央电视台新闻《1+1》栏目播出节目《药家鑫：从撞人到杀人》，李玫瑾在分析药杀人动机时称其所为与长期的钢琴训练有关。但节目存在一定问题，一是缺少受害方的相关画面与观点；二是没有其他专家的评论与解读；三是缺少一些专业常识，比如对药家鑫性格的分析不应在判决前报道。节目并未做到全方位的、多角度、多种声音的平衡报道，最终也没有很好地纠正舆论方向，反而让网民更加激愤。

而孔庆东在第一视频网对药案的评论"杀人犯长得都这样"，"这样一个嚣张的人一定是有后台的。"嘉宾的一家之辞让网友有了"共鸣"，舆论审判甚嚣尘上。

与此同时，张显针对发放调查问卷一事在微博和接受采访时都表达了同样的担忧，他感到药家势力"可能深不可测，感到案件的前途一片黑暗。"庭审期间，媒体的表现势必对庭审带来干扰。背负舆论压力，法官能否独立成为一个难以估量的问题。而从之后媒体报道及其影响来看，网络舆论一边倒地认为报道偏袒药家鑫，对于张显的担忧言论，许多媒体纷纷选择直接引用。

197

[1] 引自腾讯网 http://legal.people.com.cn/GB/16017761.html，最后浏览时间 2015 年 2 月 23 日。

（五）庭审网络直播带来的问题

审判公开原则是审判独立和审判公正的重要保证，使公众看得到正义是如何实现的，满足公众知情权，增强公众对司法的信任。正如 Joseph M.Jacob 所说，"公开司法就像船的龙骨一样，维护了整个司法系统的稳定也给了其方向。它是所有一切的根基。公开司法及其背后的理念即使不能回答每个问题，至少提供了一个能够清晰阐明其他很多问题的手段。"[1]

对诉讼当事人和参与人的隐私的顾及和保护，应该严格遵守公开审判及新闻报道原则中关于个人隐私、商业秘密、国家秘密、未成年人保护、严禁传播犯罪手段及宣传有伤风化情节的具体规定。保护诉讼当事人和参与人与案件无关的个人信息不被转播的理念，当网络直播中涉及与案情无关的诸如家庭住址、个人照片等自然人基本情况时，进行必要的技术处理。

目前并无关于网络直播的具体规定，网络直播尤其是在视频直播中，很多问题比较突出。视频在庭审直播中运用，对于审判公开是一种促进，但是在细节上仍需要进一步的推敲。如犯罪嫌疑人的家属、受害人及家属、证人、民事案件的当事人出庭时，视频直播时是否应该注意保护隐私，视频直播由于是全程记录庭审过程，在庭审中，法官核实当事人身份及个人基本信息是必要的程序，视频直播如果不在这部分做必要的处理，则会泄露当事人的隐私，如在李阳离婚案中，因直播时李阳住址信息未做模糊处理，导致隐私权被侵犯，使得李阳的个人信息在网上被传播。

（六）自媒体问题

第一个对"自媒体"释义的是 Shayne Bowman 和 Chris Willis，他们在 2003 年出版的媒体研究报告中指出：自媒体是普通公民经由数字科技与全球知识体系相连，一种提供与分享他们真实看法、自身新闻的途径。[2]

自媒体包括个人微博、个人日志、个人主页等，其中最有代表性的自媒体平台是美国的 Facebook、Twitter，以及中国的微博。网络自媒体的数量庞大，其使用者也大多为"草根"平民，网络的隐匿性给了网民"随心所欲"的空间。

---

[1]　Joseph M.Jacob：Civil Justice in the age of human rights，Ash gate Publishing Limited，P.45.

[2]　Dan Gillmor. We the Media：Grassroots Journalism by the People，for the People［M］. O'Reilly.2004.Posted at http：//www.oreilly.com/catalog/wemedia/book/index.csp.

自媒体微博出现以来,被称为进入了"人人都有麦克风、人人都是通讯社"时代。由于入门较低,写作水平要求也低,导致网络信息泛滥。近年来从药家鑫、李昌奎、吴英、唐慧等热点司法案件的发酵都是在微博上,微博起到了一个与传统媒体互相依赖,共同影响的作用。微博在司法案件中的作用被无限放大,因此网上关于司法案件的微博的内容越来越多。连备受关注的薄熙来案都通过微博直播庭审内容,也开创了重大案件网络直播的先河。

1. 缺乏公信力,谣言、阴谋论盛行

微博等自媒体的发展,由于缺乏公信力和自我约束,也间接造成谣言满天飞、阴谋论盛行的状况。网民不明真相的转发,同情心代替了理性客观的分析,而一些专业人士,更是故意搅混水、扰乱视听,起到了推波助澜的作用。

谣言、阴谋论的盛行是微博出现后的一大特色。在司法案件中,这一特点十分突出。如药家鑫案、李昌奎案都有在其身世背景上的谣言。这恰恰反应出自媒体生态环境的一种乱象。

"阴谋论"是一种不可避免的社会心理现象,法院、政府难以控制人们的思想。在新修订的刑事诉讼法在 2013 年正式施行之后,案件侦查阶段的保密又进一步加强,媒体能够在侦查阶段获知案件信息的可能性和范围进一步减少。法院在此大环境下,承受了比以往更多的信息披露压力,新闻发言人制度的建立和完善显得尤其迫切。

信息的不对称则进一步助长了"阴谋论"的发展,各种流言、谣言横行于微博之上。在李昌奎案中,诸如"李昌奎是云南高院某高院的穷亲戚""法院二审改判死缓是因为死刑指标问题"等流言占据了案件信息的一部分,而且每一种说法和猜测都得到了一定微博网民的信赖与支持。

在邓玉娇案中,巴东县公安局杨立勇局长第三次通报案情细节时,"特殊服务"变成了"异性浴池服务","按倒"变成了"推倒"等等细节与先前两次不同,虽然同时表示了"通报的内容尚不能作为公安机关的最终认定结论",仍彻底引爆舆论。各大媒体全面报道,各大论坛民意汹涌,纷纷对警方的说法改变进行质疑。网络论坛中表达质疑的主帖数量猛涨,占主帖总量的 50%。网络还传言"曾有相当高级的领导指示地方(指州、县,下同),称人和证据都在地方手里,怕什么呢?不要理会外面的流言蜚语,照自己的想法办就是了。"

国务院新闻办公室网络局给中国各大新闻网站发紧急通知，对该案报导网络转载进行限制，通知要求对邓玉娇案的报导，"网站要尽快降温"。湖北省委宣传部则对湖北省属媒体下发通知，要求限制报导邓玉娇案。

5月末，仅有湖北本地媒体突然被当地官方钦点进行独家报道，其他传统媒体逐渐退场，主要新闻网站如搜狐、网易相继收紧报道并关闭新闻跟帖。不少网民仍继续在一些网络论坛（如凯迪、强国、中华社区、百度巴东吧等）发言跟帖，"营救邓玉娇"的呼声有增无减，一边倒形势一如既往。比如在强国论坛涉及邓案的721个主帖中，仅有3个帖呼吁应相信警方办案，但并未引起网民们的共鸣，而是受到反驳，回帖量也不多。体现着限制舆论反而导致不信任激增、阴谋论盛行。

在药家鑫案中，在有两篇纸媒的报道对药"官二代""军二代"的描述后迅速引发了网友的关注。同时网民因媒体距事发一月有余才有报道，这种迟缓也给公众留下了想象空间：是不是有人要捂盖子；或者媒体对农村人被杀反映冷淡。张显也曾在案件审理过程中，利用微博，再三发表对药身家背景的揣测、对司法公正的质疑，对已经不理智的舆论进一步推动，比如他发现药家鑫前两次庭审都没有戴眼镜，最后一次却戴上了眼镜，难道是为了呼应路钢的辩护词高度近视而误杀人？张显把这个发现的"阴谋"和微博的粉丝分享。药的律师路钢指出此案有个别人存在利用媒体歪曲事实、企图将案件复杂化、妖魔化，将严肃的审判活动庸俗化的行为，司法程序收到了严重干扰。

2. 盲从心态，非理性发声

自媒体时代，对于网上言论大多网民拥有盲从心态，轻信任何未经证实的内容。对于这些内容不加辨别的抨击，甚至谩骂，多是一些极端的情绪的宣泄。由于微博等互动平台的特点，让这些网络受众不再只是被动接受的读者，他们也成为传播者。

盲从心态在微博上传播司法案件中信息时尤为突出，如在新浪微博上搜李天一关键词可以搜到1千万条微博（截至2013.09.15）"李天一要是我儿子，我早跟他断绝关系了！生出这么个败类来。""李天一涉嫌轮奸案被正式更名为轮流发生性关系""那个轮流发生性关系的孩子他爹要用这方法，没准那畜牲还有的救，可惜现在仅有疯狗的狂吠。""戴避孕套强奸只能算强奸个避孕套，轮奸不叫轮奸叫轮流发生性关系，那杀人也不叫杀人叫终止对方生长进程。"类似内容比比皆是。药家鑫、李昌奎、邓玉娇这几个案件网民对"死刑"的诉求、对官员的不信任都有集中体现。

另如彭宇案中，虽然法院的证据、判决推理上存在瑕疵，但网络对案件事实、证据本身的关注十分有限，更多地就假定了彭宇是"被冤枉的好人"这一形象。进而有学者提出了"网络民间陪审团"的概念来分析这种情况，认为其存在不理性与偏见、易受"沉默螺旋效果"影响、暴力与破坏性的问题。

同时，与网络媒介当中的博客与论坛等形式进行对比，微博具有人次优势。在李昌奎案件中，在凯迪、天涯、强国等社区进行了一次统计，发现关于此案件最热的帖子大概有一万条评论，但是该案件在微博上的转发量和评论量动辄就会万数以上。最高的时候一天仅关于李昌奎案件的转发就有9万多条。另外微博上发起的投票决定李昌奎是死是活的活动也有数万微博网友的参与。诚然，人次本身不能够代表案件关注度，但人次优势会在形成主流意见过程中与从众心理等心理学因素形成相互作用，起到催化剂的作用。

3. 缺乏自我约束 侵犯他人权利

人人都有麦克风的时代，也使得发声过于容易。发声门槛的降低，也使得发声者自我约束减少。网上发声没有追责成本，导致侵权情况屡见不鲜。在司法案件中，当事人、参与人以及家属的私人信息被曝光，对某些当事人使用谩骂、侮辱性语言，甚至不惜捏造事实进行人身攻击。使得自媒体成了一个鱼龙混杂的"网络暴力"市场。

这些"网络暴力"行为包括使用谩骂、诋毁、侮辱、诅咒、歧视性语言，有时使用图像、视频，更有甚至通过PS、剪辑、嫁接等手段对图片、视频做技术处理。如在李某某案中对李某某父母梦鸽、李双江夫妇的恶意人身攻击，不仅仅是言论也有漫画和剪辑的图像。

彭宇案中，一些情绪激愤的网民甚至在网上针对徐老太太和其儿子以及相关人员发布"第一号网络通缉令"。当天，徐老太太及其儿子、审判长的住址和电话号码等私人信息被公布在天涯论坛上。

《人民日报》曾针对网络暴力归纳总结了三大特征："一是以道德的名义，恶意制裁、审判当事人并谋求网络问题的现实解决；二是通过网络追查并公布传播当事人的个人信息，即隐私，煽动和纠集人群以暴力语言进行群体围攻；三是在现实生活中使当事人遭到严重伤害并对现实产生实质性的威胁。"[1]

二、网络媒体在案件报道时存在问题的原因初探

（一）经营压力下的考核要求

如果说网络媒体"标题党"泛滥，哗众取宠、吸引眼球的标题无所不在，其中很重要的原因在于网络媒体的经营压力，衡量网络媒体的影响力的指标包括 PV （page view）即页面浏览量，UV（unique visitor）是指网页实际的浏览者、访问者。而 PV 和 UV 的排名又直接影响到网站的广告收入。因此，这两项指标也成为编辑考核的基本要求。网络编辑在处理标题或制作专题时，第一要务是如何抓住网络读者的眼球，如何标新立异。此时已经忽略了标题的专业性、准确性、隐私权等的考虑，内容也转向低俗化、媚俗等趋势。

对于出现内容错误的编辑，处罚力度不够，甚至轻微问题并没有对应的处罚标准，这也使得网络编辑缺少约束。与传统媒体注重内容，"内容为王"的标准不同，网络媒体注重传播的速度和数量，这也是目前各大网站存在内容不规范的主要原因。

（二）从业人员能力的问题

与传统媒体不同，网络媒体编辑普遍年轻化，门槛低，缺乏普遍的专业培训，缺少有经验的编辑传统媒体的传、帮、带。传统媒体的编辑大多做过记者，有新闻采访的经验，有基本常识的积累。而网络编辑考核标准，以及编辑流程里，对文字校对方面都比较宽松，涉及专业性报道的审核更是缺少常规设置以及专业性编辑的缺失，也是造成法制类新闻在专业上存在各种问题的原因之一。

网络编辑随着互联网发展逐渐发展为新的职业，最初网络媒体侧重选用精通网页设计、图片处理等网络软件应用的技术型编辑。因此早期网络

[1] 引自《网络舆论暴力来势凶猛如何向它说不》，载《人民日报》2007 年 8 月 13 日。

编辑多是计算机应用专业的毕业生。而网络编辑的工作也相应简单，就是简单的拷贝和粘贴。更有戏言网络编辑就等于 Ctrl+C、Ctrl+V 的快捷键组合。随着网络媒体内部编辑软件的不断升级，对编辑的技术性要求逐步降低，一些其他专业人员也纷纷加入到网络媒体。但总体上网络编辑还是以年轻人为主，甚至大部分是应届毕业生。这也导致网络编辑大多缺乏社会经验和日常生活的基本知识，更别说采编经验的积累了。

（三）缺乏法律专业知识

互联网管理部门，对于内容问题涉及政治类、低俗类内容检查要求比较严格，制定的规范也较为全面，而对涉及法治类报道的专业性要求上没有对应的管理规定，也没有针对这一类问题作出明确的要求，这也是网络媒体不重视法治报道的专业性的原因之一。

另一方面从事案件报道内容编辑工作的人员，缺少法律专业背景，几乎没有法律专项报道的丰富经验，除了少数几家中央新闻网站的编辑和记者会直接参与法制新闻的报道和采访，商业网站负责法制新闻内容的网络编辑，几乎没有这方面的采访报道经验。

另外，很多网络编辑的观点出自法学专家和律师之口，但是由于一些专家和律师不够严谨，甚至有些人有个人目的混淆在其中。这也是导致观点偏颇，内容有失客观的原因之一。如一些愿意接受采访的专家成为万金油，任何与法律有关话题都可以解答，实际上法学学科分得很细，这种跨领域的解释有时并不到位，让一个钻研民法的学者解答一个刑事诉讼法领域的问题，恐怕很难解释到位。而律师更是群体过于庞大，多数律师重视实践，缺少理论观点的提升，在解答问题时还有可能站在某一方被代理人的角度，他们的观点很难居中客观。网络内容追求速度，一般情况下只听取一面之词，或者采用某律师的单方意见。网络编辑因缺乏专业知识很难对专家、律师的基本观点做出判断。

（四）网络新闻的受众取向

我国网民数量在成倍增长，而网民的素质却有待提高。不少网络新闻的受众包括一些青少年上网目的不明确，盲目追求满足猎奇心理。这就给那些低俗、失实、夸大、低格调的网络新闻创造了市场，促使网络标题大肆渲染，无所顾忌，造成了当今网络新闻标题的现状。

另一方面，目前社会竞争异常激烈，生活压力的不断增加，也导致一些人的心理逐渐失衡，这些人很容易将虚拟的网络世界作为宣泄情绪的场所。"网民作为现实生活中真实存在的个体，他们在虚拟世界表现也受到社会影响，在匿名性很高、互动性很强的网络环境中，更会产生一些特殊心理特征，比较典型的特征包括：网民追求新奇与刺激，希望探索未知领域；对自由、平等的向往；通过虚拟世界的移情平衡现实生活的矛盾；网络快餐文化使人不进行深层思考，追求快速体验等。"[1] 而网民这些心理特征对于网络暴力的形成起到重要的作用。

法国学者古斯塔夫·勒庞认为，"群体会经常失去方向感，表现出一种无意识的形态。在群体的心理中，个体的个性被削弱，此时异质性被同质性所淹没，无意识的形态占了上风。当群众无意识在更大范围内聚集起来的时候，结果便是疯狂。"[2] 正是群体的认同心理需求与群体的理性丧失，网民在互联网上表现出盲从的心态。

（五）自媒体平台带来的问题

自媒体上阴谋论的盛行、谣言蛊惑性言论占据着话语权，这也可以理解为是一个发展过程。自媒体优点与缺点同样明显，它的出现对传统媒体的冲击很大，也反映了媒体发展的趋势。正是在自媒体引领媒体从传播向互播的转变过程中，它自身也正经历着从新闻自发到新闻自觉的成长裂变，还需进一步引导和规范。

自媒体上一方面理性的网民往往不发声，使得非理性的网民声音一边倒，一方面网民尚未学会辨别和分析互联网上的信息的真实合理性。网络平台表达的碎片化，使得很多细节无法呈现不够突出，网民没有耐心研究只看到只言片语就想发表意见和看法，其实是一种感情的宣泄。

早在丹·吉尔默（Dan Gillmor）提出"自媒体"概念时，他就指出：

---

[1] 孙健：《网络暴力的形成机制研究》，兰州大学2009年硕士研究生学位论文，第18~19页。
[2] [法] 古斯塔夫·勒庞著，冯克利译：《乌合之众：大众心理研究》，中央编译出版社2004年版，第78~79页。

"草根新闻的兴起伴随着严重的道德问题，包括真实性和公然欺骗。"[1] 自媒体的新闻生产者没有任何准入标准，个人道德素质无法甄别评价，特别是一些网络水军混迹其中，发布虚假信息兴风作浪，搅乱人们的视线。因此，准入门槛的消失使自媒体新闻的真实性失去了专业和道德的屏障。其次，自媒体不受新闻传播机制监管，监管制度的缺失又使自媒体新闻的真实性失去了制度屏障。再次，有些"自媒体"过分追求新闻发布速度或者为了追求点击率而忽略了新闻的真实性，导致"自媒体"信息的可信度降低，而微博的传播机制，也让很多人在无意中当了谣言的"二传手"。[2]

---

[1]　Dan Gillmor. We the Media：Grassroots Journalism by the People，for the People［M］. O'Reilly.2004.Posted at http：//www.oreilly.com/catalog/wemedia/book/index.csp.

[2]　杨萌：《微博开启自媒体时代》，载《竞报》2011 年 4 月 14 日期第 12 版。

第三章

3 建议研究

第一节　信息源：案件信息控制的首要环节

众所周知，司法公开是衡量社会法治发展的重要标尺，是维护司法公正和社会正义的本质要求。但是司法公开并不意味着"绝对公开"，尤其是在案件审理中，严格依照法律要求区分"依法公开"与"依法不公开"的情况，面对社会舆论谨言慎行，避免媒体审判干扰司法公正，是每一个法律专业人士应当严守的基本职业底线。

但是通过对近些年发生的邓玉娇、李某某等一些热点刑事案件的研究，我们发现，无论是以公安机关为代表的"控方"，还是以当事人律师为代表的"辩方"，作为媒体及舆论的主要消息源，其庭外陈述都出现了一些不规范甚至不合法的情况。包括在庭外公开了不该公开的信息，或者发表

206

误导舆论的非理性信息甚至虚假信息的情况开始增多，这不仅有违司法公正理念和损害当事人的利益，也触碰了律师的职业规范与社会公众的道德底线。从这一点来看，如何通过制度设计，限制公安机关、律师等主要消息源在庭外不当言论情况的发生，将是我国下一步推进司法制度改革的一个重要切入点。

一、对公安机关庭外陈述行为的限制与规范

在公、检、法三部门中，公安机关处于司法程序的最前端，人数也最多，办案部门及人员在案件侦查中的一言一行，对于案件能否遵循法律程序进行审理，以及保障当事人的合法权益，往往具有决定性的作用。比如，在案例研究中我们就发现，公安等侦查机关及其工作人员自身的一些不规范表现，或如药家鑫案中办案警官对媒体率先爆料嫌疑人"家境殷实"，并评价"此事性质太恶劣了"，或如邓玉娇案中公安机关先后三次说法不一，或如李某某案中违法向媒体证实未成年的犯罪嫌疑人的个人信息，都是导致不理性的"一边倒"舆论环境产生的重要原因。反过来，这种情况也成为间接导致律师或主动、或被动毫无节制发表庭外言论的重要助推因素——一些律师为维护其当事人利益，试图通过一些不规范的庭外发言方式，为被告人争取更好的舆论环境。

解铃还须系铃人。庭外不当陈述情况的产生，其根源在于部分公安机关及其办案人员思维上的陈旧，法治观念跟不上法律变化的节奏，甚至与"无罪推定"等基本原则相冲突。最典型的方式有两类：一是在侦查阶段就向媒体提供未经法庭认定的证据及案情，且让嫌疑人在电视新闻中"认罪"；二是在判决之前举办破案表彰会并公开宣传，实际上是超越诉讼程序对案件定性。在这一理念影响下，公开重于保密，宣传自身业绩重于人权保障的制度设计倾向比较突出，在如何处理媒体及舆论的关系上，缺乏细化规范，甚至没有规范。

为此提出如下建议：

首先，继续推动公安机关提高依法办案、依程序办案的意识，减少以至杜绝未审先判的思维及行为模式，压缩公众合理想象的空间，堵住所谓"案

件事实"成为非理性舆论泛滥的源头。从宏观角度而言，关键是通过司法体制的改革，对公安机关的权力进一步加以制衡，核心是贯彻无罪推定原则，在向新闻媒体提供的材料中，除了内容上不作预先定性或定罪，语言上也不使用罪犯、凶手、罪大恶极等倾向性明显的负面词汇，不对犯罪嫌疑人及其亲属"妖魔化"，并且不向媒体提供法律禁止公开的信息与资料（包括多种依法应当保密的信息、技术侦查措施获得的资料等）。

其次，要为公安机关及其办案人员的涉案言论量身定制一套专门的职业规范和流程标准，（见本书附件一）包括新闻发言人制度，包括具体办案人员的保密制度。办案人员言行失范的一个重要原因是缺乏规范，由于长期得不到系统、专业的培训与锻炼，一件案子，说不说，什么时候说，怎样说，说哪些，缺乏具体的应对方案，突然面对社会舆论的"狂轰乱炸"，招架起来吃力是自然的，最终导致该说的不说，不该说的乱说。因此，制定专门的规范，并以此推动相关的学习与培训，增强执法人员的敏感性与责任感，也是解决律师庭外不当言论问题的间接办法之一。

二、对律师庭外陈述行为的限制与规范

第一，是通过细化规范和组织制约，提高律师自身的专业素养和规范意识。作为一种专业性极强的职业，职业规范对于律师行业具有重要的意义。但是目前我国相关法律与职业伦理规范对律师庭外的言论限制，仅仅是原则性地强调要"谨慎司法评论，不应发表有损司法公正的言论，不应利用媒体非法干预法官的独立审判"，以及"对在执业活动中知悉的委托人和其他人不愿泄露的情况和信息，应当予以保密"等，缺乏有针对性的细化规定。律师在日常学习、培训中缺乏明确的操作指导，执业过程中就很难形成本能的自律意识，而律师协会也就缺乏相应的判断标准和制裁依据。

为此，有必要在律师执业规范中细化对律师庭外发表言论的规定要求，在条件允许的情况下，甚至可以就律师在庭外发表言论制定专门的职业规范，区别"庭内言论"与"庭外言论"，"审前言论"与"审后言论"，"实体性言论"与"程序性言论"，强调规范的可操作性和责任的可追究性，引导、鼓励律师学会在法庭上维护当事人权益，并掌握与媒体打交道的技巧。

　　与此同时，还应强调发挥律师协会的组织规范能力。除了在内部加强职业规范建设和对律师的培训、管理外，对外可以通过签订协议等方式，与法官协会、检察官协会、记者协会等进行合作，在对各自从业人员的权利和义务边界进行明确约定的基础上，建立沟通和责任追究联动机制，形成维护司法公正和社会正义的利益共同体。

　　第二，要畅通法官与律师的沟通渠道，提供法官限制律师庭外言论的立法依据。限制律师在庭外毫无节制地发表言论，从法官的角度来看，具体可以从以下两个方面着手：

　　首先是让律师或代理人在庭外不敢乱说。在邓玉娇、药家鑫、李某某等几起案件中，面对代理律师或者其他诉讼代理人在庭外的肆意发言，甚至是明显的违法行为，法官们在处理上往往表现出被动、软弱与不自信的情况。比如在药家鑫案中，面对"激情代理人"张显开审之前多次公开发表谈话质疑司法公正，甚至在庭审上"拉横幅，喊口号"的行为，法院却只是一味好言相劝甚至纵容。事实上，我国关于法院针对妨碍诉讼行为采取强制措施的规定早已有之，包括训诫、责令退出法庭或者予以罚款、拘留等，但至今未发现法庭适用这一措施的案例，原因值得商榷。但可以肯定的是，大胆适用这些规定，应是依法控制律师庭外乱说行为最直接也是最现实的途径。

　　当然，从长远来看，也可以通过进一步的制度设计为法官们的"硬气"提供立法依据。比如，通过设立"藐视法庭罪"，对于那些在庭外发言影响公平审判，或者将本应不公开审理案件的信息对外公开的律师或者其他诉讼参与人，可以采取强制措施并追究其刑事责任。与此同时，设立"庭外禁言令"制度，法官可在审前的交换证据等环节，与包括律师在内的诉讼参与人就庭外言论口径签订协议，并根据案件进展随时对他们的庭外言论予以"禁止"。

　　其次是要让律师在庭内充分表达。在很多情况下，律师之所以选择在庭外频繁发言，很大程度上是由其庭内的表达渠道不畅所致：律师缺乏与法官的协调沟通机制，其庭内发言权利得不到保障。为此，有必要从律师与法官良性互动关系的培养与形成出发，构建一套透明、公开、畅通、合法的沟通交流机制。具体可以通过以下几个制度创新构成：建立联席会议制度，构筑常态化的交流平台，促进法官与律师共同探讨、解决阻碍双方良性互动的各种问题；建立法官与律师学术交流和业务研讨制度，统一司法标准；落实公开约见制度，切实解决"见法官难"的问题；建立重大、敏感案件沟通交流制度。对一些社会关注的突发事件和媒体聚焦的事件和案件时，法院应及时与律师协会沟通，交换相互的认识和态度，引导群众合理表达诉求，共同化解矛盾纠纷。此外，还要注意培养律师与法官双方的"法律共同体"理念，比如在裁判文书中，要适当体现律师的代理意见和辩护意见；同时简化对律师的安检措施，设立专门的律师休息室和更衣室，方便律师候庭和更换律师袍等。

第二节　有序推进公开审判是良性关系的基础

在依法审判与舆论监督二者关系中，人民法院依法审判是第一位的，居主要地位；舆论监督居次要位置。搞好依法审判，特别是公开审判，是形成二者良性关系的基础。我国法律中没有任何规定可以直接调整司法审判与舆论监督二者的关系，这提升了扎扎实实推进公开审判制度的价值，是避免舆论妨碍司法公正的必要条件。

为处理好依法审判与舆论监督的关系，现根据本书研究的结果，对法院工作提出以下几点建议供参考。

一、苦练内功，写好判决书，回应社会关切

判决书是法院审判工作的结果呈现，是国家法律的具体化，更是依法维护公民合法权利的具体实践，写好判决书不但有利于社会充分理解法院"以事实为依据，以法律为准绳"的工作准则，而且可以解释人们心中的疑虑，重申法律的尊严。因此，我们建议：

1. 判决书不宜过于简单

对原被告的主张、举证质证的过程与结论，特别是法官的判决理由要充分陈述，不宜简单概括。尤其是在现阶段裁判文书以"上网公开"为原则，判决书能否做到"以理服人"，对于传播依法报道理念、解决媒介审判问题，具有重要的意义。

2. 充分解释自由裁量的理由及对法官或合议庭对相关法律的理解

因为法律条文是生硬的，而在具体案件的审理中，需要法官对法律条文进行解释和理解，有时还涉及到法官的自由裁量权问题。因此，判决书中可以陈述法官对于法律条文的理解及在本案中的适用理由，避免不同的法院或法官引用同一法律条文做出不同的判决却缺乏合理解释的现象。

3. 积极回应社会关注

对于法院而言，及时、积极地回应并非附合，而是正视判决的社会效果。判决书中要对社会公众普遍关注的疑点、难点予以回应，达到案判、事结、疑消的理想效果。

二、利用科技手段，加大法院信息公开，增加透明度，推进"阳光司法"

目前法院信息公开已经取得了较大进展，但很多时候受制于客观条件，旁听难、查询难的现象依然比较严重。我们建议通过加大技术投入，做好如下工作：

1. 加速建立全国裁判文书网络

中国裁判文书网（http://www.court.gov.cn/zgcpwsw/）的建设已经取得一定成效，最高法的文书公开做得比较好，但是按照地域查询时，网站内部各省市地方链接基本为空，各地的裁判文书上网则进展不一，参差不齐。

2. 设置裁判文书自动上网权限，提高上网时效

新闻媒体受制于多种客观条件，多数情况下不可能第一时间从法庭获得裁判文书，对裁判文书上网寄予厚望，但目前裁判文书上网较慢，不能满足新闻媒体和公众对法院信息公开的需求。对于并非特别重大的案件的裁判文书应允许法官在宣判后自动联网更新。目前法官都是使用电脑撰写

文书，并不需要再次进行电子化的改写，给予法官适当的权利（可以分级管理），加快裁判文书的更新，而不必由统一的部门和人员来更新。

3.加快远程旁听室的建设，避免因旁听席不足引发与媒体的纠纷

旁听席不足一直是媒体记者旁听被拒的主要理由。除了建议通过行政手段硬性规定，现场必须保留至少一个旁听席给记者外（记者多时根据先来先得的原则获得旁听机会），编写组也建议更多地借助于科技手段。具体而言，即加大审判现场的技术设备改造，特别是对于那些空间较小的庭审现场应优先安装录像设备，实现远程公开，解决因场地不足导致媒体或公众无法现场旁听的难题。将庭审现场延伸到法院内部空闲的会议室，根据旁听人员的数量来适时启用远程旁听室。远程旁听室既满足了信息公开的需要，又避免旁听人员过多干扰法官正常审理，一定程度上也便于法院内部监督审判。

据最高法院的同志介绍，目前法院的建设规划中已经包括了建立远程旁听室的安排，我们建议应该加快建设速度。

4.有计划地加大微博等新型社交媒体转播庭审信息的比重，注意适当延时转播

以微博为代表的新型社交媒体深受年轻人的喜欢，目前新浪和腾讯的微博用户都超过5个亿。利用好这一平台，对于提高人民法院司法为民的社会形象有极大的帮助。因此，建议有计划地逐步提高利用微博媒体转播庭审信息的比重。为了保证社会效果，这种转播可以采用延时转播的技术手段。这样做既可以达到信息公开的目的，又可以注意适当保护庭审现场当事人的隐私或其他合法权利不因庭审直播而受到伤害。

5.改进对"民意邮箱"的管理办法

"民意邮箱"本来是人民法院利用科技手段，加强与民众沟通的一个有效途径，但调研结果令人失望，大多数法院的"民意邮箱"形同虚设，反而影响人民法院的形象。

三、重新定位新闻发言人的角色，赋予其对案件依法自圆其说的功能

1.新闻发言人应该是一个专业技术岗位，而不是行政职位

目前，新闻发言人事实上与某种职务相对应，比如宣传部副部长或政治部副主任或其他岗位，而担任副部长和副主任的人未必适宜做新闻发言人的工作。新闻发言人应该更多强调职业性、专业性，而不是与行政职位对应。选择新闻发言人首先应该考虑到其专业素养，包括法律专业和信息传播专业，然后再给予其相应的待遇。人民法院人才济济，完全可以选拔出德才兼备的新闻发言人。

2.赋予新闻发言人依法自圆其说的权利，让其接地气、有个性

目前，很多法院明确规定新闻发言人的讲话内容必须经过组织审定，结果新闻发言只是照本宣科，一个"会场筒"，对于公众的疑问既无权解释也不知如何解释。因为有太多的"无可奉告"，所以调研中很多媒体人士认为，新闻发言人对自己并没有太多的帮助。只有赋予了新闻发言人更加灵活的表达权，新闻发言人才能接地气，才能有个性，受欢迎。而媒体对新闻发言的喜爱程度其实与对其所在单位的喜爱程度正相关。

3.新闻发言人要及时发言

对舆论关注的案件及时反应，不要等到舆论已经发酵为对司法的质疑才出面澄清，那样事倍功半。

四、发挥人民陪审员的作用，让人民陪审员成为司法公开的实践者、传播者和见证者

人民陪审员制度是我国司法制度的重要组成部分。人民陪审员实际发挥的作用与普通公众对人民陪审员作用的认识之间存在着差异。在调研中，人民法院的同志对陪审员的作用给予充分的肯定，但社会公众，包括媒体人士对人民陪审员的判断却截然相反，他们不了解人民陪审员的产生方法、陪审方式及发挥的作用。因此，我们建议：

1. 公开选拔陪审员，传播司法公开理念

陪审员因为来自于社会各界，在遴选时，应该充分公开，从征招、报名到审核、批准都通过各种媒体手段公开，让更多的群众知道人民陪审员的存在，了解人民陪审员产生的办法和程序。

2. 突出人民陪审员的参与，使其成为司法公开的实践者

特别是在重大案件中，对外宣传时应该强调合议庭组成人员中是否有人民陪审员。人民陪审员的存在对于公众来说，相当于"自己的代表"参与了审理，有利于化解公众对于法院工作的怀疑与猜测。

3. 鼓励人民陪审员发声，使其成为司法公开的见证者

有一些人认为人民陪审员就是为了劳务费而来，只陪不审。这一方面是因为确有其人，另一方面也是因为人民陪审员很少有机会公开表达自己的观点。人民陪审员在严格遵守法庭纪律的前提下，应该更多的面向公众，回应公众的关切。这种回应效果可能胜过新闻发言人。因为人民陪审员更多的是非专业视角，更多的是大众化的视角，与普通公众更为接近，由他们来介绍司法公开的内容，更显亲民。

第三节　专业媒体：亟待形成案件报道的行业规范

新闻报道与司法公正是中国传播法治领域经久不衰的话题，在信息技术革命的时代，它更面临新的挑战。虽然本研究主张，在这一相互关系问题上，司法公开及信息源的合法性是第一位的，传播及媒体的报道与评论行为是第二位的，但这并不能消解媒体报道影响司法公正的责任。在公、检、法、律师各自做好自己的前提下，中国媒体的案件报道呈如下基本特点：

一、司法公开基本有章可循，但媒体报道规范的框架基本没有建立起来

随着刑诉法的修订、司法解释的逐步完善，也包括最高法院有关司法公开的几个重要文件陆续出台，我国司法公开问题已经基本有法可依、有章可循。但在媒体的案件报道领域，相关规范的框架尚待建立与完善。

除了未成年人保护法和预防未成年人犯罪法关于犯罪未成年人个人信息保护的规定外，当前我国没有任何法律或相关法律规定可以直接规范媒体案件报道的内容与行为。这意味着媒体报道如果真的妨碍了司法公正，司法没有任何法律手段可以调控。即便保护犯罪未成年人个人信息方面有法律规定，也因为民事诉讼的"不告不理"原则，这一规范虽屡屡被媒体违反，却从未受到过法律的制裁，从而几成空文。具体来说，主要存在以下几点弊端：

规范性质	公开性	稳定性	明确性	书面化	约束范围	约束力	行业操作性
法律	公开	最稳定	最明确	文字最少	全体公民法人及公权机构	最强	最原则，行业操作性最差
职业道德	公开	较稳定	明确	文字较多	所有业内人士	无约束力	操作性不一
宣传政策	基本不公开	随时调整，不稳定	红头文件表达	文字较多	可接触文件者	较强	政策引导，操作性偏差
宣传纪律	不公开	同上	口头表达	基本无文字记录	可听到传达者	很强	具一定操作性
政治、管理及编辑经验	不公开	不稳定	不明确	基本未形成文字	各级管理者职权范围内	终审权约束力很强	具较强操作性

由于上述各类规范形态的具体缺陷，我国一直未找到可以有效规范媒体案件报道的途径。即使媒体的行为确实损害了司法公正，也不需要承担任何责任，包括法律的、行政的、纪律的、道德的责任。因此我们找不到任何一个媒体因为妨碍司法公正而承担责任的典型案例。

为此，我们建议采用准自律为主的规范模式。

观察我国媒体规范的结构，可以探索一条符合国情与法治的规范之路。本项目建议的总思路是在强制力规范和非强制力规范之间加大建设力度，使我国内容规范领域出现一个准自律性质的新地带。主要内容是：

重视行规建设，主要由行业协会，如中华全国新闻工作者协会出面制订并推荐行业使用，其内容具有书面、公开、明确、相对稳定、具普遍约束力的特点。

重视媒体内部的规章制度建设，各媒体既可承认行规，也可自行制定规章制度，并让合同附件与员工的劳动合同一并签署，从而使行规或规章制度转化为媒体每个员工的合同义务，由此产生约束力。

见下图

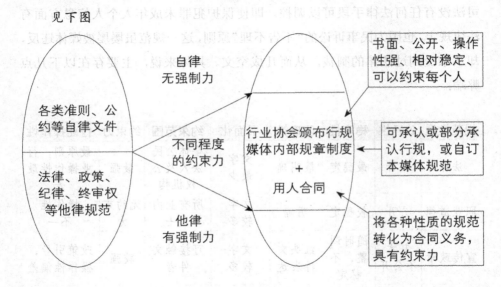

目前，由本项目负责人组织产生的科研项目《媒体人新闻业务守则》已经完成。其基本思路即上图右侧所展示的规范，属于行规性质，表现为书面、公开、操作性强、相对稳定，由于这一规范可以依法转化为媒体内部的规章制度，通过签署用人合同（劳动合同、聘用合同）而产生对每一位媒体从业者的约束力。

上述成果一旦公布并经有关行业组织推荐使用，将极大改变中国大众传播领域表达标准缺乏共识的现状。该守则共有52条，其中"案件报道"一条内容最多，共1500余字，反映案件报道的专业化程度。（详见本书附件二）

216

第四节　法院与媒体：建立有效的沟通机制

　　司法机关与媒体之间的互动关系十分复杂，尤其以法院和媒体关系为最。不容乐观的现实是，近年来，法院和媒体对对方的整体评价均有所下降，造成这样的现状，与国家整体的舆论管控有关，与法院系统信息不够透明有关，也与一些媒体的职业操守和专业素养下降有关。那么除了上述背景，还有一个重要的原因，就是法院和媒体两大行业缺乏有效的集体沟通机制。

　　回想近年来掀起舆论狂潮的几大焦点案件：邓玉娇案、药家鑫案、李昌奎案以及李启铭案等等，无一不存在法院与媒体之间的信息错位和重大误会，法院审理动作变形，媒体舆论监督失范，双方各自的不专业表现使得原本可能并不复杂的案件呈现出空前的混沌和诡异，最终在各种复杂的平衡与求全后，法院司法权威被削弱了，媒体公信力被损害了，本应在法治社会的进步中，承担重大使命的两大行业偏偏在热点案件中双双受损。诚然，这与各自在社会转型期承受的艰难角色不无关系，但是如若两大行业能够及时沟通，消除隔阂，恐怕在一些案件报道上不至于屡次陷入误解与被动。

　　从域外经验来看，欧洲的许多国家都十分重视司法与媒体的沟通与交流，例如 2011 年 10 月，比利时为所有新闻事务法官与检察官办公室发言人建立了一个全国性平台，旨在确保这些代言人建立联系，检视现行工作指南，促使所有利益相关者，如媒体与律师协会定期参与进行经验交流[1]。从国内情况来看，2009 年 12 月最高人民法院印发了《关于司法公开的六项规定》和《关于人民法院接受新闻媒体舆论监督的若干规定》的文件，其中规定"人民法院应当建立与新闻媒体及其主管部门固定的沟通联络机制，定期或不定期地举办座谈会或研讨会，交流意见，沟通信息。"由此可见，我国法院系统也有加强与媒体沟通的愿望，在这种背景下，编写组认为，有

---

[1]　参见《欧洲各国司法‐媒体‐社会关系报告：欧洲司法委员会联盟（2011‐2012 年）》，夏南、林娜 编译，刊载于 2013 年 5 月 31 日《人民法院报》。

必要尝试通过两大行业各自的协会，也就是中国法官协会和中国记者协会，来建立一种正式的但又非官方的长效沟通机制，主要承担以下功能。

一、起草法院与媒体协议的参考格式文本，促进各自做出承诺

当前，媒体监督司法活动过程中，遇到阻力或者出现乱象的一个重要原因是监督缺乏法律支持，报道也没有一定之规，法院和媒体都在"河中"摸索着对方的底线。放眼世界，"许多国家都是通过立法对新闻媒体的行为进行规范的。这包括两种情况：一种是制定专门的新闻法，如法国、意大利、瑞士、希腊、丹麦等国都有新闻法；另一种是虽未制定专门的新闻法，但有散见于宪法和各种法律中的条文可资援引，如美国、英国、日本等国。"[1]

但遗憾的是，我们国家既没有专门的新闻法，也没有散见于法律法规中的相关条文，有的只是出于舆论引导目的，散见于行政部门的各种宣传指示文件，既无体系，也谈不上稳定，功利性极强。这种情况下，案件报道常常因为受到各种外界干扰而扭曲变形，法院和媒体的关系也日趋自利和紧张。

那么，在制度背景短期难以改观的情况下，不妨尝试由法院和媒体签署报道协议，来规范报道行为，通过加强约束来增进双方的和解与互信。在具体操作思路上，可先由两大行业协会起草一个报道协议的参考格式文本，鼓励双方积极适用，促进法院和媒体各自做出承诺。在具体案件报道中，双方可根据格式文本做个案化的细化和修改，由此来改善整体的报道现状。在这方面，美国已有一些成功的经验，美国往往鼓励新闻机构在自愿的基础上，与法庭签署一个双方都能接受的协议，用以指导媒体的报道，限定报道的范围。这种协议既能有效防止"媒体审判"，同时又能使媒体得到法庭的配合。[2]

---

[1] 汤水富：《国外新闻舆论监督的作用与影响》，载廉政在线网 http://www.zjsjw.gov.cn/fanfubai/detail.asp?id=1256，最后浏览时间 2015 年 2 月 24 日。

[2] 汤水富：《国外新闻舆论监督的作用与影响》，载廉政在线网 http://www.zjsjw.gov.cn/fanfubai/detail.asp?id=1256，最后浏览时间 2015 年 2 月 24 日。

二、起草各自的行业规范，供全行业参考使用

从域外经验看，媒体通过行业自律来体现对司法的尊重和理解，是提高专业报道水准，建立媒体与法院良性互动关系的重要路径。《马德里准则》在"附录·实施的策略"中也指出："司法权力与言论自由、特殊人群（特别是未成年人和其他需要提供特殊保护的人）的权利之间的平衡，是非常难以取得。所以对于与此相关的个人或者群体，必然采用下列的一种或者多种方法加以应对：立法解决，媒体协商，媒体联合会，还可以由媒体行业内部制定媒体职业道德准则。"事实上，"在很多国家已经成立了媒体委员会，以对媒体形成必要的自律，各国的新闻从业人员都有自律的信条。"[1]

反观国内，虽然目前有中国记者协会制定的《中国新闻工作者职业道德准则》，但是并无具体操作性意义，涉及法制报道的规范内容更是只有寥寥 40 余字；而符合国情的报道规范在业内也始终没能达成共识，其实学界已经有多个规范专业报道的手稿，建议中国记者协会根据学术手稿尽快出台行业性规范，供全国媒体界参考使用。

与此同时，近年来法院在案件报道中表现失当的情况也频频出现，除了普遍欠缺与媒体打交道的经验之外，与整个行业缺少信息公布的工作规范也不无关系。最高人民法院近年来出台包括新闻发布会制度、要求法院接受舆论监督等等一些文件，也在推动建立法院和媒体的沟通机制。但是由于缺乏具体的系统的指导性规范，各地法院实际落实效果自然大打折扣。这方面可以借鉴欧洲一些国家的经验，建立法院新闻事务工作指南。新闻事务工作指南一方面确定新闻发言人的任务与角色，另一方面规范媒体在法院和法庭的角色与行为规则，能够明确新闻机构可以对法院工作人员提出什么要求以及法院应当如何在法庭审理之前、之中与之后，作出新闻简报。法院新闻事务工作指南是确保客观公正地表述相关事实的工具，以实现全面、准确、公开披露司法信息的目标。[2]

---

[1]　高一飞：《媒体与司法关系研究》，中国人民公安大学出版社 2010 年版，第 23 页。

[2]　参见《欧洲各国司法 - 媒体 - 社会关系报告：欧洲司法委员会联盟（2011-2012 年）》，夏南、林娜编译，刊载于 2013 年 5 月 31 日《人民法院报》。

通过媒体行业和法院系统分别制定行业规范，让媒体知道自己的报道规则以及从法院何时能够获得何种信息，法院和法官也会知道面对媒体在哪个阶段可以做出什么样的回应。

三、对双方的合作情况进行沟通评价，及时消除误解，提出改进建议

只要对近年来热点案件审理过程中媒体与法院的互动关系予以考察，就不难发现，每每遇到敏感案件，双方各自的第一反应通常不是如何与对方协商报道的内容方式，而是如何提防对方。法院担心媒体利用舆论施压，影响审判，媒体则想方设法突破法院防线，挖掘"内幕"信息，在互有攻防中，信任关系一再贬值，诛心之论泛滥成灾，案情腾挪跌宕，堪比大戏。报道自由与审判独立的冲突在中国当下表现得尤其诡异和复杂。

事实上，如果两大行业组织能够建立一个长效稳定的沟通机制，对双方合作状况及时进行沟通，定期做出评价，比如半年或一年，公布一次合作状况报告，对于媒体和法院实现良性互动应该是大有裨益的。尤其是在一些重大案件上，由行业组织出面协调报道立场和行为规则，对媒体报道行为和法院信息公布提供指导和建议，及时消除误会，厘清真相，避免出现媒体集体误判，法院应对失当的情况。现在，法院系统也鼓励各级法院建立与新闻媒体及其主管部门固定的沟通联络机制，定期或不定期地举办座谈会或研讨会，交流意见，沟通信息。

在国外，比如"荷兰所有新闻事务法官每半年召开一次会议，讨论他们在过去 6 个月里与媒体打交道的经验，围绕与媒体开展的各种活动、与记者交流技巧方面失败的教训等典型话题进行交流。这些会议不仅提供了一个经验交流的机会，也有利于提炼完善对应媒体的一般准则"。[1]

---

[1] 参见《欧洲各国司法 - 媒体 - 社会关系报告: 欧洲司法委员会联盟（2011-2012 年）》，夏南、林娜编译，刊载于 2013 年 5 月 31 日《人民法院报》。

四、评选年度失实报道和年度信息应对不良单位，规范媒体报道行为和司法公开行为

除了上述两大行业组织起草各自的行业规范以及建立沟通机制，及时消除双方误解之外，这一工作机制还应承担一项功能，便是对双方的合作情况进行年度评价。

目前，在案件报道中，对报道不当或者违反职业道德的情形，并没有多少惩戒，即便发现，违规成本也很低，这也使得媒体专业报道水准一直被司法机关质疑。与此相应的现象是，法院在信息公开方面也做得良莠不齐。事实上，获得媒体记者认可的法院少之又少，尽管最高人民法院一再要求法院推进信息公开工作，但事实上并没有多少硬性约束力，与媒体报道失当一样，法院对信息公开不利的情形也没什么惩戒。在这种情况下，两大行业机构可以尝试评选年度的失实报道和信息应对不良法院，通过非官方的评选活动，形成业内舆论压力，对入选媒体和法院进行道德惩戒，以此来遏制和减少媒体舆论监督失范，督促法院依法加强信息公开，促进媒体和法院自律机制的同步完善。

第五节　操作规范：各家管好自家的事

舆论与司法关系的治理是综合议题。由于司法的程序性特点，单独治理任何一个环节都难以取得功效。因此，本文建议涉及案件舆论的各方面，包括侦查机关、律师、法院、媒体均应各自管好自己。其方式是分别制订各自的案件信息披露与控制的指南类文件。

一、案件信息披露在司法案件舆论形成过程中处于首要位置

根据传播学原理，任何监督都持有立场与观点，对司法审判的监督也不例外。然而观点并非凭空产生，均出于对事实的评价。我们需要研究的问题是：案件事实究竟是怎样披露出来的？

通常舆论关注的热点案件，其事实大约有如下几个来源：

来源一：侦查期间政府或公安机关正式向社会发布信息（如吴英案）、向新闻单位投稿（如邓玉娇案、黎庆洪案）、主动向记者提供信息（如刘涌案、药家鑫案）以及侦查人员作为秘密消息源的泄密行为（如李某某案）。

来源二：律师等案件当事人在法庭之外向媒体及社会披露案件信息及观点（如黎庆洪案、李某某案等）。

来源三：媒体主动设置议题（如李昌奎案、时建锋"天价过路费"案、孙伟铭"酒驾致死"案），期间某些内容被煽情的标题等编辑手法符号化（如彭宇案）。

以上三种类型的性质并不相同：有的属于案件当事人违反法律规定（如李某某案中的警方泄露未成年人隐私、律师泄露受害人隐私），有的属于正当的舆论监督（如吴英案对死刑做出了改判、时建锋案因舆论的介入而避免了错案），也有司法机关迫于舆论压力而不得不对已经生效的判决做出改判（如刘涌案、李昌奎案）。不论何种性质，这些舆论都对司法活动产生了或积极、或消极的影响。

事实上，在舆论监督与公平审判关系上，我国在制度建设方面基本处于"三无"状态：没有法律可以直接调整，也没有成熟的行业规范，更没有社会共识，这也是导致媒介审判现象的根源之一。

舆论监督与公平审判的关系，历来是影响依法审判的一个重要因素。新媒体技术的出现令网络媒体在捕捉案件信息、迅速形成社会舆论方面存在着天然优势，使得控制涉案舆论的追求愈发困难。需要指出的是，与英美等发达国家拥有《藐视法庭法》不同，目前我国没有任何法律规范可以直接调整媒体及其舆论与审判活动的关系，而刑事诉讼法也只是调整刑事诉讼中各执法机关相互关系以及当事人诉讼权利义务的法律规范——它不是为媒体制定的，也不能直接规范媒体的传播行为，更不是限制公民言论

自由的法律依据。

行业规范的现状也不容乐观。虽然法院系统在规范建设方面做出一些努力，但由于处于刑事诉讼程序的末端，当一起社会高度关注的案件进入审判程序时，往往舆论早已发酵，审判活动不得不被动地面对已经形成思维定式的事实认定，以及七嘴八舌的各种观点，因此这些规范所产生的作用有限。而公安机关发布的、于2013年生效的《公安执法公开规定》的相关规定与2012年修订的刑事诉讼法所确定的一系列限制侦查信息流动的规定也存在着某些内在冲突。总的趋势是重视公开，忽略保密。律师作为重要的诉讼参与人，在法庭外的言论几乎没有任何规范。这一点在依法不公开审理的李某某案中表现得极为突出。该案结案后，北京市律师协会制定发布了《北京律师办理不公开审理刑事案件业务操作指南》。由于尚未发布，不清楚其中有多少内容与案件相关的言论有关。媒体业曾经有人在2003年提出司法报道的十条自律规则，但并未在媒体业形成共识。2012年又有名为《中国新闻工作者职业手册》的科研成果对案件报道提出三条21项报道规范，但这一成果目前仍然未公开推广。专业媒体尚没有全国性统一的专业标准，网络舆论就更如脱缰野马，难以引导与规范，整个社会处于高度缺乏共识的状态。

从建议层面上来说，公安、法院、律师、媒体应当以法律规定为共识基础，形成各自行业的案件信息传播规范，并共同接受社会的监督。其中具体破解我国依法审判与舆论监督关系的思路是：涉及刑事案件报道的各个方面，包括公安、检察、法院、律师及媒体等，应当各自管好自己的事，而共同的基础是法律规定与法治精神。特别是作为新闻信息源的公检法律师等机关，首先应当严格依法办事，最重要的是必须坚持无罪推定原则。而媒体则需对案件报道持最高的专业标准。

目前，除了人民法院颁布有一系列司法公开的相关文件外，公安、检察、律师、媒体均无专门针对案件信息的传播与控制的行为指南。如果存在，也是分散在大量不同性质的文件中。其中有的公开，有的不公开，有的还带有密级。这不利于共识的建立。

建议由有关方面提供组织或研究平台，展开联合研究。

联合方案

1.中政委、中宣部联合；

2.中国法学会组织各相关研究会联合，包括：刑诉法学会、警察法学研究会、审判理论研究会、律师法研究会（筹备中）、传播法研究会（筹备中）；

3.各行业协会的联合，包括警官协会、法官协会、律师协会、记者协会。

具体任务：分别为警方、法院、律师、媒体制作有关案件信息发布与控制的行为指南。作为一个共同承担又分别完成的项目，由各方面参与，共同讨论，相互听取不同意见。使之成为符合法律和法治精神、符合行业规律、吸收多方意见、可以公开并相互监督、不断在实践中磨合、修订与完善的行为指南。

二、各自行业的案件信息传播规范的形态、性质与主要内容

文件名称

1.《侦查机关案件信息披露与控制行为指南》（详见附件一）

2.《律师办理案件相关信息披露与控制行为指南》

3.《人民法院公开审判信息披露与控制行为指南》

4.《媒体案件报道的自律规范》（详见附件二）

文件形态：细化法律有关案件信息保密与公开的各项规定，而不是简单重复法律，是法律指引下的信息披露与控制的行为规范。

文件性质：是行为指南，不是法律，因此具有一定的弹性。如果是由各行业协会出面制定的，则属于行规性质。文件应当公开。内容如果成熟，可以据此接受公众的投诉。

主要内容：可参见附件及法院、北京市律师协会的有关文件。

第六节　教育：解决问题的治本之道

我们通过多个典型案例的剖析注意到，公众对自己感兴趣的网络信息多持"毫不怀疑并大量转发"或"相信但不转发"的态度。与此同时，网络谣言、以人肉搜索揭人隐私等网络暴力频发，即使一些知识精英也会突破表达的法律底线，发生侵权行为。这表明，虽然法律对言论自由的限制是明确的，但基本现状却是：全民对什么是好的表达严重缺乏共识。只是在有关舆论监督与司法公正这一领域，冲突表现得尤其突出而已。这与我国的相关教育缺失不无关系。从教育入手，不仅是解决本项目研究问题的治本之道，也是中国面对网络时代所必须解决的问题。

本节从教育层面提出如下建议：

一、媒介素养教育应当纳入大学生的通识教育

所谓"媒介素养"，是指"人们对媒介信息的选择、理解、质疑、评估的能力，以及制作和生产信息的能力"。[1] 经过近百年的努力，一些发达国家已经将媒介素养教育纳入了从小学至大学的教育体系。作为发展中国家，我国的媒介素养教育与研究起步较晚，目前还只有少数高等院校开设了针对非新闻专业学生的媒介素养公共课。从教育体系层面看，尚未从基础教育开设媒介素养课程。本着循序渐进的原则，建议首先从全国大学教育开始，开设媒介素养的通识课，使受大学教育的未来公民首先受到媒介素养的教育与引导。

---

[1]　1992 年美国媒介素养研究中心给出的定义。

225

二、传播学专业应当将传播法设为必修课程

我国大学传播学教育分新闻传播、文化传播、商业传播等，是培养未来专业传播人才的主阵地，每年有数万学生毕业，进入就业岗位。随着社会主义法律体系初步建成，专业媒体工作者的行为已受到越来越多的法律规范。建立良好的规范意识（指遵守法律、职业道德和专业规范）成为法治中国合格的媒体工作者的基本素养。以往，虚假新闻、有偿新闻、有偿不闻、跟风炒作是我国新闻界的职业道德顽疾；而近年职业记者面临刑事制裁的情况增多，所涉罪名包括诽谤罪、损害商业信誉罪、受贿罪、敲诈勒索罪等，记者群体存在着普遍的困惑与忧虑。但其实大多数媒体从业者在大学期间就没有受过任何传播法和传播伦理的教育与训练，这是记者频频触碰底线的重要原因之一。中宣部及政府部门新近出版的《新闻记者培训教材2013》共有六课，新闻法规、新闻伦理均单独列为一课，也说明这些内容是记者必修，亟待补课。

目前我国大学新闻与传播学专业教育存在的问题主要表现在：首先，大量院校根本不开设传播法课程。其次，在那些开设传播法课程的院校，大多数将传播法与传播伦理课程合并为一门选修课，30余课时在本科教育的186学分中只占2分。一方面削弱了两个学科的科学性，另一方面学生凭兴趣选修，也根本不重视。再次，教师的专业水准亟待提高。中国政法大学传播法研究中心进行的一项调查表明，虽然开设这门课程的老师大多具有博士学历，但有法学教育或法律职业背景的不足20%；有新闻从业经历的仅占一成多。这极大地妨碍了这门课程的教学质量。

对此，本编写组建议：应当有计划地通过各种手段，包括课程设置、延长课时、增加学分、培育示范教材、培训专任教师等，逐步使传播法与传播伦理课程成为新闻传播学教育"必修课中的必修"（即核心课程）。（1）修改教育部对新闻学主干课程的设置安排，将传播法课程设置为骨干课程。（2）尊重学科规律，将传播法与传播伦理两门课程分开设置。其一，合并开课的院系应尽快将两门课程分开授课；其二，未开课的院系直接单独设立传播法课程，并且规定最低课时量。（3）有计划地大力推进传播法

课程专任教师的培训工作。甄选优秀传播法教师，定期示范交流、共享经验，形成教师群体自我提升的正向循环。

三、加大法制新闻专业方向的学生培养与使用

司法报道涉及言论自由与司法公正两大基本人权，除了符合新闻传播规律外，更应守住法律底线。正因如此，司法报道或案件报道，最有理由被称为"专业报道"领域。专业媒体中那些采制司法报道、案件报道的记者编辑的法治精神、法律意识及法律常识，常常决定了公众对案情展开讨论的基础与方向。目前，法制记者不懂法、法制媒体不守法的情形大量存在，而新闻单位的用人原则中，主张"讲故事的能力比法制观念更重要"的大有人在。这是媒体背离法治精神，疯狂炒作案件新闻的重要根源之一。

目前我国几大政法院校设有新闻专业，重点培养有新闻与法律双重背景的专业人才，这种教育模式应当肯定并加大招生量。同时主管机关通过必要的管理手段要求新闻单位重视专业人才的配备，而法院等司法机关也可以通过建议方式，引导新闻单位为专业报道领域配备专业新闻人才。

四、新闻记者在职培训教育中应当加大法律教育的比重

由于新闻专业的法律教育严重缺失，迫使政府及各用人单位不得不在岗位培训中补课。新闻出版署教育培训中心做记者持证培训项目多年，法律教育相关内容总是被学员评为"最受欢迎的课程"。中宣部及政府部门2013年底出版的《新闻记者培训教材》共有六课，新闻法规单独列为一课。以上情况说明，法律教育是记者必修，亟待补课。

相关建议包括：（1）培训课程有待细化，应当开设针对法制报道记者编辑的"案件报道"专题培训，对那些缺少法律背景的新闻从业者加大培训力度。（2）新闻单位与政法机关合作开设培训项目，帮助记者认识并理解司法的原则与规律。

227

公安机关刑事案件新闻发布指引 [1]

（建议稿）

刑事案件新闻发布是公安机关执法公开制度的重要内容，是保障公众对公安机关执法活动的知情权、参与权、表达权和监督权的必然要求。这项工作需要平衡惩罚犯罪的公共利益需求、犯罪嫌疑人的人权、公众的知情权三者之间的平衡，具有较强的法律性、政策性、策略性，必须严格遵循法律规定、规范有序进行。

一、基本原则

刑事案件侦查，是公安机关、检察院等机关为了查明犯罪事实、抓获犯罪嫌疑人，依法进行的专门调查工作和采用的有关强制性措施。由于侦

[1] 本指南是中国法学会 2012 年度重大课题项目《依法审判与舆论监督》的副产品。

查活动的特性，它的有效进行通常需要保密。然而，此时犯罪活动已经发生，严重威胁着公众的人身自由和安全，公众有权知晓相关情况，同时侦查权力作为一种公权力，其行使状况应当接受公众的监督。因此，侦查活动必须公开，这是法律为执法机关规定的法定义务，但是同时，这种公开是适度公开，其程序和内容必须严格遵循法律的规定。总体而言，刑事案件新闻发布有以下基本原则：

一是依法进行。侦查处于刑事诉讼的前端，在这个阶段的案件信息发布直接影响着后继的刑事诉讼的进程。依法进行原则不仅指发布刑事案件信息是执法机关的法定义务，而且指发布信息的程序和内容都有严格的法律规定。

二是利益平衡。刑事案件信息的传播涉及到执法机关能否有效追究犯罪、被告人能否得到中立公正审判、公众能否全面及时了解执法活动三方面的利益。由于法律不可能就所有情形下的案件信息发布作出针对性规定，因此关于某特定情形下的信息发布决定应在衡量比较上述三种利益之后作出。

三是程序为主、分段公开。为了贯彻无罪推定原则，防止侦查阶段的倾向性信息干扰尚未进行的审判，一般只在立案、采取强制措施、侦查终结、移送审查起诉等环节，发布与该程序相适应的信息。

二、时间、程序和方式

发布时间。时效是新闻的生命，也是舆情引导的关键，刑事案件新闻发布应当及时。《公安机关执法公开》第十二条规定："公安机关向社会公开执法信息，应当自该信息形成或者变更之日起 20 个工作日之内进行。对公众需要即时知晓的限制交通措施、交通管制信息和现场管制信息，应当即时公开；对辖区社会治安状况、火灾和道路交通安全形势、安全防范预警信息，可以定期公开。"这表明刑事案件信息，特别是涉及公共利益的重大要案，应当第一时间发布。

发布程序。拟发布的刑事案件信息由办案单位负责提供，必要时，应当征求政务公开主管部门、法制部门、保密部门的意见。接待新闻记者采访时，应当首先核实其记者证，了解其采访意图和采访要求。

发布方式。既可以是主动发布，也可以是回应媒体求证。根据《公安机关执法公开规定》的第十三条，"公开机关向社会公开执法信息，可以通过公安部公报、政府网站、新闻发布会，以及报刊、广播、电视等便于公众知晓的方式公布。"

三、公开内容及其例外

根据《公安机关执法公开规定》，应当公开的信息包括："涉及公共利益、社会高度关注的重大案事件调查进展和处理结果，以及公安机关开展打击整治违法犯罪活动的重大决策。"可以公开的是，"（一）辖区社会治安状况、火灾和道路交通安全形势、安全防范预警信息；（二）公安机关在社会公共区域设置的安全技术防范监控设备信息；（三）可以向社会公开的其他执法信息。"但是，上述规定是原则性的，具体到刑事案件，信息发布原则是程序为主、分阶段公开，即一般只在立案、采取强制措施、侦查终结、移送审查起诉等环节，发布与该程序相适应的信息。

大致而言，信息发布可以分为两个阶段。采取强制措施之前，可以发布的信息只限于犯罪发生的事实、时间、地点等基本情况，有关受害人的名字、年龄、地址、职业和所遭受的伤害等信息。也可以视情回应是否有犯罪嫌疑人。采取强制措施之后，可发布信息有：犯罪嫌疑人的姓名、年龄、住所、职业等资料，如犯罪嫌疑人系未成年人，则不能公布；采取强制措施的种类、时间地点、执行强制措施时的情形等；侦办此案的侦查人员身份。

涉及死亡、交通事故等案件是社会关注的重点类型案件，其中死亡案件，无论是意外的、自然的，还是他杀或自杀，应第一时间通知其家属或近亲属，然后尽早公布死者的名字、年龄、家庭住址、职业、死亡原因和方式等信息。如果由于各种原因未能成功通知到死者的家属或近亲属，应在合理时间（例如12个小时）后，向新闻媒体公布上述有关死者的信息。交通/非交通（建筑塌陷、火灾等）事故的信息也应尽快公布。受害人的身份（在通知其家属或近亲属后）、事件的起因和对肇事者的任何控告都应当公之于众，其中包括有关安全带或其他安全设备（如头盔）的使用情况和酒精或药物的使用是否是引起事件发生的因素。

同时建议，公安机关在发布案件信息时，可以提醒新闻媒体注意，犯罪嫌疑人目前只是涉嫌犯罪，在正式判决确定以前应假定无罪。

不可公布的信息的详细清单如下：犯罪嫌疑人是否作出供述、辩解和声明的情况；如作出了，其内容不可公布。对犯罪嫌疑人所进行的任何测试（如测谎器、酒精测试器等）的结果。证人或受害人的性格和证词及证词的可信度。对犯罪嫌疑人无罪或有罪的任何看法，或证实案情的证据和警方的有关推论，而不论它们是否会被法庭采纳。公众依法不能接触的司法文件。任何警察局职员的家庭住址、电话号码或照片。过早公布将极大地影响案件调查或不利于逮捕犯罪嫌疑人的有关信息。特别禁止过早公布下列事项：未经核实的线索、未证实的信息、只有犯罪嫌疑人才知道的细节和可能使犯罪嫌疑人逃走或躲避拘留的信息。性犯罪案件的被害人、未成年犯罪嫌疑人的个人信息。警方可以承认确有自杀案件发生，但有关的详细内容不属于被公布的信息。为了避免教唆犯罪，一般不具体报道犯罪过程、作案手法。注意保守侦查秘密，不泄露破案方法、技术侦查手段、反侦查技巧等。

四、特别注意事项

侦查阶段案件信息的发布，会对以后的诉讼程序造成很大的影响，而无罪推定原则在我国确定的时间还不长，也未引起少数执法人员的足够重视，这就决定了案件信息发布必须严格依法、审慎规范进行。针对以前和当前案件信息发布存在的一些问题，特别需要注意以下事项：

一是在人民法院对有关案件作出判决之前，公安机关不举办破案表彰会等超越诉讼程序对案件定性的活动，办案人员未经批准，不接受新闻媒体采访。在人民法院宣判后，新闻媒体提出采访申请的，应由公安机关宣传部门作出安排后，办案人员方能接受采访。

二是公安机关宣传部门与新闻媒体保持适度合作关系。除非特殊情况，不安排新闻记者介入和参于办案活动，不安排新闻记者采访在押犯罪嫌疑人，不提供技术侦查措施获得的材料。

三是贯彻无罪推定原则，在向新闻媒体提供的材料中，除了内容上不作预先定性或定罪，语言上也不使用罪犯、凶手、罪大恶极、捣毁、打掉、恶魔等倾向性明显的负面词汇，不对犯罪嫌疑人及其家人"妖魔化"。

四是为了保证报道的准确性，在需要的情形下，公安机关宣传部门可以提出审核有关稿件的要求，特别是报道中的基本事实和直接引述。

231

附件二

《媒体人新闻业务守则》[1] 摘抄

（建议稿 2014）

第37条 "案件报道"

37．案件报道

37.1 避免媒体审判

37.1.1 坚持无罪（错）推定，不超越诉讼程序，进行预先定性（特别是定罪）式的报道和评论。严格遵循不得强迫犯罪嫌疑人或被告人自证其罪原则。

37.1.2 根据案件诉讼进程，及时、动态、连续跟进报道。报道案件的事实信息时，要注意多源求证，客观平衡，注重权威信息来源。

---

[1] 该守则是包括本项目负责人在内的编写组制作，共9章，52条，3万余字，2015年6月由中国政法大学出版社出版。本附件选取的是其中第37条。

232

37.1.3 尽量针对案件事实就事论事,非因必要,不针对当事人、办案人等与案件相关的人员。

37.1.4 判决前,对刑事案件掌握最严格的报道标准:

(1)对尚未提起公诉的刑事案件,一般只在立案、采取强制措施、侦查终结、移送审查起诉等环节,进行程序性报道;

(2)对提起公诉的刑事案件,根据起诉书的内容报道涉嫌犯罪的事实,对具体案情特别是可能发生变化的涉案数额等细节,保持足够的审慎。

37.1.5 判决后,可以根据公开的裁判文书进行报道和评论,但应尊重司法权威。对不公开审理的案件进行报道,应以判决书披露的内容为限。

37.2 依法、正当获取案件新闻

37.2.1 主动出示采访证件,表明采访意图,尊重司法机关和其他被采访对象的合理要求,依法查阅或复制允许公开的案件资料。

37.2.2 在突发案件的现场采访要服从办案人员的指挥。在指定区域内采访拍摄,不逾越警戒线,不妨碍公安、消防、医护等人员工作,防止对有关当事人造成二次伤害。

37.2.3 对政策性强的敏感案件、社会关注度高的热点案件的采访报道,要保持适度克制,必要时应征求办案部门的意见。

37.2.4 不以"钓鱼"引诱犯罪等方式进行采访,不以假扮犯罪嫌疑人、窃取或泄露侦查秘密等涉嫌违法犯罪的方式揭露违法犯罪。

37.2.5 未经许可,不得擅自进入公民私人空间进行采访,也不得以监听、监视、私自调查公民隐私等方式进行采访报道。(见"12.隐性采访""19.隐私")

37.2.6 除非为了重大公共利益(见"9.公共利益原则")且非此不能获得真实情况,一般不采用隐性采访方式来揭露违法犯罪。

37.2.7 非经授权,不披露案件相关人包括办案人、举报人、证人、嫌疑人的近亲属、受害人等的个人信息。

37.2.8 非经本人同意,不得采访犯罪嫌疑人、被告人的父母、配偶、子女。

37.2.9 对不公开的庭审活动,不进行采访;对公开的庭审活动,不进行暗访。

37.2.10 遵守法庭纪律，对法庭的直播以及录音、录像、摄影，或者通过邮件、博客、微博客等方式传播庭审情况应征得法庭同意。使用侦查机关提供的采取技术侦查措施获取的信息有法律风险。

37.2.11 未经执行机关批准，不得与被监视居住的犯罪嫌疑人、被告人会见或通信。妥善收集、转化、保管在采访过程中取得的各种证据资料，以合法的手段取得证据、固定证据，对可能引起纠纷的证据保存两年以上。

37.2.12 遵守未成年人犯罪案件的报道规范（详见"19.隐私""22.未成年人"）。

37.2.13 对合法消息源提供的法律禁止传播的信息，依照法律规定做出独立判断。

37.3 尊重有罪、有错者的人格尊严

37.3.1 公开开庭审判前，非因必要，不公开犯罪嫌疑人及其他相关人员的姓名、照片等资料。

37.3.2 不披露违法犯罪的未成年人和受到性侵犯的未成年人的姓名、住所、照片、图像及其他足以使人辨认其身份的个人信息。（见"19.隐私"）

37.3.3 不传播公捕、公判或将违法犯罪者（包括死刑犯）游街示众的文字或画面。

37.4 最大限度降低案件报道的副作用

37.4.1 非经授权，不泄露侦破手段和防范技术。

37.4.2 对犯罪过程、作案手法、技巧、细节等，非因必要，不作具体描绘。

37.4.3 不夸大违法犯罪的行为后果，不渲染暴力、血腥场面。（见"23.暴力"）

37.4.4 对违法犯罪人既不"妖魔化"，也不"魅力化"，不对案件及其当事人"符号化""概念化"。

编者的话

2012 年，中国法学会将"依法审判与舆论监督"作为年度重大课题向社会公开招标，本人组织了一个以在媒体服务的法律人为主的研究团队，向中国法学会正式提出申请。

本项研究所涉学科主要包括法学与新闻传播学，是交叉学科研究。按照西方的理论，媒体属于立法、司法、行政三权之外的第四种权力。而本书内容涉及四种权力中的两种（司法与媒体）间的关系，因此它是社会基本结构问题。

从理论上看，它是两种基本人权——表达自由和公平审判之间的关系，即《公民权利和政治权利国际公约》19 条与 14 条间的关系。在西方发达国家的研究中，它属于宪法问题，在美国属于宪法第一修正案与第六修正案间的关系。在西方，它已经有了相对完善的理论和制度结构；在新闻传播学教学领域，它是少数几门核心课程之一。但在我国，这门课程只是新闻学院的选修课，学科薄弱。

在本人向法学会提出申请时的 2012 年，我国对这一问题的研究还是初步的。其特点有二，一是未形成学科交叉的研究模式，法学界与新闻传播学界的研究者均单打独斗。总体而言，法学界的研究相对进步，有一些重要学术成果出版。而新闻传播学界对此问题的研究当时只限于个别教材以及对美国教材的翻译、美国相关案例的介绍与研究以及部分论文。需要指出的是，法学与新闻传播学的研究是"两张皮"，即队伍不交叉，成果不交融。特点之二，是法学界的研究多限于诉讼法领域，而主要不在宪法或法理层面，这当然会存在固有的缺陷。更为重要的差距还在于，已有研究中对中国媒体制度的独特性、对互联网与传统媒体的差别关照不够，因此某些建议也难免隔靴搔痒。

现实中，依法审判与舆论监督的冲突日益严重，互联网等新媒体的出

235

现使问题更加复杂化，公众对司法审判的种种看法不仅影响审判本身，同时也影响公众对整个制度的判断与评价。与此同时，国家正在大力发展文化产业，信息平台越来越多，而司法审判的信息具备了"好故事"的一切要素，各类传媒必定一如既往地更加关注，堵是绝对堵不住的。在此情况下，研究中国的依法审判与舆论监督问题需要新的思路，更需要新的力量。虽然自认为学术能力有限，但这一切都成为我鼓足勇气向中国法学会申请的基本理由。我的申请成功了。

经过一年多的努力，这一项目在 2014 年 10 月提出结项申请，当年年底中国法学会批准结项。在对全部成果再次进行整理后，蒙展江教授提供的机会，得以公开出版。

自我评价，我们的研究较为初级，并非典型的学术成果。其优长在于通过对"依法审判与舆论监督"方面十大经典案例深度解析的方式研究国情现状，使议题设置深入于中国土壤，因此也特别重视建议的可操作性。项目进行期间，部分研究成果得以发表，取得了较好的社会效果。

感谢接受我们访问的武和平、刘敬怀、王松苗以及北京市律师协会，他们为课题组从不同角度把握研究对象提供了大量基本事实与意见。感谢课题组成员倪寿明、陈春彦、王宝卿、杨成、赵刚和周冲，大家在繁重的媒体日常本职工作中抽出宝贵时间，兴趣盎然地参与研究，将各自在实践中形成的真知灼见闪现于字里行间。感谢中国政法大学新闻与传播学院的研究生范鑫、李北阳、陈婕、张立芳、肖斌，以及中国传媒大学法律系的研究生张道营，他们作为助手参与这一科研活动，不仅做了大量具体工作，也使自身得到成长。

在将该项成果整理出版之时，最高人民法院刚刚发布第四个五年改革纲要，此前的 2014 年 10 月，十八届四中全会做出了《中共中央关于全面推进依法治国若干重大问题的决定》。这些重大决策必将深刻影响本项议题的实际发展与变化。我们的研究结论特别是建议是否可行，不仅将受研究者评价与批评，更将接受实践的检验。

徐迅

2015 年 3 月 4 日